Hellmut Hintermeyer

Die See war ihr Zuhause

Hellmut Hintermeyer

Die See war ihr Zuhause

Große Kapitäne und Entdecker

pietsch

Einbandgestaltung: Andreas Pflaum

Titelbilder:
Hintergrund: *Flying Cloud* (Deutsches Schiffahrtsmuseum, Bremerhaven)
Einklinker oben: *Joseph Conrad* (Bertelsmann Bilderdienst, Berlin)
Einklinker Mitte: *Robert Hilgendorf* (Allan Villiers)
Einklinker unten: *Sir John Franklin* (Deutsches Schiffahrtsmuseum, Bremerhaven)

Bildnachweis:
Bertelsmann Bilderdienst, Berlin (S. 21, 37, 55, 65, 77, 81, 83 115, 181, 199);
The British Library (S. 73);
Deutsches Schiffahrtsmuseum, Bremerhaven (S. 23, 101, 104, 105, 108 o, 109 o + u, 110 o, 111 o + u, 112, 138, 143, 158, 162, 203);
DGzRS, Bremen (S. 192, 195, 216);
GTS, Verlag Hans Dulk, Hamburg (S. 184, 187, 200);
Hellmut Hintermeyer, Schongau (S. 22, 24, 27, 33, 34, 38, 40, 43 o, 44, 48/49, 51, 58, 61, 62/63, 66/67, 69, 75, 85, 89, 93, 95, 100, 108 u, 110 u beide, 116, 119, 124, 140, 145, 163, 169, 172, 175, 177, 193, 205, 212, 213 o + u, 214);
Dr. Jürgen Meyer, Bremen (S. 150, 152, 155, 189);
National Maritime Museum, London (S. 77);
Sammlung Claus Bergen der Gemeinde Lenggries (Foto: Deutsches Schiffahrtsmuseum, Bremerhaven; S. 106/107);
O.-S.-Bildarchiv (S. 41, 45 o + u, 46 o + u, 47 o);
Archiv transpress (S. 42 o + u, 43 u);
Uhrenmuseum Wuppertal (S. 17);
Allan Villiers (S. 125, 130, 132, 148, 157, 160, 165)

ISBN 3-613-50354-9

Postfach 103743, 70032 Stuttgart
Ein Unternehmen der Paul Pietsch Verlage GmbH + Co
1. Auflage 2000

Lektor: Oliver Schwarz
Scans: digi bild reinhardt, 73037 Göppingen
Innengestaltung: Viktor Stern
Druck: Rung-Druck, 73033 Göppingen
Bindung: E. Riethmüller, 70176 Stuttgart
Printed in Germany

Inhalt

Vorwort

Klangvolle Namen geben Zeugnis von einem beeindruckenden Abschnitt in der Geschichte der Seefahrt. Berühmte Kapitäne hatten sich die Erkundung der Weltmeere auf die Fahnen – sprich Flaggen – geschrieben und stellten ihre Existenz auf das Leben auf den Planken ihrer prächtigen Großsegler ein. Die See war ihr Zuhause. Forschung und Entdeckung, Handel und Wandel bestimmten das Geschehen.

Aus der großen, unüberschaubaren Zahl der Seefahrer kristallisierte sich Mitte des 19. Jahrhunderts eine kleine Gruppe von Schiffsführern heraus, denen damals wie heute Respekt und Hochachtung gezollt wird – den Männern, die sich der Seenotrettung verschrieben haben und die ebenso bescheiden wie selbstbewusst den traditionellen Titel »Vormann« tragen.

Einer von ihnen – der Kapitän und Lotsenkommandeur Stephan Jantzen aus Warnemünde (Mecklenburg-Vorpommern) – war Wegbereiter des Rettungswesens in der Ostsee. Bis ins hohe Alter prägten ihn Mut, Entschlossenheit und uneingeschränkte Einsatzbereitschaft – Charaktereigenschaften, die weltweit das Fundament für einen leistungsfähigen Seenotrettungsdienst bilden. Waren es damals einfache Ruder- und Segelrettungsboote, sind es heute moderne Seenotkreuzer mit hervorragend ausgebildeten Besatzungen. Doch im Mittelpunkt stand und steht immer der Mensch, der sich mit seinen Erfahrungen und seinem Wissen den Naturgewalten stellt und sich mit ihnen arrangiert.

DGzRS

Dr. Bernd Anders
Deutsche Gesellschaft zur Rettung Schiffbrüchiger

Einleitung

Die Geschichte der Seefahrt ist alt. Schon in grauer Vorzeit war Wasser ein unverzichtbares Element, und die ersten Siedlungen entstanden in seiner Nähe. Alles Leben, so heute die Erkenntnis, stammt aus dem Wasser, das 71 % der Erdoberfläche bedeckt.

Kein Wunder, wenn weitsichtige Herrscher schon im Altertum die wirtschaftliche und politische Bedeutung der Meere erkannten. Das Mittelmeer ist dafür ein anschauliches Beispiel.

Zu Lande konnten die Athener den Perserkönig Xerxes und seine ungeheuere Streitmacht nicht aufhalten. Xerxes hatte für die damalige Zeit ein gigantisches Reich erobert. Die Rettung Athens gelang quasi in letzter Minute durch eine Seeschlacht, die als eine der bedeutendsten in die Geschichte einging. Unter der Führung des genialen Themistokles wurde die weit überlegene persische Flotte bei Salamis am 28. September 480 v. Chr. vernichtend geschlagen. Ein Sieg, der nicht nur Athen rettete. Darüber hinaus versank in dem schmalen Sund zwischen der Insel Salamis und dem damaligen Attika, dem griechischen Festland, auch die Vision der Perser von einem Weltreich.

Auch die Kreter, Ägypter und später die Phönizier erkannten die Bedeutung des Meeres für die Entwicklung und den Wohlstand eines Volkes. Und die Macht der oberitalienischen Städte Venedig und Genua gründete sich im Mittelalter auf ihre Seegeltung und damit auf den Gewinn und Reichtum bringenden Handel. Außerhalb des Mittelmeeres, auf dem Atlantik und dem indischen Ozean kam das kleine Portugal durch das zielbewusste Handeln Heinrichs des Seefahrers in den Rang einer Seemacht. Der Weg dorthin war die Beherrschung des Seeweges, gestützt auf die Überlegenheit seiner Schiffe. Auch der Nachfolger Portugals in der Weltgeltung, Spanien, entwickelte sich nach der Vertreibung der letzten Mauren zur Weltmacht. Gestützt auf seine Flotte unterwarf es weite Teile von Süd- und Mittelamerika und beutete diese Länder rücksichtslos aus.

Den letzten und vielleicht deutlichsten Beweis der Richtigkeit dieser Theorie lieferte England, das über viele Jahre als die bedeutendste und eindeutig dominierende See- und Kolonialmacht angesehen werden muss. Der bereits erwähnte portugiesische Prinz Heinrich der Seefahrer war wegweisend, indem er konsequent die Voraussetzungen schuf, die zu einer Seemacht führten. Nicht die Zahl der Schiffe, sondern ihre technische Überlegenheit war für ihn ausschlaggebend. Daneben war ihm klar, dass auch gute Schiffe nur Erfolg haben können, wenn ihre Kapitäne in jeder Hinsicht ihren Aufgaben gewachsen waren. Dazu musste man ihnen die Möglichkeit geben. Die logische Folge war die Errichtung einer Schule, die den Anwärtern eine gute, wenn möglich die beste Ausbildung in Navigation, Schiffsführung und damals auch Waffentechnik vermittelte. Und diese Schule schuf er als Erster. Er scheute keine Mühe, wenn es galt, die besten Kosmographen, Astronomen und Mathematiker für seine Schule und für sich zu gewinnen. Der Erfolg gab ihm Recht. Das kleine Portugal wurde Weltmacht und seine Handelsbeziehungen reichten bis zu den Sundainseln im fernen Osten. Das alles war nur möglich durch die Überlegenheit der Schiffe und der Kapitäne, die sie führten.

Deutlicher kann man die Schlüsselstellung der Kapitäne bei der Entwicklung eines Staates zur Seemacht und zur Weltgeltung nicht darlegen. Zwar hat sich die Bedeutung nach Erforschung des bewohnbaren, und damit größten Teils der Erde relativiert, in der Erforschung der arktischen und antarktischen Gebiete jedoch bis in unser Jahrhundert erhalten. Es ist sicher interessant, mehr über die Kapitäne, die sich besonders hervorgetan haben zu erfahren. Das ist aber kein negatives Urteil über die vielen nicht erwähnten, unter denen sich sehr begabte Schiffsführer befinden, die mit dem gleichen Recht hier vorgestellt werden könnten. Alle zu erwähnen, würde den Rahmen dieses Buch erheblich sprengen.

Nicht vergessen bei der lobenden Ehrung der Kapitäne sollte man die Steuerleute und Matrosen, auf die auch die besten Kapitäne angewiesen waren, wollten sie schnelle und erfolgreiche Reisen vorweisen. Auch Werften und Werftarbeiter sind an den Erfolgen beteiligt. Mit einer »lahmen Ente« hat noch keine Besatzung, und sei sie noch so tüchtig, Rekordreisen durchführen können. Für den wirklichen Erfolg müssen alle zusammenspielen, die Werft, der Kapitän und die Mannschaft.

Der interessierte Leser will sicher wissen, woher die Berufsbezeichnung »Kapitän« kommt, wann sie eingeführt wurde und wer sich Kapitän nennen darf. Das Wort Kapitän geht auf das lateinische »caput« (Haupt) zurück und bedeutete bei den Römern und später auch bei den romanischen Völkern so viel wie »Haupt«-mann, der höchste militärische Führer oder Befehlshaber. Die Bezeichnung »caput« wurde im französischen Sprachraum zu »capitaine« und war ursprünglich eine Bezeichnung für einen hochrangigen Funktionär der Landmacht, also des Heeres. Das entsprach etwa dem heutigen Hauptmann, aber mit erweiterter Befehlsgewalt. Noch lange bedeutete »capitaine« in Frankreich soviel wie Feldherr, mit einer Befehlsgewalt über etwa 1000 Mann. Später, erst im 19. Jahrhundert verlor sich die Bezeichnung »capitaine« weitgehend und mutierte in Abwandlungen zu untergeordneter Bedeutung. So entsprach gegen Ende des 19. Jahrhunderts der »capitaine d' armes« etwa dem deutschen Kammerunteroffizier (Verwalter der Waffen).

Weit größere Bedeutung hatte und hat bis heute der Kapitän bei der Marine. Fast alle Nationen haben die Bezeichnung, oder besser den Dienstgrad, »Kapitän« übernommen. In den Seestreitkräften Deutschlands und Frankreichs steht der »Kapitän zur See« im Range eines Oberst des Heeres.

Ganz anders verhält es sich mit dem Schiffer bzw. dem Kapitän auf einem Handelsschiff. Lange Zeit war der Kapitän der vom Reeder bestellte Führer des Schiffes. Eine staatliche Qualifikation war also nicht erforderlich. Das hat sich, wohlgemerkt »gesetzlich«, erst am 11. Sept. 1974 geändert. Seitdem *muss* der Kapitän im Besitz eines staatlichen Befähigungszeugnisses sein, das ihn zum Führen eines Schiffes berechtigt.

Nach landläufiger Meinung und auch »dokumentiert« in vielen Büchern und besonders Romanen hat der Kapitän eines Handelsschiffes, unabhängig von der Nationalität *seit eh und je* die uneingeschränkte Befehlsgewalt auf seinem Schiff. Das war keineswegs seit eh und je der Fall. Der Schiffsbetrieb wurde in frühen Zeiten »gemeinschaftlich« organisiert, und die Mannschaft hatte ein erhebliches Mitsprache-, besser gesagt Mitbestimmungsrecht, auf das sie pochte. So wurde z.B. im Jahr 1786 in Lübeck eine Differenz zwischen dem Schiffer und seiner Mannschaft verhandelt. Die Mannschaft hatte darauf bestanden, dass nur die Häfen angelaufen werden durften, die vorher abgesprochen waren. Diese Regelung galt kurioserweise unabhängig von Wind und Wetter. Jede Abweichung davon galt als Vertragsverletzung. Das ging so weit, dass die Mannschaft, wenn sie sich in ihren Rechten beeinträchtigt fühlte, ohne

Rücksicht auf Haltbarkeit der Ladung oder Wirtschaftlichkeit der Reise eine Rückkehr zum Ausgangs- oder vorgesehenen Hafen erzwingen konnte. So wurde ein Fall bekannt, dass die Mannschaft sich weigerte, den Anker zu lichten, es sei denn der Schiffer verpflichtete sich im Sund, wo das Schiff sich befand, die Reise abzubrechen, um Lübeck anzulaufen. Das Verhalten der Mannschaft wurde damals als »rechtmäßig« anerkannt.

Aus alten Protokollen des Bremer Seegerichtes von 1732 bis 1806 wurde bekannt, dass die damalige Rechtsprechung die althergekommenen Gepflogenheiten und Rechte der Mannschaft noch zu schützen pflegte, als bereits ein dringender Änderungsbedarf bestand. Nicht umsonst beklagten Kaufleute und Reeder die unsichere Beförderung ihrer Waren, und die Kapitäne murrten, dass sie oft gehorchen, unwirtschaftlich und unvernünftig handeln mussten, statt zu befehlen.

Nur langsam, mit der steten Aufwärtsentwicklung der »Hanse«, änderte sich die Situation. Die Position des Kapitäns wurde zunehmend von der Obrigkeit unterstützt, wobei man auch, und besonders, das berechtigte Interesse der Befrachter im Auge hatte. Als das Pendel in manchen Fällen ins Gegenteil umschlug und legale Rechte der Mannschaft von tyrannisierenden Kapitänen missachtet wurden, schaltete sich der Bremer Navigationslehrer Breusing, der auch Mitbegründer der »Gesellschaft zur Rettung Schiffbrüchiger« war, ein und forderte im Jahr 1860 ein Gesetz, das es auch ohne Anklage erlaubte, Kapitäne zur Verantwortung zu ziehen und zu bestrafen, wenn sie der Mannschaft gegenüber ihre Grenzen überschritten hatten und zu Despoten mutierten. Willkürliche Maßnahmen, die nicht dem sicheren Schiffsbetrieb dienten, sollten grundsätzlich geahndet und unterbunden werden. Heuerverträge wurden dieser Absicht gerecht. Auch der Gesetzgeber schaltete sich ein durch »Seerechtliche Gesetze und Verordnungen«, die zuletzt am 2. Mai 1974 überarbeitet wurden. Der Absatz B 3 »Soziale Schutzvorschriften für die Besatzung von Seeschiffen und Hochseefischereifahrzeugen« legt in sieben Paragraphen die Anforderungen an Unterkunft, Belegung, Verpflegung, Hygiene der Wasch- und Baderäume u.a. fest. Verantwortlich für die Einhaltung der Vorschriften und für deren Überwachung ist der Kapitän. Im Prinzip musste man die heutige Stellung des Kapitäns, seine Rechte und seine Pflichten im Hinblick auf die Sicherheit und Effizienz des Schiffsbetriebes bestätigen. So kam es zu dem oft missverstandenen Spruch: »Next after God«.

Haben Kapitäne also einen »Traumberuf«? Wohl kaum ein Beruf hat so viele Facetten. Schöne, interessante Seiten einerseits und drückende Verantwortung andererseits. »Next after God« und doch stets im Spannungsfeld zwischen dem, was er soll und will, und dem, was er muss. Kein Eindruck kann einseitiger sein und darüber hinaus völlig falsche Vorstellungen erwecken, als das, was Film und Fernsehen zeigen, zum Beispiel die Serie »Traumschiff«: Der Kapitän, ein leicht ergrauter, jovialer älterer Herr, an einem überreichlich gedeckten Tisch, umschwärmt von schönen Frauen, unumschränkter Herrscher auf seinem Schiff. Das ist die eine Seite, und die trifft nur für sehr wenige Kapitäne und bei denen auch nur für wenige Stunden zu. Der Alltag für das Gros der Kapitäne sieht anders aus und ist deutlich nüchterner. Ganz besonders trifft das auf Kapitäne von Frachtschiffen zu. Von denen wiederum waren die Kapitäne der frachttragenden Rahsegler am meisten betroffen. Die führten Schiffe zu einer Zeit, die heute gerne glorifiziert, mit Seefahrtsromantik verklärt und deren unwiederbringliche Vergangenheit bedauert wird. Es steckt viel Wahres darin, wenn man dieser Zeit nachtrauert, aber die lauen Nächte im Passat, weiße, prall gefüllte Segel, blauer Himmel und eine unendliche Weite, das ist eben nur die eine Seite, die man vor Augen hat. Nicht zuletzt,

Zum See-Privatrecht

Auszug aus dem »R.1. Handelsgesetzbuch vom 10. Mai 1897, zuletzt geändert durch Gesetz vom 21 Juni 1972«

Dritter Abschnitt: Kapitän. Pflichten:

»§ 511 Der Führer des Schiffes (Kapitän, Schiffer) ist verpflichtet, bei allen Dienstverrichtungen, namentlich bei der Erfüllung der von ihm auszuführenden Verträge, die Sorgfalt eines ordentlichen Schiffers anzuwenden. Er haftet für jeden durch sein Verschulden entstehenden Schaden, insbesondere für den Schaden, welcher aus der Verletzung der in diesem und den folgenden Abschnitten ihm auferlegten Pflichten entsteht.

§ 512 Diese Haftung des Kapitäns besteht nicht nur gegenüber dem Reeder, sondern auch gegenüber dem Befrachter, Ablader und Ladungsempfänger, dem Reisenden und der Schiffsbesatzung. Der Kapitän wird dadurch, dass er auf Anweisung des Reeders gehandelt hat, den übrigen vorgenannten Personen gegenüber von der Haftung nicht befreit. Durch eine solche Anweisung wird auch der Reeder verpflichtet, wenn er bei der Erteilung der Anweisung von dem Sachverhältnis unterrichtet war.

§ 518 Wenn der Kapitän in Fällen der Gefahr mit den Schiffsoffizieren einen Schiffsrat zu halten für angemessen findet, so ist er gleichwohl an die gefassten Beschlüsse nicht gebunden. Er bleibt stets für die von ihm getroffenen Maßregeln verantwortlich.«

weil man das Gute gerne in Erinnerung behält und die schlechten Zeiten zwar nicht vergisst, aber wenigstens zu verdrängen versucht.

Es ist zum besseren Verständnis der folgenden Abhandlungen über Kapitäne sicher nützlich, wenn wir hier etwas tiefer gehen und uns mit allen Seiten dieses im Grunde genommen doch faszinierenden Berufes befassen. Der »Traumberuf«! Die schönen Umschreibungen: »Souveräner Herrscher auf seinem Schiff« und »Next after God« bekommen Facetten und Kanten, und man wird erheblich nachdenklicher, wenn man liest, was der Gesetzgeber auch heute noch über Rechte und Pflichten eines Kapitäns verkündet. Die dominierenden Worte dabei: »Der Kapitän ist verantwortlich für... ferner für..« u.s.w. Weit und breit kein Wort über jemanden, der ihm diese Bürde abnimmt, weder die Reederei, noch seine Offiziere.

Es ist leider nicht selten, dass ein Kapitän in Situationen gerät, um die er nicht zu beneiden ist, weil sie ihn in ernstliche und schwerwiegende Entscheidungs- und Gewissenskonflikte bringen.

Eines der deutlichsten Beispiele, in welch aussichtsloses Spannungsfeld mit tragischem Ausgang ein Kapitän kommen kann, ist das Schicksal von Kapitän Smith und der *Titanic*. Darüber ist so viel geschrieben und gefilmt worden, dass über den Hergang der Katastrophe die nötige Kenntnis vorausgesetzt werden kann. Wenig Kenntnisse bestehen allerdings bei der Allgemeinheit über die Ursachen und Voraussetzungen, die die Katastrophe möglich machten.

Die englische Sensationspresse überschlug sich mit Versicherungen der »Unsinkbarkeit« der *Titanic*, was zur erhöhten Sorglosigkeit der

Passagiere zweifellos beitrug. Tatsächlich war allen am Bau des Schiffes Beteiligten und den Fachleuten bekannt, dass zwar viel Sicherheit in der Konstruktion der *Titanic* steckte, aber von »Unsinkbarkeit« nicht die Rede sein konnte. Die Kollisionsschotten (Querschotten) reichten nur bis zum Salondeck und nicht, was nötig gewesen wäre, bis zum Hauptdeck. Noch eine zweite, wie sich herausstellen sollte, folgenreiche Unterlassungssünde wurde begangen. Weil werft- und reederseitig ein Totalverlust der *Titanic* durch Sinken für »so gut wie ausgeschlossen« gehalten wurde, verzichtete man auf eine ausreichende Ausstattung des Schiffes mit Rettungsbooten. Man installierte 16 Boote und erfüllte damit zwar die hoffnungslos veralteten britischen Vorschriften, ignorierte aber die Tatsache, dass in den Booten nur 1200 Personen Platz hatten (vorausgesetzt, dass alle Boote zu Wasser gelassen werden konnten), die *Titanic* aber 3300 Personen befördern konnte.

Beide Gefahrenpunkte müssen Kapitän Smith vor der Jungfernfahrt bekannt gewesen sein. Trotzdem übernahm er das Kommando. Verdrängte er seine Bedenken? Nahm er sie nicht zur Kenntnis? Ein Gewissenskonflikt war unausweichlich. Welcher Kapitän aber hätte das Prestigekommando über dieses einmalige Luxusschiff wegen der Mängel abgelehnt, die sich nur mit einem Minimum an Wahrscheinlichkeit auswirken würden?

Der letzte Tag der *Titanic*, 15. April 1912. Die *Titanic* näherte sich einem ausgedehnten Eisfeld und wurde laufend über Funk darüber informiert. Kapitän Smith wusste, dass sein Kurs durch das Eisfeld führte, denn er bekam auch die Ausdehnung des Eisfeldes nach Koordinaten exakt mitgeteilt. Er kannte also die Gefahr und muss sich seiner Verantwortung für das Leben seiner Passagiere bewusst gewesen sein. Das heißt, er hätte die Geschwindigkeit des Schiffes drastisch herabsetzen müssen. Aber da gab es noch andere Fakten und Überlegungen. Die *Titanic* lag zeitlich ohnehin schon gegenüber der geplanten und in New York bekannten Ankunftszeit zurück. Sie war in den vergangenen Tagen zu langsam gewesen. In New York warteten Werft- und Dockarbeiter, Angehörige und Kaufleute. Sie alle erwarteten eine pünktliche Ankunft. Das Prestige der Reederei stand auf dem Spiel, ganz zu schweigen von den bissigen Kommentaren der Presse. Das Warten der vielen Hafenarbeiter kostete Geld, viel Geld sogar! Smith' Chef und oberster Boss der Reederei, Mr. Ismay, war mit dem Kapitän auf der Brücke. Was die beiden miteinander besprochen haben, wurde nie bekannt. Smith war um seine Lage nicht zu beneiden. Ein folgenschwerer Gewissenskonflikt bahnte sich an. Bekannt ist nur das Ergebnis der Besprechung. Es wurden zusätzliche Kessel in Betrieb genommen, und die Geschwindigkeit der »Titanic« auf 21,5 Knoten erhöht. Smith hatte nur die Wahl, das hohe, (unverantwortliche), und wie sich rasch herausstellen sollte, auch für ihn tödliche Risiko einzugehen, oder, wie es seine Pflicht gewesen wäre, die Geschwindigkeit der *Titanic* stark zu drosseln und bei seinem Vorgesetzten in Ungnade zu fallen, eventuell auch seinen Posten als Kapitän zu verlieren. Er hätte 1517 Menschen das Leben gerettet, aber das konnte man vor der Katastrophe nicht wissen. Kapitän Smith ging mit seinem Schiff unter, Mr. Ismay gehörte zu den Überlebenden.

Der Fall »Titanic« ist nicht das einzige Beispiel, aber er forderte die meisten Opfer. Er zeigt in aller Härte, zu welchen folgenschweren Entscheidungen Kapitäne ohne ihr Zutun gezwungen werden können. Allzu oft stehen sie im Spannungsfeld zwischen den Interessen der Reederei und Ihrer Verantwortung für Passagiere, Mannschaft, Schiff und Ladung. So auch 29 Jahre vor dem Untergang der *Titanic*, als das Auswandererschiff *Cimbria* in der Nordsee vor Borkum bei Nacht und Nebel von einem englischen Dampfer gerammt wurde. 437 Menschen fanden in der kalten See den Tod. Nur wenige konnten gerettet werden, da das Schiff rasch sank. Die Schuld des englischen Kapitäns war eindeutig. Ob dem Kapitän der *Cimbria* ebenfalls Schuld zugemessen werden kann, ist nicht eindeutig, aber wahrscheinlich, denn auch er hatte durch den andauernden dichten Nebel viel Zeit verloren. In diesem Fall entscheidet zuerst ein Seeamt über eventuell schuldhaftes Verhalten des Kapitäns und anschließend ein Zivilgericht.

Nebel: Was sagt das Gesetz dazu? Seestraßenordnung § 19: »Bei verminderter Sicht, wie Nebel, starkem Regen oder Schneefall, sind erhöhte Vorsicht, mäßige Geschwindigkeit und die Abgabe von Nebel-Schallsignalen geboten.«

Soweit, so gut. Dagegen ist nichts einzuwenden. Aber jetzt heißt es weiter: »Jedes Fahrzeug muss mit sicherer Geschwindigkeit fahren.« Unter sicherer Geschwindigkeit ist im »Normalfall« zu verstehen, dass das Fahrzeug auf »halbe Sichtweite« zum Stehen gebracht werden kann. Das heißt also, dass bei einer Sichtweite von 200 m das Fahrzeug nach 100 m zum Stillstand gebracht werden müsste. Hier steht bewusst das Wort »müsste«, denn wie soll ein großer Rahsegler oder ein Containerschiff auf diese Entfernung zum Halten gebracht werden? Das war, als es noch kein Radar gab, eine unlösbare Aufgabe. Der Gesetzgeber ist aus dem Schneider. Und die Kapitäne? Wie sollen sie diesem Gesetz, (für das man noch keine brauchbare Lösung gefunden hat) gerecht werden? Fährt ein Schiffsführer so langsam, wie das Gesetz vorschreibt, hat er kein Ruder im Schiff. Fährt er schneller, kann er nicht rechtzeitig aufstoppen. Streng nach dem Gesetz macht er sich so oder so strafbar. Einzige Alternative: Stoppen und fallen Anker. Das war vielleicht vor 100 oder 150 Jahren noch eine brauchbare Lösung, aber heute?

Kein Problem, man hat jetzt Radar, und der Nebel hat seine Schrecken weitgehend verloren. Wirklich? Man könnte es meinen, aber Unfälle bis in die jüngste Zeit sprechen eine andere Sprache. Ein Beispiel dafür bietet die Kollision zwischen dem italienischen Fahrgastschiff *Andrea Doria* und der schwedischen *Stockholm* im Juli 1956. Beide Schiffe verfügten über Radar, hatten es in Betrieb und besetzt. Beide hatten sich gegenseitig auf dem Radarschirm ausgemacht und verfolgt. Ungeachtet dessen kam es zu einer folgenschweren Kollision, die zum Untergang der *Andrea Doria* führte. Die *Andrea Doria* war das Aushängeschild des italienischen Schiffbaus, ein modernes Schiff, ausgestattet nach den letzten Erkenntnissen der Technik und mit 29.000 BRT auch das größte Fahrgastschiff Italiens. Sie verfügte über 11 wasserdichte Abteilungen mit 10 bis zum Deck hochgezogenen Schotten. Der doppelte Boden war eine Selbstverständlichkeit. Sicherheit pur, und trotzdem sank dieses schöne Schiff. Die *Stockholm* hatte 15.000 BRT aufzuweisen und einen für die Eisfahrt verstärkten Bug. Sie schrammte entlang der Bordwand der *Andrea Doria* und riss sie auf einer Länge von 15 Meter auf. Zwei Schotten liefen sofort voll. Das wäre für das Schiff noch kein Todesurteil gewesen, aber die angrenzenden Schotten waren beschädigt und hielten nicht mehr dicht. Das war zu viel. Das Schiff bekam Schlagseite und ging unter. Die Nähe anderer Schiffe rettete im Gegensatz zur *Titanic* vielen Passagieren und Besatzungsmitgliedern das Leben. Durch die Schräglage konnten nur die Rettungsboote einer Schiffsseite zu Wasser gelassen werden, und die hätten für alle Passagiere und Besatzung nicht ausgereicht.

Wo lag die Schuld? Falsche Beurteilung des Radarbildes? Das war zwar Sache des jeweiligen Offiziers am Bildschirm, aber der Kapitän trägt dafür die Verantwortung. Und auch dafür, dass beide Schiffe zu schnell fuhren, weil man sich offensichtlich auf das Radarbild verlassen hat. Dazu noch eine Bemerkung. Der Gesetzgeber sagt in § 19 der Seestraßenordnung: »Unter sicherer Geschwindigkeit ist im Normalfall…« Was versteht er unter »Normalfall«? Er definiert nicht näher und überlässt es dem jeweiligen Seeamt, darüber zu befinden. Wie soll vorgegangen werden, wenn das Seeamt befindet, dass kein Normalfall vorliegt? Jeder Fachjurist und jeder Kapitän weiß um die Unzulänglichkeit des § 19, aber noch niemand vermochte einen besseren Text anzubieten. Ein unbefriedigender Zustand, in erster Linie für Kapitäne und Schiffsführer.

Das Handelsgesetzbuch § 512 weist dem Kapitän die Haftung nicht nur für die Ladung zu, sondern darüber hinaus auch gegenüber dem Befrachter, Ablader und Ladungsempfänger. Dass der Kapitän die Verantwortung für die Ladung trägt, ist verständlich. Er ist verpflichtet, sich über deren Eigenart und sichere Unterbringung im Schiff zu informieren. Welche Gefahren gehen von der Ladung aus? Ist Selbstentzündung möglich? Was kann man dagegen tun? Über diese Fragen muss der Kapitän Bescheid wissen und die entsprechenden Anordnungen geben. Für die Kapitäne der Frachtsegler in der »Weizenfahrt« kam noch die Kenntnis über das Verhalten der jeweiligen Getreideart hinzu. Man sprach zwar von »Weizenfahrt«, aber es war nicht immer Weizen, der geladen wurde. Besonders bei langen Strecken, zum Beispiel von Australien nach Europa, segelten die großen Rahsegler oft tagelang mit der gleichen Krängung (Schräglage). War also Gerste nicht in Säcken, sondern lose geladen, war besondere Sorgfalt nötig, da Gerste leichter zum Rieseln kommt als andere Getreidesorten. Gegebenenfalls war es nötig, ein oder zwei Zwischenschotts anzubringen, um das gefährliche Übergehen der Ladung zu verhindern. Solche Sorgfalt wird seitens der Seeämter vom Kapitän des Schiffes als Pflicht erachtet. Es wird auch nicht akzeptiert, wenn der Kapitän seinen ersten Offizier mit der Überwachung des Ladevorgangs beauftragt hat. Er selbst muss die letzte Kontrolle übernehmen und durchführen, bevor er Anker auf und in See geht. Sollte die Ladung auf See übergehen, kommt das Schiff in eine außerordentlich gefährliche Lage: Es ist stark manövrierbehindert, und es bedarf der äußersten Anstrengung aller verfügbarer Männer, die Ladung wieder richtig zu verteilen, damit das Schiff sich wieder aufrichtet.

Der tragische Untergang der *Pamir* am 21. September 1957 ist vermutlich zum Teil auf das Übergehen der Ladung zurückzuführen. Das zuständige Seeamt hat sich auch bei seinem Urteil darauf bezogen und den Kapitän, der den Untergang seines Schiffes nicht überlebt hat, schuldig gesprochen. Derselbe Vorgang, Verrutschen der Ladung hat auch das Schwesterschiff *Passat* in erhebliche Schwierigkeiten gebracht. Die Mannschaft hat den Verlust des Schiffes durch ihren beispielhaften Einsatz jedoch verhindern können. Heute ist diese Gefahr erheblich vermindert, da mit großen Rahseglern keine Frachten mehr befördert werden. Der Kapitän ist aber nach wie vor für seine Ladung verantwortlich. Das gilt verständlicherweise auch für die Haftung gegenüber dem Ladungsempfänger, denn dieser hat ein unangefochtenes Recht auf die Lieferung einer einwandfreien Ware. Auch über die Haftung und Verantwortung gegenüber den Passagieren und der Besatzung, sowie deren Gut und Habe, besteht kein Zweifel.

Schwieriger ist die Haftung des Kapitäns gegenüber dem Befrachter und Ablader zu verstehen. Das kann sich, sofern diese Arbeiten nicht von der Besatzung durchgeführt werden, nur auf die Sicherheit an Deck und den einwandfreien Zustand der Ladegeschirre beziehen und nicht auf menschliches Versagen oder grobe Fahrlässigkeit. Dass jedoch verrottetes und halb durchgescheuertes Tauwerk in die Verantwortung des Schiffes, also des Kapitäns fällt, dürfte klar sein. Dass für die Überwachung des Decks und der Takelage die Offiziere zuständig sind, steht ebenfalls außer Zweifel. Zuständig heißt aber im Endeffekt nicht immer das Gleiche, wie »verantwortlich«.

Eine der schwierigsten Entscheidungen mit

weitreichender Konsequenz wird dem Kapitän bei außerordentlichen Wetterverhältnissen aufgebürdet. »Normaler« Sturm wurde von den Kapitänen der großen Rahsegler eher gewünscht, als eine flaue Brise mit schlappen Segeln. Sturm brachte in der Regel schnelle Reisen, und mit Sturm konnten die erfahrenen Kapitäne sowie die Besatzungen umgehen. Das hatte sie Kap Hoorn mehrfach gelehrt. Schwieriger wurde es bei einem Orkantief, das hinsichtlich seiner Zugbahn nicht den langjährigen Erfahrungen entsprach, sondern eigensinnig einen außergewöhnlichen Weg einschlug. Ein typisches Beispiel war der Hurrikan »Carry«, der der Viermastbark *Pamir* am 21. September 1957 zum Verhängnis wurde. Drei Tage vor ihrem Untergang schien alles noch auf eine problemlose Heimreise hinzudeuten. Aber da meldete der US-amerikanische Wetterdienst einen »Hurrikan« westlich der Kapverdischen Inseln. Zunächst benahm er sich wie alle anderen Hurrikane, aber bald tanzte er aus der Reihe, indem er einen eigenwilligen, nicht üblichen Weg einschlug. Damit begann er unberechenbar zu werden. Die Kapitäne der Schiffe auf dem Atlantik konnten keine sicheren Hinweise bekommen, wie sie dem Zentrum des Orkans ausweichen konnten. Es ist leicht nachzuvollziehen, welche Überlegungen Kapitän Diebitsch, Kommandant der *Pamir*, anstellte. Er musste einerseits Meilen nach Norden machen, um wenigstens in den weniger gefährlichen Sektor des Orkans zu kommen. Andererseits aber hatte er viel Tuch stehen, und 51 Mann seiner Besatzung waren auszubildende Jungen und keine erfahrenen Matrosen. Zu allem Übel hat er 4000 Tonnen Gerste lose geladen. Gerste kommt bekanntlich viel leichter ins Rieseln, als andere Getreidesorten. Geht die Ladung über, ist sein Schiff weitgehend manövrierunfähig. Das alles ging ihm durch den Kopf, während der »Hurrikan« in nordöstliche Richtung schwenkte und ihn geradezu verfolgte. Er selbst war zwar ein guter, zuverlässiger Kapitän, aber mit der *Pamir* war er ebenso wie seine Offiziere nicht so vertraut, wie es in so extremen Lagen nötig ist. Er wusste um seine Verantwortung für 85 Mann Besatzung. Um seine Situation ist er nicht zu beneiden. Das tragische Ende der Reise ist bekannt: Nur sechs Mann der Besatzung haben den Untergang der *Pamir* überlebt. Weder Kapitän Diebitsch noch einer seiner Offiziere waren unter ihnen.

Der Fall *Pamir* wurde vor einem Seeamt verhandelt. Auf die Aufgaben und Befugnisse dieser Institution soll in verkürzter Form eingegangen werden. Ausführlich ist darüber zu lesen in dem bereits erwähnten Buch »Seerechtliche Gesetze und Verordnungen« von Dr. jur. H. Kuhl, Kapitel N »Untersuchung von Seeunfällen«.

Darin ist festgelegt, dass eine Untersuchung eingeleitet werden muss, wenn:

1. Ein Schiff gesunken ist oder aufgegeben wurde. Das heißt, wenn die Mannschaft und auch der Kapitän das Schiff aus welchen Gründen auch immer verlassen haben.
2. Wenn eine Person zu Tode gekommen ist.
3. Wenn das Schiff als verschollen erklärt wurde. Die Verschollenheitsfrist beträgt das Dreifache der Zeit, die das Schiff vom letzten Hafen (bzw. Standort der letzten Meldung) bis zum Zielhafen normalerweise benötigt hätte.

Aufgabe des Seeamtes ist es, zu untersuchen:

1. Ob ein Fehler im Schiffsbetrieb vorlag. Diese Fehler können sehr vielseitig sein. Häufig sind es Fehler bei der Navigation, zu schnelles Fahren bei schlechter Sicht, bei Großseglern z.B. zu viel Tuch bei Sturm, zu spätes Erkennen von Unwettern, schlecht verstaute Ladung oder zu geringe, ungeeignete oder unerfahrene Besatzung.
2. Auch in der Bauart des Schiffes können Mängel vorliegen, oder das Schiff war nach seiner Bauart nicht für das befahrene Seegebiet geeignet. Insbesondere auf Mängel

in Bezug auf die Sicherheit des Schiffes und der Besatzung achtet das Seeamt: Rettungswesten, deren Wartung, Rettungsboote einschließlich der Ausrüstung und ihr Zustand. Das, und noch vieles mehr untersucht das Seeamt. Eine häufige Ursache von Strandungen sind veraltete und nicht berichtigte Seekarten und Handbücher. In jüngerer Zeit betrifft es besonders Schiffe, die unter der Flagge von Billigländern fahren. Die schwierigen Fahrwasser der Weser und der Elbe verlangen zwingend, frühzeitig einen Lotsen an Bord zu nehmen. Um einen letzten Grund zu nennen, auch das Fahrwasser kann Mängel durch vertriebene Tonnen, oder erloschene Leuchttonnen aufweisen, was das Wasser- und Schifffahrtsamt zu verantworten hat.

Auf die Kompetenz des Seeamtes, das in der Regel aus dem Vorsitzenden und vier Beisitzern besteht, wird großer Wert gelegt.

Kommt ein Fall zur Verhandlung, führt das Seeamt zuerst Ermittlungen (im Zivilgericht die Beweisaufnahme) durch. Zeugen werden vernommen, auch Sachverständige hinzugezogen. Im Fall der *Pamir* waren es Sachverständige für Wetter und Seegang, für Stabilität, langjährig erfahrene Kapitäne, sowie Kapitän Eggers, der von Kapitän Diebitsch vertreten wurde. Dazu kamen Sachverständige für Ladung und deren Verhalten im Seegang. Sachverständige also für alle während der Verhandlung auftretende Fragen. Erst dann, nach eingehender Besprechung, wird der Termin für die Hauptverhandlung festgesetzt. Diese endet mit dem »Spruch des Seeamtes«.

Hierzu sagt der § 26, dass das Seeamt berechtigt ist, nach sorgfältiger Prüfung der Sachlage dem Inhaber eines Patentes oder einer Gewerbebefugnis die Eignung zur Ausübung abzusprechen und die Bescheinigung dazu einzuziehen. Das gilt für alle am Unfall Beteiligten und in diesem Zusammenhang schuldig Gesprochenen. Also für den Kapitän, die Offiziere, das Maschinenpersonal und ggf. auch für den Lotsen. Auf ein in vielen Fällen nachfolgendes Zivilgericht hat ein Schuldspruch nur in sofern Einfluss, als das Zivilgericht sich daran orientiert, obgleich es dazu nicht verpflichtet ist. Gegen den Spruch des Seeamtes kann in letzter Instanz das Oberseeamt angerufen werden, dessen Urteil endgültig ist.

Auf ein Kapitel, über das wenig nach außen dringt, sollte noch hingewiesen werden. Man nimmt es ungläubig und mit Skepsis zur Kenntnis, aber vor »blinden Passagieren«, »Einschleichern« oder »Stowaways« wie sie auch genannt werden, haben Kapitäne mehr Angst, als vor einem handfesten Sturm. Das war nicht immer so. In früheren Zeiten waren blinde Passagiere ungebetene Gäste, aber meist Einzelgänger, die man am nächsten Hafen wieder los werden konnte. Heute ist das wesentlich schwieriger, denn kaum ein Land ist bereit, einen »Blinden«, oder was zunehmend häufiger ist, eine ganze Gang blinder Passagiere aufzunehmen. Das besonders, wenn deren Identität unbekannt ist und die Leute ihr Geburts- bzw. Heimatland nicht preisgeben. Ihre Reisepässe, sofern sie je welche besessen hatten, haben sie längst weggeworfen.

Wie kommen diese ungebetenen Gäste an Bord? Wenn heute eine geldbringende kriminelle Tat noch nicht existieren sollte, wird sie erfunden. So gibt es organisierte, mafiaähnliche Gruppen, vorwiegend in südamerikanischen und westafrikanischen Häfen, die sich auf das Einschleusen von blinden Passagieren, gegen teures Geld versteht sich, spezialisiert haben. Leercontainer, sogar Container unter Zollverschluss und andere Ladungen bieten Gelegenheit, unentdeckt an Bord zu kommen. Einmal dort, vielleicht getarnt als Hafenarbeiter, wissen die »Blinden« immer ein Versteck zu finden, selbst im Tunnel der Schraubenwelle. Dass es für manchen blinden Passagier eine Reise in den Tod bedeutet, wird offensichtlich in Kauf genommen. Daran ändert nur wenig, wenn sie fürs Erste mit Wasser und Proviant versorgt sind. Verrutschende Ladung, Fässer und Holz, die bei Seegang ins Rollen kommen, wurden manchem, der sich im Laderaum versteckt hat, zum Verhängnis. Nicht selten sind »Blinde in Containern erstickt. Irgendwann unterwegs tauchen die Männer an Bord auf oder werden entdeckt. Ein Alptraum für den Kapitän. Was tun mit ihnen? Auf See »entsorgen«, einfach aussetzen, wie das auch schon vorgekommen ist, verbietet sich von selbst, trotz allen Ärgers, den die blinden Passagiere bereiten. Kann der Kapitän sie, was meist zutrifft, in den nächsten Häfen nicht los werden, muss er sie an Bord behalten und kostenlos verpflegen, bis er sie irgendwo doch absetzen kann. Gelingt ihm das, bedeutet das aber nicht das Ende der Tragödie. Das dicke Ende kommt noch, denn kein Land will sie haben. Also werden sie auf Kosten der Reederei des Schiffes in ihr Heimatland geflogen. Das wird teuer, denn aus Sicherheitsgründen fliegen Bewacher mit und selbstverständlich auch wieder zurück, nicht selten in der 1. Klasse. Dazu kommt in einigen Ländern grundsätzlich, ob Schuld an der Misere oder nicht, eine »Strafe« in vierstelliger Höhe, um jedem Kapitän die Lust zu nehmen, in diesem Land blinde Passagiere von Bord zu geben.

Es wundert nicht, wenn Kapitäne in den dafür bekannten Häfen mit allen Mitteln versuchen, »Einschleicher« von Bord zu halten. Leider trotz aller Bemühungen und Vorsicht nicht immer erfolgreich. Es sind Fälle bekannt, wo blinde Passagiere eine mehrwöchige kostenlose Seereise mitmachten, bis sie endlich in ihr Heimatland zurückgeflogen werden konnten. Dort versuchten sie erneut, den Törn zu wiederholen, was in deren Augen sicher besser ist, als in einem afrikanischen Land wegen anhaltender Dürre zu verhungern oder im Bürgerkrieg erschossen zu werden. Die Leidtragenden sind in jedem Fall der Kapitän und die Reederei, die die meist »saftige« Rechnung bezahlen muss.

Ohne die Erwähnung eines Problems, das die Kapitäne der früheren Zeit bis zu Cooks zweiter Reise in den Jahren 1772 bis 1775 beschäftigte, wäre das bisher Geschriebene unvollständig. Das Problem war die Unsicherheit bei der Berechnung des jeweiligen Längengrades. Es ist leider nicht übertrieben, wenn man von Tausenden von Seeleuten spricht, die durch Strandung zu Tode kamen, weil die Kapitäne zwar die geographische Breite des Schiffsortes kannten (zu ermitteln mit Hilfe der Tageszeit, des Standes der Sonne, oder der Höhe bekannter Sterne), nicht aber die geographische Länge, die sie nur grob errechnen, oder besser gesagt, schätzen mussten. Die zur exakten Berechnung nötigen Hilfsmittel fehlten. Sie ließen fast vier Jahrhunderte auf sich warten.

Weil das Problem buchstäblich »auf den Nägeln brannte«, schrieb das englische Parlament, bzw. die englische Krone, im Jahr 1714 für die Lösung eine Belohnung von 20.000 englischen Pfund aus. Aus der Höhe dieser Belohnung (heute mehrere Millionen Mark) lässt sich schließen, welche Bedeutung man der Sache beimaß.

Die Belohnung sollte Anreiz zu intensiver Forschung sein, und sie war es auch. Aber auf der anderen Seite lockte die hohe Summe auch dazu, sie mit unlauteren Mitteln, durch Intrigen, hart am Rande der Kriminalität, buchstäblich zu »ergattern«. Hochrangige Wissenschaftler und Kosmographen, namhafte Astronomen und Kapitäne bemühten sich um die Lösung, aber auch Tüftler und Scharlatane lockte die Belohnung.

Wo lag die Schwierigkeit? Wo das Problem? Man benötigte die genaue Uhrzeit an Bord und an einem anderen Ort bekannter Länge. Die Bestimmung des jeweiligen Längengrades beruhte also auf einer Zeitmessung, und die musste sehr exakt sein. Genau daran fehlte es. Der Astronom Ptolemäus hatte 150 n. Chr. die Längengrade von Pol zu Pol in seinen Weltatlas eingetragen. Den Ausgangsmeridian, den späteren Null-Meridian, legte man zunächst durch verschiedene Städte, bis man sich endlich auf die Sternwarte in Greenwich einigte. Das aber war eine rein politische Entscheidung, weil man den Nullmeridian theoretisch durch jeden beliebigen Ort der Erde hätte legen können. Da die Längengrade von Pol zu Pol laufen, ändert sich ihr Abstand je nach der geographischen Breite. An den Polen ist ihr Abstand gleich Null, am Äquator beträgt er 68 Meilen. Um einen sicheren Schiffsstandort zu bekommen, mussten die Kapitäne auf ihrem jeweiligen Breitengrad den Abstand zwischen den Längengraden errechnen. Wie bereits erwähnt, fehlten dazu die Voraussetzungen. Die hätte man den Kapitänen an die Hand geben können, entweder in Form einer sehr genau gehenden Uhr oder durch Tabellen der Monddistanzen. An ersterem arbeitete ein einfacher, aber genialer englischer Uhrmacher namens John Harrison, an letzterem ein paar königliche Astronomen und Kosmographen, um nur einige zu nennen. Der Grundstein für einen leider recht unfairen Wettbewerb war gelegt. Der wurde von einer Seite auch beschritten. In diese Zeit fiel eine Katastrophe, die die Bemühungen um eine baldige Lösung erheblich anheizte.

Am 22. Oktober 1707 verloren der englische Admiral Shovells und 2000 englische Seesoldaten und Seeleute an der SW-Spitze Englands vor den Scilly-Inseln ihr Leben, weil sich die Schiffsführung bezüglich des Standortes der fünf Schiffe erheblich verschätzt hatte. Auch die Anson-Expedition (1740–1744) entging bei der Umrundung von Kap Hoorn nur haarscharf einer Katastrophe. Der Chefnavigator und auch die Schiffsführung hatten die dort herrschende Strömung deutlich unterschätzt. Man hatte wegen ständig bedeckten Himmels nur einen gekoppelten Standort und glaubte sich so weit westlich zu befinden, dass man im Pazifik wieder frei von der Küste auf Nordkurs gehen könne. Ein beinahe tödlicher Irrtum. Das sind nur zwei Beispiele von vielen.

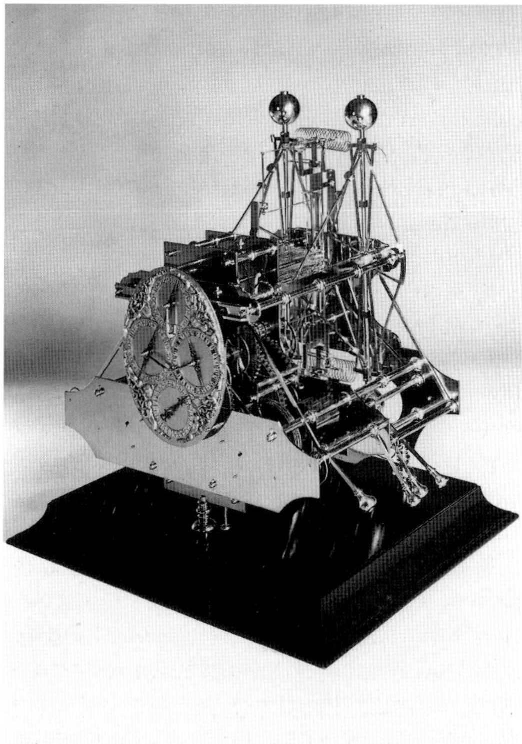

Nachbildung des ersten Seechronometers von John Harrison aus dem Jahre 1735. Mit dieser Uhr begann das Zeitalter der Präzisionszeitmessung. Harrison löste damit das Longitudinalproblem und ermöglichte erst eine zuverlässige Positionsbestimmung auf See.

Der Uhrmacher John Harrison hatte schon sehr früh und auch erfolgreich an einer genau gehenden Uhr gearbeitet. Auch ihm war das Problem der Längengrade bekannt, und so machte er sich an die Arbeit. Die Uhr für den Schiffsbetrieb musste unempfindlich gegenüber Erschütterungen und Temperaturschwankungen sein. Feuchtigkeit und der sich stets ändernde Luftdruck durften die Ganggenauigkeit nicht beeinflussen, und die geforderte größte Abweichung innerhalb von 24 Stunden war auf drei Sekunden festgesetzt. Ein hoher Anspruch, aber mit Rücksicht auf die Sicherheit der Schifffahrt als berechtigt anzusehen. Harrisons erste

Schiffsuhr (Chronometer) H1 gab Anlass zu konkreten Hoffnungen. Seine verbesserte H2 kam wegen Harrisons Streben nach Perfektion nie zum Einsatz auf einem Schiff, aber seine H3 konnte den geforderten hohen Ansprüchen Genüge leisten. Die Abweichung betrug etwa 1 Sekunde pro Monat, während die handelsüblichen guten Uhren bei etwa 1 Minute pro Tag lagen. Man sollte meinen, dass das Uhrenproblem damit gelöst gewesen wäre und damit auch die exakte Berechnung der Längengrade. Aber da waren noch seine Konkurrenten, die königlichen Astronomen und Wissenschaftler. Die glaubten, die bessere Lösung sei die Berechnung der Längengrade mit Hilfe der Monddistanzen. Diese Methode hatte zwar Hand und Fuß und führte auch zu guten Ergebnissen, aber gegenüber Harrisons Uhr hatte sie gravierende Nachteile. Bedeckter Himmel, und der ist in den nördlichen Breiten nicht selten, gestattet keine Beobachtung. Der zweite Nachteil der astronomischen Methode war die komplizierte und zeitraubende Berechnung. Es mussten auch noch die Höhen verschiedener Himmelskörper und der Winkel zwischen ihnen gemessen werden, und wo gemessen wird, sind Irrtümer nicht auszuschließen. Letztlich war auch die Position der Sterne zu dieser Zeit noch nicht genau genug bekannt.

Noch zwei weitere Gründe sind zu nennen. Nicht alle Kapitäne sind in den Rechenvorgängen so geübt, wie die Herren der königlichen Sternwarte. Last not least, auf dem festen Land waren Messungen doch erheblich genauer und leichter als auf einem schwankenden Schiff. Alle diese Nachteile entfallen bei Verwendung der Uhr. Bei dieser Sachlage versuchten die Verfechter der astronomischen Methode, die praktische Erprobung von Harrisons Uhr nach Kräften zu verzögern, was ihnen auch gelang. Den Erfolg eines einfachen Uhrmachers konnten sie offensichtlich nicht akzeptieren, und es ist kaum auszuschließen, dass die ausgesetzte Belohnung dabei eine Rolle spielte. Als auch die Verzögerung und Verschärfung der Bedingungen nicht half, versuchten es die stursten Gegner Harrisons mit noch »drastischeren« Mitteln, und das ist mehr als gelinde ausgedrückt.

In der Zwischenzeit hatte Harrison im Jahr 1759 seine vierte Uhr fertiggestellt. Sie war ein absolutes Meisterwerk und mit nur 12 Zentimeter Durchmesser erheblich kleiner als die Vorgänger. Aber noch gaben seine Gegner nicht auf und versuchten durch immer neue Intrigen, Harrison in die Knie zu zwingen. Auch sie waren nicht untätig, und die Methode der Monddistanzen war inzwischen ausgereift, wenn auch in der Berechnung immer noch sehr aufwendig und kompliziert.

Harrison schien auf verlorenem Posten zu stehen, aber man konnte ihn nicht totschweigen. Einige unabhängige Kapitäne, darunter auch kein Geringerer als Kapitän James Cook, zollten der Uhr großes Lob. Auf seiner zweiten Reise navigierte Cook nach Monddistanzen, aber er überprüfte auch Harrisons Uhr und stellte fest, dass sie den in sie gesetzten Anforderungen gerecht wurde. Cook hatte zwar einen Nachbau an Bord, aber auch der erfüllte die Anforderungen. Trotz allem gaben die Verfechter der astronomischen Methode noch nicht auf. Jetzt wandte sich Harrisons Sohn William schriftlich an den englischen König Georg III., von dem er Hilfe erwartete und, wie sich zeigen sollte, nicht umsonst. John Harrison starb 83-jährig im Jahr 1776, und erst dann war seiner Uhr der Durchbruch vergönnt.

15 Jahre lang wurde eine absolut brauchbare Uhr, Harrisons H3, den Kapitänen vorenthalten. 15 Jahre lang mussten Seeleute sterben, weil ein paar einflussreiche britische Astronomen und Wissenschaftler es nicht verwinden konnten, dass ein einfacher Uhrmacher eine bessere Lösung des »brennendsten« Problems der Schifffahrt auf den Ozeanen gefunden haben sollte als sie selbst.

Bis zur endgültigen und allgemeinen Einführung des Schiffschronometers vergingen noch einige Jahre. Die Herstellung musste erheblich vereinfacht und damit verbilligt werden, ohne die Qualität zu mindern. Das war die Aufgabe der Nachfolger des genialen John Harrison. Bis dahin wurden beide Methoden zur Navigation angewandt. Erst im Jahr 1907 wurde die Veröffentlichung der Mondtabellen eingestellt.

Aus der Zeit zu Beginn der Entdeckungen gibt es keine Zeitzeugen mehr. Das heißt, dass auch die Historiker auf Überlieferungen und Dokumente angewiesen waren. Wir in der Gegenwart sehen uns konfrontiert mit teilweise stark von einander abweichenden Darstellungen der frühen Ereignisse. Was ist glaubwürdig? Was ideologisch gefärbt?

Schon damals gab es Interessengruppen. Das bedeutet dass, um ein Beispiel zu nennen, der vom Papst beauftragte Geschichtsschreiber, meist im Vatikan tätig, die Geschehnisse aus seiner oder aus der Sicht des Klerus niederschrieb, während ein anderer die Dinge aus der Sicht seines Auftraggebers sah, und die war nicht immer konform mit der Kirche.

Man muss sich nur die Differenzen zwischen dem Christentum und dem Islam vor Augen führen, die, wie es scheint unüberbrückbar, bis in die Gegenwart reichen. Allzu oft wurden die Geschehnisse bei mündlicher Überlieferung mit der eigenen Vorstellung verquickt und so ihres eigentlichen ursprünglichen Sinnes beraubt.

Nur schwer verständlich aber ist, dass sich manche unbewiesene und höchst zweifelhafte geschichtliche Darstellung, ohne jemals einer Überprüfung bzw. einer notwendigen Korrektur unterworfen worden zu sein, bis in unsere Zeit erhalten hat.

Unterschiedliche Beurteilungen und Schilderungen von Vorgängen sind auf allen Gebieten des menschlichen Lebens auch heute noch zu beobachten. Dabei ist es gleichgültig, ob es sich um Politik, Kirchengeschichte oder Geschichte der Seefahrt handelt. Nur zu leicht ist es, das hervorzuheben, was man zu sagen wünscht, das Übrige aber zu verschweigen oder mit einer Randbemerkung abzutun. Man sagt die Wahrheit, aber nicht die ganze. So ist es kein Wunder, wenn eine Leistung als »historisch« verherrlicht wird, während eine andere, vielleicht höher zu bewertende, so gut wie in Vergessenheit gerät und nur noch mit ein paar nüchternen Worten in Geschichtsbüchern abgehandelt wird.

Es ist nicht immer leicht, bei Überlieferungen das heraus zu filtern, was nach sorgfältiger und neutraler Prüfung der Wahrheit entsprechen müsste. Eine gewisse Unsicherheit bleibt immer. Tröstlich bei mancher »Färbung«:, die grobe Linie, also der wesentliche Vorgang, bleibt erhalten und ist erkennbar. Unter diesem Vorbehalt sollte man die nachfolgenden Kapitel aus der frühen Zeit lesen.

Die Entdecker Amerikas

Christoph Kolumbus

Mit der wohl größten Windjammerparade, viel Musik und unzähligen Lobreden feierte die Welt im Jahr 1992 die »Entdeckung« Amerikas durch Christoph Kolumbus vor 500 Jahren. Dass diese »Entdeckung« umstritten ist und zudem für die Urbevölkerung unendliches Leid und ihre Ausrottung bedeutete, nahm man offiziell nicht zur Kenntnis. Man verdrängte es, weil es nicht in den Rahmen passte.

Als das »großartigste aller menschlichen Abenteuer« bezeichnete 1954 ein spanischer Journalist in einer geachteten deutschen Zeitschrift die Reise des Christoph Kolumbus, und einer anderen Quelle zufolge war er ein Genie und »der kühnste Seefahrer seiner Zeit«.

Wer war dieser Christoph Kolumbus? Mit seiner Geburt beginnen bereits die Fragen. Das betrifft sowohl den Geburtsort, wobei Genua am meisten favorisiert wird, als auch das Geburtsdatum Hier schwanken die Angaben vom 25.5.1446 bis hin zum 31.10.1451. Immerhin eine Differenz von rund fünf Jahren. Die Frage sei aber erlaubt, wieso man den Tag und den Monat der Geburt so genau zu wissen glaubt, das Geburtsjahr aber nicht! Fest zu stehen scheint, dass er der Sohn eines Tuchwebers war. Scheint! Denn das wird von mehr als einem Historiker angezweifelt. Mit etwa 20 Jahren soll er Angestellter einer Bank mit Namen »Centurione« in Lissabon gewesen sein, seit früher Jugend aber, einer anderen Quelle zufolge, der Seefahrt verschrieben. Wie passt das zusammen? Von einer seemännischen Ausbildung oder Tätigkeit, wo und auf welchem Schiff, ist leider nichts zu erfahren. Im Rahmen seiner Arbeit für die Bank soll er in London gewesen sein. Außerdem mit einem spanischen Segler in Schottland und auf den Faröern. Eine Reise, so wird berichtet, führte ihn nach Island. Letzteres gab er auch dem Spanischen Hof als Beweis für seine Kompetenz an. Nicht bekannt ist aber, in welcher Funktion er auf dem Schiff war. War er Fahrgast? Es ist kaum anzunehmen, dass ein Bankangestellter, so er je einer war, zum Seemann mutiert, sobald er nach Island reist.

Kolumbus muss sich aber, angeregt durch die antiken Karten des Ptolemäus und durch den Florentiner Arzt und Kosmographen Toscanelli, für Entdeckungsreisen interessiert und dabei Kenntnisse erworben haben. Durch seine geschickte Selbstdarstellung suchte und fand er auch Kontakt zu einflussreichen Personen. Schließlich reifte in ihm der Plan, Indien auf dem kurzen Weg über den Atlantik zu finden. Dabei dachte er auch an die reichen, aber noch nicht entdeckten Länder Cathay (China) und Zipangu (Japan).

Im Jahr 1483 wandte sich Kolumbus an den portugiesischen Hof. Sein Vorschlag: Er wollte den direkten Weg nach Indien in westlicher Richtung suchen, außerdem mit den Ländern Cathay und Zipangu, deren Reichtum sagenhaft sei, Handelsbeziehungen knüpfen und den

Nachbau der *Santa Maria* im Hafen von Lissabon, der dem Original sehr nahe gekommen sein dürfte.

dortigen mächtigen Großkhan besuchen. Dazu möge ihm Johann II. drei Schiffe mit der dazu gehörigen Mannschaft stellen. Der König beriet sich eingehend mit seinen angesehensten Mathematikern, Nautikern und Kosmographen. Auch ein Vertreter der Kirche durfte nicht fehlen. Nach vielem Pro und Kontra wurde Kolumbus' Plan abgelehnt. War er wirklich der richtige Mann, oder war sein unbeirrbarer Glaube zu optimistisch? Das Risiko war groß, und bisherige Erfolge konnte Kolumbus nicht nachweisen. Ausschlaggebend für die Ablehnung dürfte wohl die von Kolumbus angegebene Reisezeit von nur etwa vier Wochen gewesen sein. Die nicht unerfahrenen Experten in Portugal dürften sie, zu Recht wie man heute weiß, für utopisch gehalten haben. Letztlich suchte man selbst einen Weg nach Indien und war dabei schon einige Schritte vorangekommen. Es war der lange und verlustreiche Weg über das Kap der guten Hoffnung, der letztlich aber doch Gewinn versprach.

Enttäuscht kehrte Kolumbus Portugal den Rücken und reiste 1484 (1485?) nach Spanien. Dem spanischen Herrscherpaar Ferdinand und Isabella legte er im Januar 1486 seinen unveränderten Plan vor. Er zog sämtliche Register seiner Überzeugungskunst und Seriosität. Während der König skeptisch war, gelang es ihm, zumindest das Wohlwollen der Königin zu gewinnen. Zu einem Vertrag kam es noch nicht, denn erst sollte Malaga von den Mauren befreit sein, bevor man sich mit dem reichlich unsicheren Plan des Christoph Kolumbus näher befas-

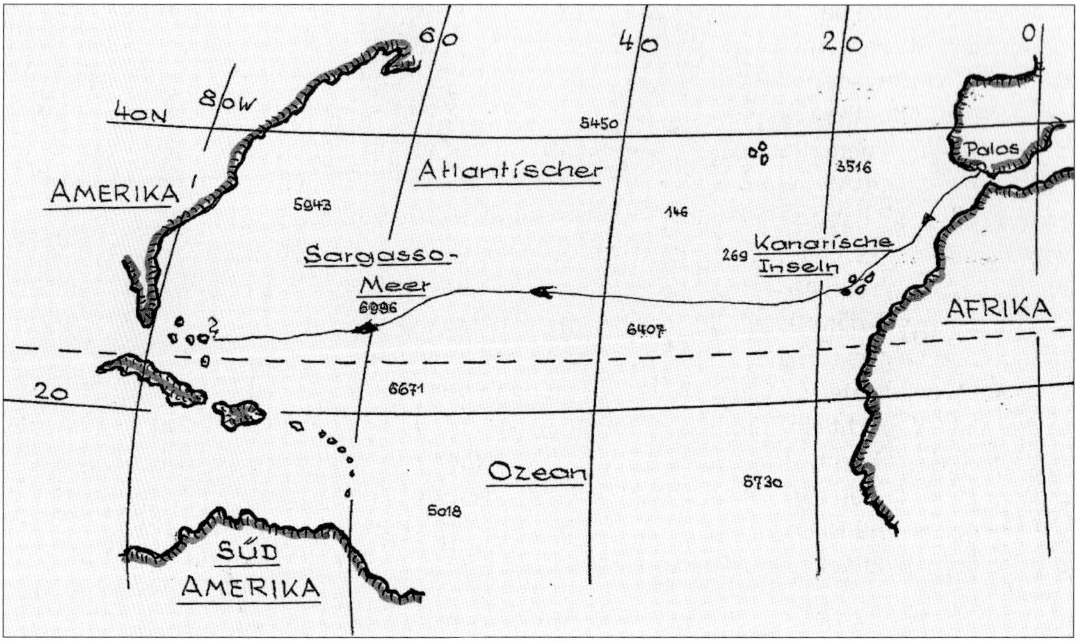

Die vermutliche Seeroute der Flotte des Kolumbus.

sen wollte. Endlich, am 17. April 1492 wurde in Granada (andere Quellen sprechen von Santa Fé) der Vertrag unterzeichnet. Kolumbus wurde damit »Admiral« und Vizekönig der von ihm noch zu entdeckenden Gebiete mit allen Rechten. Es wird berichtet, dass von den zu erwartenden Schätzen Kolumbus den zehnten Teil für sich behalten könne. Kolumbus war in Eile, denn er wusste vermutlich, dass schon vier Jahre vorher der Portugiese Bartolomen Dias das Kap der guten Hoffnung umsegelt hatte, wenn auch mit Hilfe eines handfesten Sturmes. Man fürchtete, die Portugiesen könnten Spanien zuvorkommen.

Kolumbus reiste nach Palos im Südwesten von Spanien, denn diese Stadt sollte Kolumbus zwei Schiffe einschließlich der Besatzung stellen. Palos, so hörte man, sollte dem königlichen Hof gegenüber in der Schuld stehen. Die Rekrutierung der Mannschaft aber machte Schwierigkeiten. Erst durch die Vermittlung des einheimischen einflussreichen Seefahrers Martin Alonso Pinzón, dem Kolumbus traumhaften Reichtum versprach, konnte das Problem gelöst werden. Martin Pinzón und dessen Bruder Vicente musste er aber die Führung der beiden anderen Schiffe überlassen. Interessant ist in diesem Zusammenhang, dass nur in Palos ein Denkmal von M. Pinzón steht, in allen anderen spanischen Städten aber ausschließlich eines von Kolumbus.

Die erste Reise

Am 3. August 1492 klatschten am frühen Morgen die Festmacher der drei Schiffe ins Hafenwasser von Palos. Die Reise ins Unbekannte begann. Darüber ist nur zu berichten, dass die drei Schiffe: *Santa Maria*, *Pinta* und *Niña* zunächst die Kanarischen Inseln anliefen, um Wasser und Verpflegung zu ergänzen. Außerdem musste das durch Sabotage beschädigte Ruder der *Pinta* repariert werden. Am 6. September verließ das kleine Geschwader die Kanaren zur Überquerung des Atlantiks. Auf dieser Reise hatten die Schiffe nach übereinstimmenden Berichten fast immer ruhiges Wetter. Sie passierten die Sargasso-See und hatten Landfall in der Nacht vom 11. auf den 12. Oktober. Es waren die Bahamas. Obwohl in den Atlanten Watling Island, von Kolumbus auf den Namen San Salvador getauft, als Landeinsel angegeben wird und dort eine Erinnerungstafel und ein großes Kreuz aufgestellt ist, spricht viel für die Insel Samana Cay. Kolumbus besuchte weitere Inseln und war des Lobes voll über die Ureinwohner, deren Friedfertigkeit und Hilfsbereitschaft er besonders hervorhob. Er ließ sie in dem Glauben, er und seine Männer kämen direkt vom Himmel und profitierte davon. Um diesen Glauben nicht zu zerstören, bemühte er sich auch, zumindest in der Anfangszeit, um gute Kontakte. Ungeachtet dessen kommt aber im Log- bzw. Bordbuch unmissverständlich zum Ausdruck, dass er sich als Herr und die Eingeborenen als Untertanen betrachtete. Hieran dürfte sich auch die spätere Feindschaft entzündet haben. Beim Studium des Logbuches hat man bald und zunehmend den Eindruck, dass Indien, das Kolumbus als »entdeckt« betrachtete, in den Hintergrund und Gold in den Vordergrund seiner Mission trat. Die Reise ging über Long Island nach Kuba und von dort nach Haiti, das von Kolumbus den Namen »Hispaniola« erhielt. Außerordentlich überschwänglich äußerte sich

Glorifizierende Darstellung der ersten Landung des Kolumbus auf Guanahani: Auch der kniende Kolumbus könnte lediglich so ausgesehen haben. Von ihm sind acht historische Porträts überliefert, von denen keines den anderen gleicht.

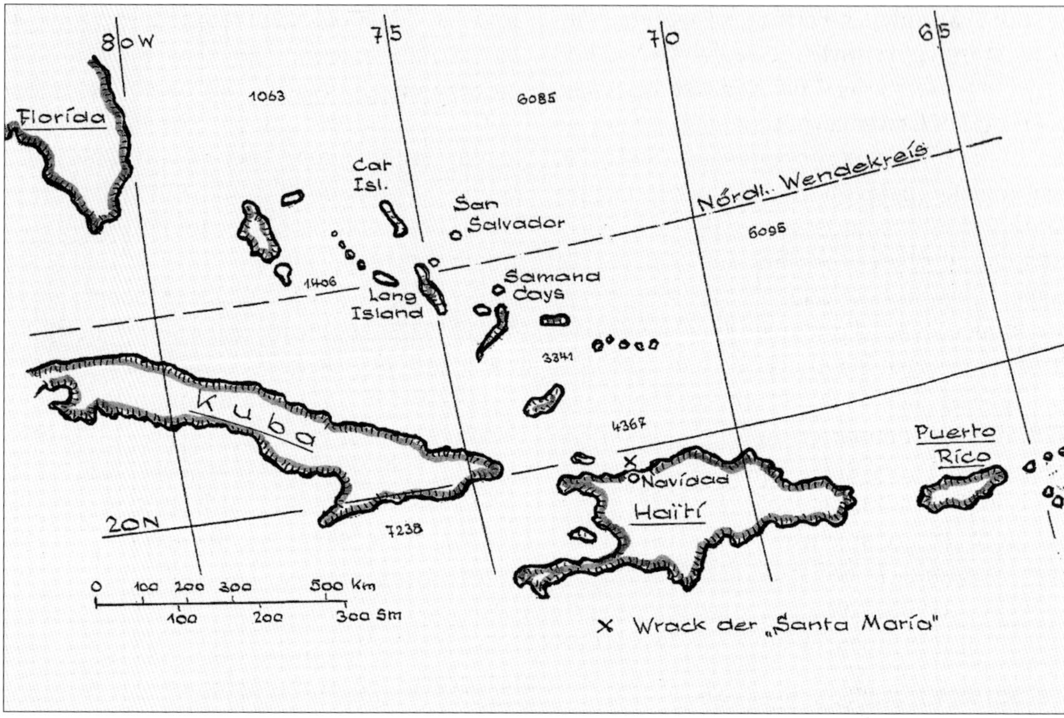

Bis heute nicht eindeutig geklärt: Wo genau fand Kolumbus erster Landfall wirklich statt – auf San Salvador oder auf Samana Island?

Kolumbus über die Schönheit der Inseln, über die Vegetation und über ihren Nutzen als Handelspartner. Die Eingeborenen, so meinte er, könnten ohne besondere Schwierigkeiten zum allein seligmachenden christlichen Glauben bekehrt werden. Ganz am Rand erwähnte er, wären sie auch als Sklaven wertvoll. Man kann sich des Eindrucks nicht erwehren, dass er diese überschwängliche Schilderung als Ausgleich dafür benutzte, dass er weder Zipangu gefunden hatte noch nennenswerte Mengen an Gold. Einerseits war er felsenfest davon überzeugt, in Indien zu sein, andererseits glaubte er sich in der Nähe von Zayto und Quisay, die beide in China liegen sollten.

Am 21. November trennte sich Alonso Pinzón von Kolumbus. Er war enttäuscht, weil Kolumbus ihm vor der Reise die höchsten Reichtümer versprochen hatte. Statt dessen waren sie immer noch auf der Suche, und er war das Vertrösten leid.

Kolumbus setzte seine Fahrt fort. Er glaubte, auf 42 Grad Nord zu sein (andere Quellen berichten vom 21. Grad). Tatsächlich befand er sich aber auf 30 Grad Nord. Er segelte in südöstlicher Richtung auf Haiti zu. In der Nacht vom 25. auf den 26. Dezember strandete die *Santa Maria* im nordwestlichen Teil der Insel. Im Bordbuch vermerkte er, es sei ruhige See gewesen, und eine unbekannte Strömung habe das Schiff auf die Untiefe versetzt. Am Ruder habe ein Schiffsjunge gestanden, der die Gefahr zu spät erkannt habe. Die *Santa Maria* musste aufgegeben werden. An Land ließ Kolumbus ein Fort errichten und nannte es »Navidad«. Alles was auf dem Schiff nicht niet- und nagelfest war, wurde auf das Fort gebracht. Etwa 40 Mann sollten auf dem Fort bleiben. Trotz friedlichen Verhaltens der Eingeborenen beließ er ausreichend Waffen auf dem Fort. Am 9.Januar 1493 begab sich Kolumbus mit der kleinen *Niña* und der übrigen Besatzung auf die Heimreise. Hier gibt es, was die Überlieferung betrifft, Differenzen. Kolumbus soll bereits am 4. Januar Hispaniola verlassen und erst zu diesem Zeitpunkt dem Fort einen Namen gegeben haben, nämlich »Villa de la Navidad«. Bestätigt wird letztere Version durch eine Eintragung im »Bordbuch«. Unerwartet traf er am 6.Jan. mit Pinzón zusammen. Beide Schiffe begaben sich nun gemeinsam auf die Rückreise nach Spanien. Sie hatten zwar etwas Gold an Bord, die Quelle jedoch nicht gefunden.

Am 13. Januar kam ein Sturm auf, der sich laut Logbuch zu einem Orkan gesteigert haben soll. Die beiden Schiffe verloren sich aus den Augen. Zwei Tage wütete der Sturm, und Kolumbus glaubte, dass die *Niña* dieses Unwetter nicht überstehen werde. Das Wetter wurde aber wieder besser, und am 18. Februar 1493 fiel der Anker vor der Insel Santa Maria auf den Azoren. Von da aus gelangte er, wieder durch heftige Stürme behindert, nach Lissabon. Am 3. März soll unterwegs eine Sturmbö alle Segel zerrissen haben, was ihn aber nicht daran hinderte, am folgenden Tag das Großsegel zu setzen. In Lissabon folgte er der Einladung des portugiesischen Königs. Am 13. März verließ er Lissabon und war zwei Tage später in Palos. Bei seinem Empfang durch das spanische Königspaar wurde Kolumbus als »Großadmiral des Weltmeeres« gefeiert und mit höchsten Ehrungen ausgezeichnet.

Die zweite Reise

Am 25. September 1493 beginnt die zweite Reise. Es sind 17 (18?) Schiffe mit 1200 (1000?) Mann, die Cádiz verlassen. Der Chronist Martire schreibt im gleichen Jahr, Kolumbus sei ausgesandt worden, um eine neue Stadt zu bauen, weshalb er Handwerker, Tiere und Samen mit sich führe. Warum aber dann Kolumbus nicht direkt nach Navidad segelte, ist nicht bekannt. Erst am 27. November kam die Flotte dort an. Die Tainos (Ureinwohner) berichten, es habe in dem spanischen Fort ernsthafte Auseinandersetzungen gegeben, deren Ursachen man nicht wisse, Frauen aber seien mit im Spiel gewesen. Schließlich hätte ein Nachbarfürst (die gefürchteten Kannibalen?) die Siedlung überfallen und die Bewohner getötet oder verschleppt. Anschließend sei das Fort angezündet worden. Kolumbus hat daraufhin noch einen Platz für die neue Stadt bestimmt und vermutlich auch die entsprechenden Leute für den Aufbau ausgesucht. Die neue Stadt sollte Isabella heißen. 12 Schiffe sollen daraufhin nach Spanien zurückgekehrt sein. Mit drei Schiffen? (12+3 = 15. Was ist mit den fehlenden 2?) segelte Kolumbus nach Kuba.

Entlang der Südküste wäre der beste Weg gewesen um festzustellen, dass Kuba eine Insel ist und nicht das indische Festland. Dazu kam es aber nicht. Mit der Feststellung, die Vorräte wären zu knapp, brach Kolumbus die Fahrt ab. *Alle Quellen* sind sich darin einig, dass Kolumbus seinen Notar und die gesamte Mannschaft zu der eidlichen Aussage zwang, niemand habe erkennen können, dass Kuba eine Insel sei und darum müsse es sich um das indische Festland handeln. Wenn das in der dargestellten Form stimmt, ist das ein ungeheuerlicher Akt der Willkür, der zwar festgestellt wird, aber nicht in die Beurteilung der Person des Christoph Kolumbus einfließt. Auf dieser zweiten Reise war Kolumbus auch in Dominica, wo er am 3. November eintraf. Die Weiterreise führte über Guadeloupe, Porto Rico und schließlich nach Navidad bzw, zu der neuen Stadt Isabella, die in der Nähe des früheren Forts errichtet wurde. Was er dort vorfand, soll alles andere, als eine blühende Kolonie gewesen sein. Kolumbus war bestürzt und hat angeblich auch höher gestellte Personen (zu Recht?) hart bestraft, was ihm nicht nur Sympathie einbrachte. Neider hatte er sicher mehr, als ihm lieb war.

Zum Ausgleich fehlenden Goldes und nennenswerter Erfolge, so schreibt der ihm sonst sehr gewogene Dominikanermönch Las Casas, hätte der Admiral mehr als 500 Sklaven nach Kastilien zum Verkauf geschickt. Eine Maßnahme, die seiner Meinung nach, abweichend von der offiziellen, nicht mit dem Christentum, wie er es verstand, zu vereinbaren war. Kolumbus besuchte noch Kuba und segelt dann zurück in die Heimat. Im Gegensatz zu der ersten Reise, wo mehrere Quellen ausführlich über jeden Tag der Reise berichten, ist bei der zweiten und den nachfolgenden Reisen ein Bordbuch nicht erwähnt. Erklärbar wäre dies durch einen Hinweis, Kolumbus hätte mit seinen Augen erhebliche Schwierigkeiten gehabt. Daher habe er sich häufig in seiner Kajüte aufgehalten. In dieser Zeit hätte sein Sohn, damals 13 Jahre alt, über den Verlauf der Reise berichtet. Letzterem ist sicher mit einiger Skepsis zu begegnen. Die Bilanz der Reise ist bescheiden, wenn nicht enttäuschend. Wieder keine ertragreiche Goldquellen und keine neue Entdeckung. Von einem Besuch beim Großkhan ganz zu schweigen.

Die dritte Reise

Die dritte Reise begann am 30. Mai 1498. Sechs Schiffe (laut Martyr acht Schiffe) verließen Spanien. Ihr Auftrag war, die Kolonie »Isabella« mit Nachschub zu versorgen. Außerdem sollten »neue Länder« entdeckt werden. Auf dieser Reise schrieb Kolumbus an die spanische Krone, dass sich seine Leiden verdoppelt hätten. Die Hauptflotte segelte gemäß ihrem Auftrag nach Española (Haiti). Kolumbus segelte nach Süden und erreichte Festland in der Nähe von Trinidad, also an der Mündung des Orinoko. Hier müsste er in Jubel ausgebrochen sein. Dass der Orinoko auf Grund seiner Größe ein beachtliches Einzugsgebiet haben musste, hatte er wohl wahrgenommen, desgleichen, dass er Süßwasser führte. Also könnte er Festland betreten haben. Zum ersten Mal wohlgemerkt. Seine Reaktion war vorsichtig und bescheiden. War seine Krankheit schon so weit fortgeschritten? War er fast blind? Man weiß es offensichtlich nicht. Mit seinen Briefen an das spanische Herrscherhaus versuchte er, mangelnde Erfolge, z.B. dass die Kolonie schlecht verwaltet wurde und keinen Gewinn abwarf, dass bisher kein Gold in erwartetem Umfang gefunden wurde, schön zu reden. Er sah sich als Apostel des Christentums, er schilderte die Inseln als ein Paradies, aber mahnte zu Geduld und war sicher, dass der Erfolg sich noch einstellen werde. Er vergaß auch nicht die Verleumder und Zögerer, die ihn behinderten. Seine Krankheit zwang ihn vermutlich zur Umkehr. Ende August 1498 war er zurück in der Kolonie Isabella. Dort kam es zu erbitterten gegenseitigen Vorwürfen. Der neue Gouverneur der Siedlung verhaftete Kolumbus und dessen seinen Bruder und brachte beide in Ketten nach Spanien. Andere Quellen berichten, der spanische Hof habe die Verhaftung veranlasst, was glaubwürdiger erscheint. Am 20. August 1500 war Kolumbus in Cadiz. Es gelang ihm, sich bei Hofe zu rechtfertigen, und drei Monate später war er wieder frei. Hundertprozentig scheint seine Rechtfertigung aber nicht gewesen zu sein, denn er behielt zwar seine Titel und bekam seinen Besitz zurück, nicht aber seine Ämter. Der König war vermutlich skeptisch im Bezug auf eine erneute Reise, sagte aber schließlich zu.

Astrolabium aus dem 15. Jahrhundert zur Messung des Winkels zwischen der Senkrechten und der Sichtlinie auf den jeweiligen Himmelskörper.

Die vierte Reise

Angesichts der Berichte über den Gesundheitszustand von Kolumbus muss es den neutralen Beobachter erstaunen, dass es noch einmal zu einer Reise unter seiner Regie kam. Anfang Mai 1502 begann die vierte und letzte Reise mit zwei Schiffen. Die Reise war, was nicht verwundert, ein einziger Misserfolg. Möglicherweise zu Recht wurde das von Kolumbus mit häufig stürmischem Wetter begründet. Honduras soll er erreicht haben, und damit das mittelamerikanische Festland. Von einem Landgang wurde nicht berichtet, wohl aber, dass Kolumbus entlang der Küste nach einer Durchfahrt nach Westen gesucht habe. Die Suche war vergeblich, obwohl er über 500 km entlang der Küste gesegelt sein soll. Über den Standort der Schiffe wurde nichts bekannt. Kolumbus gab auf und kehrte um. Sturm und sintflutartiger Regen zwangen ihn, in Jamaika an Land zu gehen. Das »an Land gehen« soll aber, anderen Quellen zufolge eine Strandung gewesen sein, die mit einem Schiffbruch endete. Über das zweite Schiff wird nichts berichtet. Sicher scheint, dass der Zustand seiner Schiffe eine Weiterreise nicht mehr zuließ. Auch soll die Besatzung der Schiffe hoffnungslos zerstritten gewesen sein.

Todkrank betrat Kolumbus am 7. November 1504 wieder spanischen Boden. Er war verbittert und fühlte sich verkannt. Von seiner Mission und von der größten Gnade Gottes, die ihm gewährt wurde, war er genauso überzeugt wie davon, Indien entdeckt zu haben. Im Mai 1506 starb Kolumbus in Valladolid. Das offizielle Spanien nahm davon noch keine Notiz. Geht man von 1451 als seinem Geburtsjahr aus, starb Kolumbus im Alter von 55 Jahren.

Der bewundernswerte Seemann und Entdecker Amerikas wird der Admiral der Ozeane erst durch seinen Sohn Fernando und den Chronisten und Kolumbus-Verehrer Las Casas. Man kann sich des Eindrucks nicht erwehren, dass spätere Geschichtsschreiber und Biographen die Darstellung der beiden genannten Herren als erwiesene Fakten betrachteten und die vielen Ungereimtheiten, auf die sie zwangsläufig hätten stoßen müssen, geflissentlich ignorierten, um den makellosen Glorienschein des großen Seefahrers nicht zu beschädigen.

Überall wird berichtet, dass Kolumbus vor seiner ersten Reise der festen Überzeugung war, Indien (Asien) in 33 Tagen erreichen zu können. Kolumbus' Ratgeber Toscanelli ging davon aus, dass die Ostküste Asiens noch um 30 Grad weiter östlich läge, als Marco Polo vermutete und die unangefochten anerkannte Autorität Ptolemäus errechnet hatte. Die Entfernung schmolz daraufhin auf 5000 sm (welche?). Kolumbus hielt sich aber mehr an die »Imago mundi« von 1410 und an die Berechnung des arabischen Kosmographen El Fargani, der die Anzahl der Längengrade relativ genau angab, aber die arabische Meile zugrunde legte. Kolumbus muss irrtümlich bei seiner Berechnung die italienische Meile verwendet haben, und damit ist die von ihm behauptete Reisezeit von 33 Tagen verständlich, wenn auch recht optimistisch und knapp kalkuliert. Die Ablehnung seines Planes durch die portugiesischen Fachleute, die eine Reisezeit von 33 Tagen in das Land der Phantasie verwiesen, war daher vorauszusehen. In diesem Zusammenhang steht auch noch ein weiterer Irrtum. Kolumbus ging davon aus, dass der Abstand von Längengrad zu Längengrad 91,2 km betrage. Das war ein Irrtum, denn in Äquatornähe beträgt er etwa 111 km und verringert sich nach Norden und Süden. Diese Verjüngung war in den Seekarten der damaligen Zeit noch nicht berücksichtigt und wurde erst durch den Kosmographen Mercator korrigiert. Kein Wunder, wenn Kolumbus mit den Entfernungen nicht zurecht kam und daher auch nicht in der Lage war, auch nur annähernde Koordinaten seiner entdeckten Inseln anzugeben. Sein vermuteter Abstand der Längengrade war 91,2 km, der tatsächliche auf dem 26. Breitengrad, wo er sich bei der Überfahrt befand, beträgt aber ca. 101 km. Eine Differenz von immerhin ca. 10 km! Kolumbus war so fest von der Richtigkeit seiner Reisezeitberechnung überzeugt, dass er sich nicht zur Einsicht bringen ließ, obwohl sein Plan auch von der spanischen Kommission abgelehnt wurde. 50 Tage hin und optimal 50 Tage zurück, das sind mehr als drei Monate Reisezeit und absolut unrealistisch ohne einen Stützpunkt für die Ergänzung von Trinkwasser und Verpflegung. Wenn die spanische Krone letztlich zustimmte, was nur schwer verständlich ist, dann sicher nur, weil die Zusage für den spanischen Hof kein Risiko barg.

Auf seiner ersten Reise, und nur auf ihr, hat Kolumbus, so wird berichtet, ein Bordbuch geführt, das in etwa dem heutigen Logbuch entsprach. Das Original, sofern es in der heute vorliegenden Form überhaupt geführt worden ist, wurde nie aufgefunden. Kolumbus soll es der Königin Isabella persönlich überreicht haben. Diese ließ eine Abschrift anfertigen, die sog. »Barcelona-Kopie«, die ihrerseits vermutlich nach dem Jahr 1554 verloren ging. Das ganze Schriftmaterial, soweit noch vorhanden, soll in die Bibliothek der Familie Diego, dann in das Dominikanerkloster San Pablo und letztlich in die unsichersten Hände der Familie Kolumbus, in die Hände von Luis, gekommen sein. Dieser soll viele Briefe und auch die Barcelonakopie verkauft haben. Dem Dominikanermönch Las Casas stand sie angeblich für kurze Zeit zur Verfügung. Las Casas, ein uneingeschränkter Bewunderer von Kolumbus, hat seine Kenntnisse in seinem Werk »Historia de las Indias« verarbeitet. Eine reichlich verworrene Geschichte, die Zweifel an der Authentizität berechtigt erscheinen lässt. Keine Übersetzung ist besser als die Vorgängerin, und Übersetzungsfehler sind dabei nicht ausgeschlossen. Dass diese reichlich vorhanden sind, beweisen die vielen Ungereimtheiten. Nur ein kleines Beispiel. Was soll man von Übersetzern und deren nautischen Kenntnissen halten, wenn sich am 13. Nov. 1492 der Satz findet: »Die ganze letzte Nacht drehte ich vor der Küste bei, wobei ich luvwärts kreuzte.« Wie geht das? Beidrehen bedeutet, dass das Schiff langsam nach Lee abtreibt, kreuzen bedeutet: Im Zickzackkurs gegen den Wind, um Höhe nach Luv zu gewinnen! Zwei absolut unvereinbare Gegensätze! Der Text des Bordbuches, der von Las Casas stammt, ist der einzige, der zur Verfügung stand. Mit eingeflossen in den Text des Bordbuches ist auch die Biographie von Kolumbus, die sein Sohn Fernando schrieb. Diese Biographie ist aber auch verloren gegangen. Später wurde der Text des Bordbuches ins Italienische übersetzt. Diese Übersetzung soll aber gravierende Fehler enthalten. Sehr unwahrscheinlich ist die, ich sage bewusst »Unterstellung«, dass erhebliche Fehler des großen Kapitäns bei der Festlegung seines Standortes oder der Lage von Inseln eine bewusste Irreführung der Portugiesen gewesen seien. Kolumbus behauptet in einem Brief an die Königin Isabella, er sei in »Thule« (Grönland) gewesen. Das ist glaubwürdig. Er schreibt aber dann weiter: Die Südspitze von Thule läge aber nicht bei 63 Grad Nord, wie allgemein angenommen werde, sondern bei 73 Grad. Kolumbus irrt sich also um mehr als 10 Grad, denn 63 Grad ist richtig. Auch Täuschung der Portugiesen? Er will noch 300 Meilen (andere Quellen sprechen von 400) weiter gesegelt sein. Das ist aber nur unter sehr günstigen Eisverhältnissen möglich. Leider gibt Kolumbus nicht darüber Auskunft, welche Funktion er bei dieser Reise hatte und mit welchem Schiff die Reise stattfand.

Bei seiner Landung auf Kuba glaubte er, dass die Insel, die er für das Indische Festland hielt, auf 42 Grad Nord liege. 42 Grad Nord ist aber in etwa die Breite von New York, und Kuba liegt auf dem 22. Grad. Die Differenz beträgt 20 Breitengrade, das sind etwa 2200 km. Irrtum? Bewusste Täuschung? Haiti (Española) legt Kolumbus auf den 34. Grad und täuscht sich immerhin noch um 14 Grad, das heißt um etwa 1500 km. Es muss eingeräumt werden, dass Messungen auf freier See mit den damaligen Mitteln (Astrolabium bzw. Quadrant) schwierig und ungenau waren. Kolumbus stand aber bei Haiti an Land. Zweifel daran, ob Kolumbus in der Benutzung seines Quadranten vertraut war, sind demnach nicht von der Hand zu weisen. Die oben genannten Fehlmessungen sind nur herausgegriffene Beispiele. Einer Ausgabe seines Bordbuches zufolge, soll Kolumbus seinen Quadranten nur selten benutzt haben, was zur Erklärung der Fehlmessungen beiträgt. Es taucht dabei aber die Frage auf, warum er auf dieses sicherste Instrument der Navigation so oft verzichtet! Kompass und Logge waren nach übereinstimmender Ansicht seine wesentlichen Navigationsmittel. Leider gibt es auch da unterschiedliche Auffassungen. Einmal wird berichtet, er habe der Ablenkung der Kompassnadel nur wenig Aufmerksamkeit geschenkt, andererseits wird berichtet, dass er am 30. September in der Sargasso-See, also auf See, eine Ablenkung von 11 1/4 Grad West festgestellt habe. Ablenkung ja, aber exakt auf 1/4 Grad genau? Und das mit den damaligen Mitteln und noch dazu auf See! Dagegen das Bordbuch: Bei Anbruch der Nacht wich die Kompassnadel um 1 Strich nach NW ab. Dazu der Kommentar eines Übersetzers: Der ganze kolumbische Urtext rein nautisch-astronomischen Charakters sei durch unfachmännische Übersetzung »äußerst entstellt« worden. Woran soll man sich nun halten? Die Widersprüche reißen nicht ab. Bis zu seinem Lebensende war Kolumbus fest davon überzeugt, Indien, also Festland, entdeckt zu haben. Das amerikanische Festland aber hat er erst auf seiner dritten Reise, frühestens Ende 1498 betreten oder betreten können (nicht eindeutig geklärt), aber da war ihm ein gewisser John Cabot schon zuvorgekommen. Die erste und zweite Reise von Kolumbus endete bei den Bahamas und in der Karibik. Da er sie für das indische Festland hielt, findet man Kuba, Haiti und Porto Rico auch in den neueren Atlanten (1991) immer noch unter »Westindien«, und Kolumbus bezeichnete die damaligen Ureinwohner logischerweise als Indianer.

Es ist viel über den unbestrittenen grausamen Völkermord an der Urbevölkerung der von Kolumbus entdeckten Gebiete geschrieben und diskutiert worden. Auch Kolumbus war, wie wir durch seinen anfänglichen Bewunderer Las Casas erfahren, durch die Verschickung einer erheblichen Anzahl von Sklaven daran beteiligt. Und nicht nur das! Als die Ureinwohner sich gegen die Versklavung wehrten, hielt er es für seine christliche Pflicht, die Ungläubigen und Aufständischen brutal niederzumetzeln. Letztlich aber war Kolumbus ein Mensch seiner Zeit, und er tat das, was damals als selbstverständlich galt. Die moralische Verantwortung für diesen Genozid trägt »die alte Welt«, insbesondere die Mittelmeerländer. Man kannte nur eine gesellschaftliche Gemeinschaft, nur eine Weltauffassung, als das Maß aller Dinge, und das war die eigene. Absolute Intoleranz, religiöser Hass, vom Papsttum legalisiert und begünstigt, wenn nicht gar geschürt, und grenzenlose Überheblichkeit, das war das verblendete und begrenzte Blickfeld der westlichen »Kultur«, und Kolumbus war in ihr aufgewachsen. So wird die Welt im Jahr 2092 sicher mit großem Aufwand und Schiffsparaden den 600. Jahrestag der Entdeckung Amerikas durch den genialen großen Seefahrer Christoph Kolumbus feiern. Eine Persönlichkeit, die nach Meinung vieler ernstzunehmender Historiker extrem überzeichnet und überschätzt wird. Mut hatte er, das muss man ihm lassen. Dass er im Grunde nie genau wusste, wo er sich befand, war zu erwarten. Ebenso seine Irrtümer und Misserfolge. Diese aber wollte er nicht einsehen und auch nicht zugeben. Aber wer tut das schon gerne?

John Cabot

Wo immer von der Entdeckung Amerikas die Rede ist, kann man sicher sein, dass der Name Kolumbus fällt. Dieser Mann hat Amerika entdeckt, das steht unverrückbar fest. Gastwirtschaften, Hotels und Kneipen tragen seinen Namen. Viele bedeutende Passagierschiffe trugen seinen Namen über die Ozeane. War Kolumbus wirklich der Entdecker?

In England gab es einen Zeitgenossen von Kolumbus, auch Seefahrer, mit Namen John Cabot, der mit der gleichen Berechtigung wie Kolumbus in Anspruch nehmen kann, Amerika entdeckt zu haben. Der aber steht völlig im Schatten des »großen Seefahrers« Kolumbus. Sein Nachteil: Er war bescheidener und hat sich selbst nicht überschätzt. Auch sein Sohn war Seefahrer, aber da es nicht um viel Geld ging, hat er seinen Vater nicht mit überschwänglichen Worten glorifiziert, und so ist der Name Cabot weitgehend unbekannt geblieben. Erstaunlich, man reibt sich die Augen, denn in den Lexika steht klar und deutlich: »John Cabot, der Entdecker des nordamerikanischen Festlandes«. Und weiter: Erreichte am 24.Juni 1497, also noch vor Kolumbus, begleitet von seinem Sohn Sebastian, die Küste von Nordamerika. Es wird noch wunderlicher, denn in dem gleichen Lexikon liest man: »Kolumbus, Christoph, der Entdecker Amerikas«. Wenn überhaupt, dann handelt es sich bei Kolumbus um Mittel- bzw. Südamerika. Man wird völlig verwirrt. Gehört Nordamerika etwa nicht zu Amerika? Wortklauberei? Kaum, denn da widerspricht sich ein und dasselbe Lexikon, und das steht bei Leibe nicht allein mit seiner Definition. Widersprüche, also was stimmt nun? Kann man ein Land zweimal entdecken?

Es erscheint sinnvoll, sich mit dem Seefahrer John Cabot näher zu befassen. Sein richtiger Name war Giovanni Caboto. Auch bei ihm ist das Geburtsdatum nicht genau bekannt, was nicht weiter erstaunt. Auch die Angabe des Geburtsjahres ist nicht belegt. Es heißt um das Jahr 1455 in Genua. Aber auch der Geburtsort ist nicht bewiesen, denn es gibt ein Dokument, dass Cabots Familie, übrigens wohlhabend, aus Gaeta nahe Neapel stammt. Gaeta, Genua! Eine Verwechslung? Wir sehen auch hier, dass manche Daten aus dieser Zeit, und nicht nur dieser, mit Vorsicht zu bewerten sind. Die Worte: könnte, müsste, angeblich und die Fragezeichen häufen sich, wenngleich die Ereignisse, also »die grobe Linie«, als gesichert angesehen werden darf.

Cabot war schon früh ein handelsinteressierter »Kosmologe«, hatte von den Reisen Marco Polos gehört und wusste, dass der Gewürzhandel fest in arabischer Hand und der Erwerb von Gewürzen für den Normalverbraucher wegen der vielen Zwischenhändler ein unerschwinglicher Luxus war. Cabot reiste mehrfach nach Alexandria und Mekka in der Hoffnung, dort zu erfahren, aus welchen Ländern die Gewürze kämen. Erwartungsgemäß wurde er von den Händlern mit der Erklärung abgespeist, dass sie es selbst nicht wüssten und auch von Händlern beliefert würden. Vermutlich wussten sie aber Bescheid. Es waren zu dieser Zeit die Molukken, die indonesischen Inseln, Ostborneo und der Süden der Philippinen. Wie Kolumbus, so war auch Cabot der Überzeugung, dass der beste und zugleich kürzeste Weg zu den Gewürzinseln der Weg nach Westen über den großen Ozean wäre.

Um das Jahr 1493 soll Cabot sich in Valencia an der Ostküste Spaniens aufgehalten haben. Angeblich hatte er einen Plan zur Verbesserung des Hafens ausgearbeitet und den Stadtoberen angeboten. Der Plan wurde aber aus Mangel an öffentlichen Mitteln nicht ausgeführt. Als Cabot von der Rückkehr des Kolumbus von seiner ersten Reise erfuhr und bekannt wurde, dass Königin Isabella und König Ferdinand sich in Barcelona aufhielten, war klar, dass die Reise des Kolumbus zur Berichterstattung auch über Valencia führte. Cabot mischte sich unter das Volk und betrachtete den »Triumphzug« des Kolumbus mit seinen gefangenen »Indianern« und seinen »Mitbringseln« aus Indien bzw. Asien. Dabei muss ihm aufgefallen sein, dass die »Indianer« des Kolumbus keine Ähnlichkeit hatten mit den Menschen, die er auf seinen Reisen nach Mekka gesehen hatte. Sicher ist Cabot angesichts des regen Warenaustausches in Mekka nicht nur Arabern, sondern auch indischen Händlern begegnet. Auch die Handelsware, die Kolumbus mit sich führte, konnte weder arabischen, noch indischen Ursprungs sein. Seine Schlussfolgerung ist leicht zu erraten: Kolumbus war weder in Indien, noch in Asien. Von da an war es nur ein logischer Schritt, wenn Cabot den Entschluss fasste, selbst auf die Suche nach Indien zu gehen. Die Route musste aber eine andere sein als die des Kolumbus. Er dachte an eine Route, die weiter nördlich verlaufen müsste.

Ebenso wie sein Konkurrent benötigte Cabot königliche Zustimmung und ggf. auch Unterstützung. Die suchte er zunächst in Sevilla und Lissabon, aber da hatte er aus naheliegenden Gründen kein Glück. Daraufhin reiste er im Dezember 1495 nach England und erbat eine Audienz bei König Heinrich VII. Obwohl der spanische Botschafter in London den Auftrag hatte, eine Zusage Heinrichs VII zu verhindern, gab dieser am 5. März 1496 seine Zustimmung zu Cabots Plan. Einerseits waren es sicher Prestigegründe, die Heinrich zur Zusage veranlassten, andererseits machte er Cabot aber zur Auflage: »In alle Richtungen, außer nach Süden zu segeln«. Eine Konzession an Spanien und Portugal, die nützliche Verbündete gegen Frankreich und zudem gute Handelspartner waren. Das war so gut wie keine Beschränkung, denn Cabot suchte den Weg ohnedies weit nördlicher als Kolumbus. Cabot hatte, wie damals üblich, das verbriefte Recht: »Jedes unchristliche Land zu erobern, zu besetzen und dessen Güter in Besitz zu nehmen«. Wir kennen bereits diese arrogante Formulierung, bei der allerdings der Sklavenhandel fehlte. Im Unterschied zu Kolumbus ging Cabots Unternehmen ausschließlich zu seinen eigenen Lasten.

Cabot übersiedelte nach Bristol im südwestlichen Teil Englands. Dort sollte seine Reise beginnen und auch enden. Die Wahl Bristols als Ausgangspunkt ist naheliegend. Bristol hatte für Expeditionen nach Norden eine günstige Lage, und es beherbergte Seeleute, die große Erfahrung auf dem offenen Nordatlantik gesammelt hatten. Außerdem war bekannt, dass Bristoler Kaufleute u.a. auch regen Handel mit Island trieben und von dort den begehrten Stockfisch mit nach Hause brachten. Zu dieser Zeit war Bristol ein bedeutender mittelalterlicher Handels- und Seehafen. Die Kaufleute, und nicht minder die Kapitäne in Bristol, waren keineswegs von der Ankunft des neu zugezogenen Italieners begeistert. Das galt besonders für dessen Pläne, denen man mit besonderem Misstrauen begegnete. Vermutlich fürchtete man, sich eine Konkurrenz zu ihrem lukrativen Handel mit Island heran zu ziehen. Finanzielle Unterstützung konnte Cabot also auch hier nicht erwarten. Den Ausschlag zum Positiven gab aber dann letztlich das Schreiben König Heinrichs VII. Cabot sollte ein Schiff bekommen. Aber welches? Bei dem Desinteresse der Bristoler sicher nicht das größte und beste, obwohl die Reise in den rauen Nordatlantik gehen sollte. So kam es dann auch. *The Matthew* war »a little ship«. »Der Matthias« soll der Größe der *Niña*, des kleinsten der drei Schiffe des Kolumbus, entsprochen haben. Das Schiff war als Bark getakelt, der Großmast hatte ein »Krähennest«. Im Ganzen gesehen soll *The Matthew*

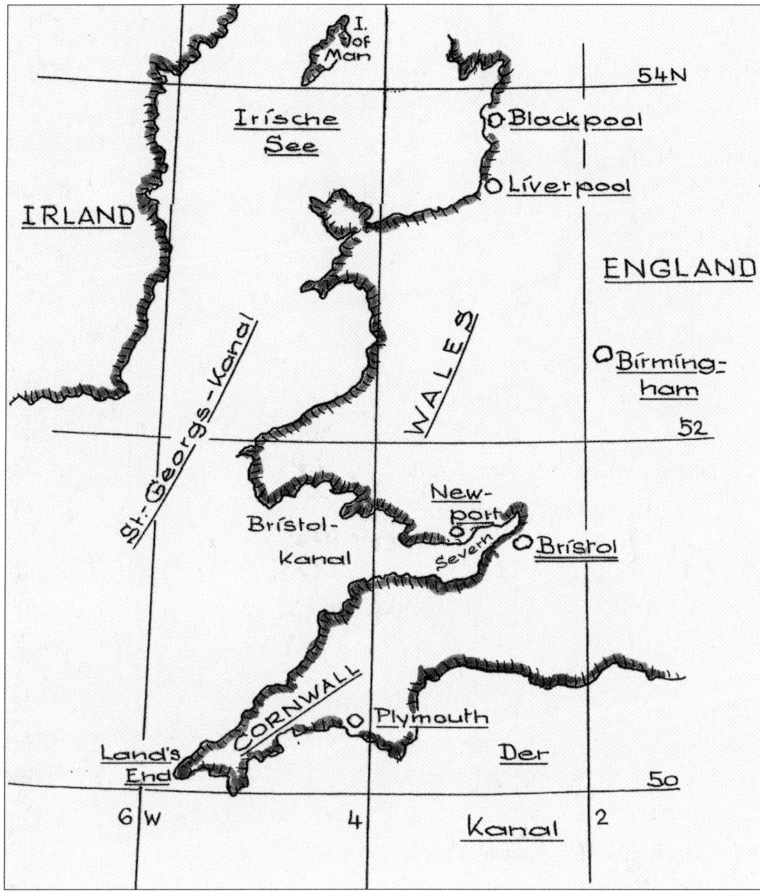

Als John Cabot sich 1496 in Bristol niederließ, besaß die Stadt einen der bedeutendsten Handels- und Seehafen dieser Zeit. Sie war als Ausgangspunkt für Expeditionen nach Norden ideal gelegen und beherbergte zahlreiche mit dem Nordatlantik vertraute Seeleute.

aber ein gut und stabil gebautes Schiff gewesen sein.

Von der ersten Reise des John Cabot ist nicht viel zu berichten. Sie fand im Jahr 1496 statt und war nicht von Erfolg begleitet. Schon bald nach Beginn der Reise geriet das Schiff in sehr schlechtes Wetter, und Cabot hielt es für zweckmäßig, die Reise abzubrechen und zurück zu segeln. Mit Interesse und mit nicht weniger Misstrauen verfolgten der spanische Hof und auch Kolumbus die Unternehmungen des John Cabot. So wundert es nicht, wenn von einem Spion namens John Day berichtet wird, der die Aufgabe gehabt haben soll, so eingehend wie möglich von Cabots Reisen zu berichten. Glaubwürdig erscheint diese Maßnahme jedenfalls. So wurde von der ersten Reise berichtet: »Er sei schlecht ausgerüstet gewesen und habe auch nicht die beste Mannschaft gehabt«. Letzteres deutet darauf hin, dass John Day einen Seemann aus Bristol in die Mannschaft einschleusen konnte. Nur auf diesem Wege konnte er sowohl bei der ersten, als auch bei der zweiten Reise Einzelheiten erfahren und an den spanischen Hof weitergeben.

Cabot wurde durch den Misserfolg der ersten Reise nicht entmutigt. An Erfahrung reicher rüstete er sein Schiff für eine zweite Expedition aus. Im Mai 1497 war er wieder startbereit. *The Matthew* verließ Bristol am 2. Mai,

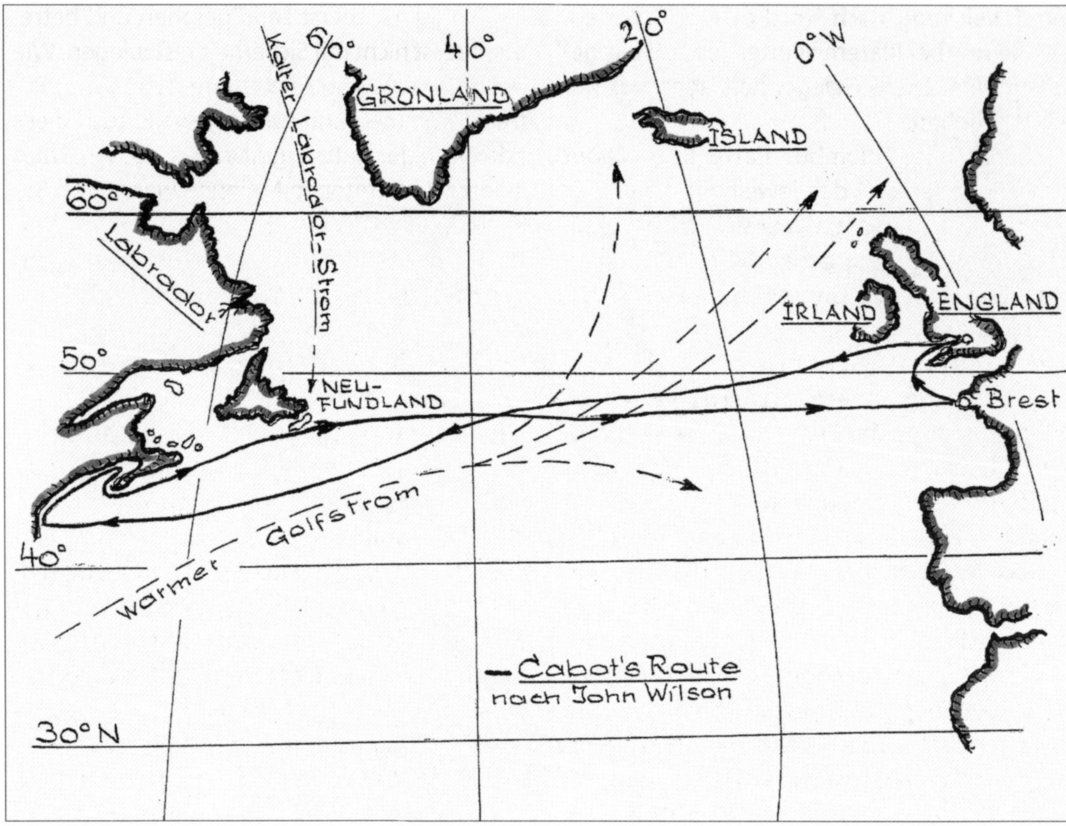

John Cabots zweite Seeroute auf *The Matthew*.

versorgt mit Lebensmitteln für sieben bis acht Monate. Einen günstigen Zeitpunkt der Tide musste er noch abwarten, denn vorweg waren etwa sechs Meilen Flussfahrt zurück zu legen, bevor die offene See erreicht war und der Flusslotse entlassen werden konnte. Auch dann war eine sofortige Weiterreise nicht garantiert, denn auch der Wind musste »mitspielen«. Das konnte lange Geduld erfordern, wenn man nach Westen wollte, wo der Wind meistens herkam. Schließlich konnte die Reise beginnen. Der Kurs führte entlang der irischen Südküste und von dort mit Generalkurs West ins Unbekannte.

Anfangs hatte das Schiff günstigen Wind aus Ostnordost, und die See war ruhig, mit Ausnahme, so wird berichtet, von einem eintägigen Sturm. Was die Navigation betrifft, so wurden Cabot und sein erster Steuermann (heute 1. Offizier) keineswegs verwöhnt. Bewegte See, bedeckter Himmel und Nebel machten die an Bord befindlichen Navigationshilfen wie Astrolabium und Jakobstab meist nutzlos. Auch mit dem »Nautischen Almanach« der ebenfalls an Bord war, konnte man nur selten etwas anfangen. Kurz, man war auf Kompass und Logge angewiesen. Entsprechend unsicher war auch die jeweilige Position. John Day, der Spion, berichtete, dass Cabot bei der Reise am Kompass eine Abweichung von ca. 3 Grad festgestellt hatte. Das würde bei westlichen Kursen, sofern die Abweichung nicht berücksichtigt würde, eine

Kursabweichung nach Nord oder Süd bedeuten, die nur bei klarem Wetter feststellbar gewesen wäre. Diese Gelegenheit aber war nur selten gegeben.

Ebenso wie Kolumbus hatte auch Cabot Schwierigkeiten mit der jeweiligen Länge. Er wusste also auch nicht, wo er sich in Bezug auf die Ost-Westrichtung genau befand. Es fehlte eine exakt gehende Uhr, ein spezieller Schiffschronometer. Nur damit war die Ortszeit zu bestimmen, eine Voraussetzung für die Berechnung der geographischen Länge. Diese war übrigens noch zu der Zeit, als der Navigationslehrer Adolf Bermpohl im Jahr 1863 seinen »Katechismus der Steuermannskunst und Seemannschaft« herausgab, recht kompliziert.

Nach 35 Tagen guter Reise sah man Land. Es war der 24. Juni 1497. Dieses Datum wird als sicher angesehen. Nach John Days' Bericht glaubte Cabot, das Land des »großen Khan« vor sich zu haben. Cabot sei mit einigen Leuten an Land gegangen, habe aber keinen Menschen gesehen. Man fand eine Nadel zur Herstellung von Netzen. Auffällig seien einige gekerbte Bäume gewesen, die auf die Anwesenheit von Ureinwohnern hindeuteten. Cabot habe dort, wie damals üblich, die königliche Flagge gehisst und das Land für seinen König in Besitz genommen. Klimatisch, so heißt es, sei das Land ausgewogen gewesen. Weiter wird berichtet, sie hätten eine Spur gefunden, die ins Landinnere ging. Sie entdeckten eine Stelle, wo Feuer gemacht worden war, und sahen Mist von Tieren, von denen sie glaubten, dass sie zu einer Farm gehören könnten. Auch ein Stock soll gefunden worden sein, der an beiden Enden durchbohrt sowie behauen und angemalt war. Da sie nur wenige Leute waren, wagte sich Cabot nicht weiter ins Landesinnere, als auf etwa Pfeilschussweite. An einer Wasserstelle wurde noch frisches Wasser geschöpft, bevor man sich wieder zurück auf das Schiff begab. Dabei stellten sie auch noch fest, dass die Gewässer sehr fischreich waren.

Wo Cabot zuerst Land gesehen und betreten hat, ist nicht mit Sicherheit festzulegen. Wie bei Kolumbus sind es mehrere Orte, die in Betracht kommen und für die jeweils auch mehr oder weniger gute Argumente sprechen. Nach einer viel vertretenen Meinung war es Kap Bonavista, ein sehr rauer und von schlechtem Wetter heimgesuchter Teil an Neufundlands Nordostküste. »Bona Vista!«, mag Cabot nach seiner langen Reise ausgerufen haben, als er das Land sah. Zur Erinnerung an den Seefahrer John Cabot wurde dort auch im Jahr 1971 ein Denkmal errichtet, das ihn auf einem hohen Sockel zeigt. 33 Seemeilen südlich von Kap Bonavista findet man »Grates Cove«. Dort wird auch behauptet, dass Cabot gelandet sei und die königliche Flagge gehisst habe. Weiter südlich habe Cabot dann den ausgezeichneten Naturhafen der St. Johns-Bucht aufgesucht, wo Neufundlands heutige Hauptstadt St. John's einen Cabot-Turm errichten ließ.

Nimmt man die Fähre zum Kap Breton, das südlich der Cabot-Straße an der Nordostspitze des heutigen Neuschottland liegt, wird man dort eingeladen, einen der angeblich schönsten Wege in Nordamerika zu gehen, der nach John Cabot benannt ist. Er soll am 23. Juni Kap Breton gesehen haben und auch dort an Land gegangen sein. Man fragt sich, sollte Cabot vielleicht am 23. hier und am 24. in Kap Bonavista gewesen sein? Hält man sich an die Informationen des Spions Day, und die scheinen die direkteste Informationsquelle zu sein, dann landete Cabot noch südlicher, nämlich auf dem Festland der Halbinsel Maine. Das ist möglich, denn wir wissen nicht, wie weit südlich damals der kalte Labradorstrom reichte, der entlang der Küste nach Süden strömt. Es heißt dann in dem Bericht weiter, Cabot sei nach dem Landgang »all along the coast« gesegelt, und das kann nur bedeuten nach Nordnordost. Dabei kommt er an Kap Breton und auch an der Südspitze des »Neu gefundenen Landes«, Neufundland, vorbei. Sollte er dort vor der Heimreise noch an Land gegangen sein, dann sind auch die vorstehend genannten Orte möglich, wenn auch nicht als Orte des ersten Landganges.

Um zum Schluss zu kommen: Irgendwo zwischen Kap Bauld im Norden und der Halbinsel Maine im Süden ist Cabot gelandet. Die Unsicherheit ist angesichts der bescheidenen Navigationsmöglichkeiten verständlich. Cabot war sicher, das asiatische Festland gefunden zu haben, und mit dieser »Gewissheit« trat er die Heimreise an.

Der Wind meint es wieder gut mit *The Matthew*. Er war meist achterlich, und am 6. August, nach nur 15 Tagen schneller Reise machte die *The Matthew* in Bristol fest. Nach John Day war Cabot aber in der Nähe von Brest auf das europäische Festland gestoßen und von dort aus weiter nach Bristol gesegelt. Dann aber dürfte die Segelzeit wohl kaum stimmen. Wieder das berühmte Fragezeichen.

Vier Tage nach seiner Rückkehr erstattete Cabot Bericht am Hof in London. Ein Zeitzeuge schreibt, Cabot habe eine Beschreibung der Reise gehabt und auch auf einer Weltkugel gezeigt, wo er gewesen sei. Der Wahrheit wäre er wohl näher gekommen mit der Formulierung: wo er glaubte, gewesen zu sein. Der Zeitzeuge schreibt weiter: »...er sprach sachlich und mit Überzeugungskraft und machte seine Aussage so deutlich, dass ich gezwungen war, ihm zu glauben.« Auch König Heinrich VII. war von der Richtigkeit der Schilderung überzeugt und belohnte Cabot großzügig.

Eine neue Expedition, bestehend aus fünf Schiffen, wurde vorbereitet und ausgerüstet. Am 14. Mai 1498 legte die Flottille ab. Ihr genaues Schicksal bleibt im Dunkeln. Fest steht, dass die Schiffe in einen außergewöhnlich starken Sturm gerieten, in dem möglicherweise alle Schiffe sanken und niemand überlebte. Die Frage, ob Cabot auf dieser Reise ein zweites Mal Amerika betreten hat, bleibt offen und hängt weitgehend davon ab, wann dieser Sturm eingetreten, bzw. die Schiffe erreicht hat. Auf diese Frage findet man leider keine Antwort. Eine andere, als sachkundig und seriös geltende Quelle berichtet jedoch, dass vier der Schiffe über Grönland zum amerikanischen Festland gekommen und entlang der Küste bis Kap Hatteras, nördlich des 35. Breitengrades gesegelt seien. Mit dieser Darstellung ist die Quelle nicht allein. Beide Quellen schließen den Bericht aber, ohne auf das weitere Schicksal der Schiffe einzugehen. Vorausgesetzt die Information ist zutreffend, dann muss daraus der Schluss gezogen werden, dass die Schiffe erst nach Erreichen von Kap Hatteras verloren gingen. Über eine Rückkehr der Schiffe wird nicht berichtet. John Cabot ist auf dieser Reise ums Leben gekommen.

War es nun Kolumbus oder Cabot, der das amerikanische Festland als erster betreten hat?

Tatsache ist, dass Kolumbus das Festland nicht vor seiner dritten Reise betreten haben kann. Auf dieser Reise erreichte er es wahrscheinlich im Juni oder Juli 1498 bei Trinidad. Ob er wegen seiner fortgeschrittenen Krankheit an Land ging, ist zumindest fraglich. Es wird auch darüber nichts berichtet. Wenn ja, dann ändert das nichts daran, dass Cabot, der fast 13 Monate vor ihm Bristol verließ, mit an Sicherheit grenzender Wahrscheinlichkeit vor ihm an der Küste von Amerika landete. Ob es das Festland war, oder Neufundland bzw. Nova Scotia, diese Frage muss offen bleiben. Dabei ist zu beachten, dass nur der nördliche Teil, Kap Breton Island, eine Insel ist, der südliche aber amerikanisches Festland. Schlüssige und unanfechtbare Tatsachen sind weder bei Kolumbus noch bei Cabot zu bekommen. Letztlich bleibt ungeklärt, wem der Ruhm zusteht, amerikanisches Festland als Erster betreten zu haben,

***The Matthew* vor Neufundland.**

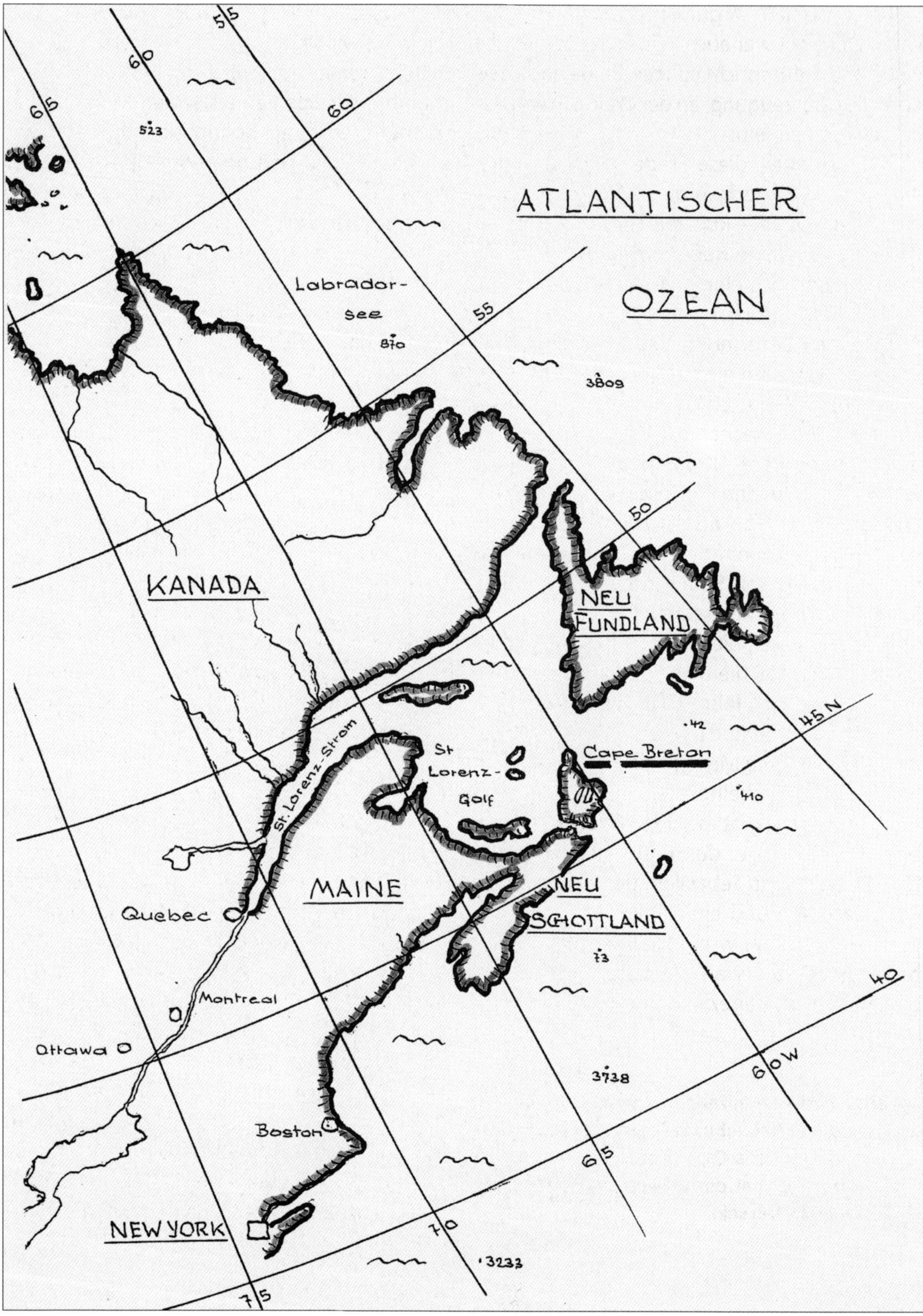

ATLANTISCHER
OZEAN
Labrador-
see
523
870
3809
KANADA
NEU
FUNDLAND
St. Lorenz-Strom
St
Lorenz-
Golf
Cape Breton
42
410
MAINE
NEU
SCHOTTLAND
73
Quebec
Montreal
Ottawa
3738
Boston
NEW YORK
3233
45 N
60 W
40
50
55
60
65
70
75

wenn auch mehr Argumente für Cabot sprechen. Vielleicht war auch keiner der beiden der Erste, und dafür spricht einiges. Beide hatten sie aber die Überzeugung, an der Ostküste von Asien gewesen zu sein.

Warum aber, diese Frage sollte zum Abschluss noch erörtert werden, wird Kolumbus in aller Welt als »der kühnste Seefahrer« seiner Zeit gefeiert, seine Reise, um den spanischen Journalisten noch einmal zu zitieren, theatralisch als das »großartigste aller menschlichen Abenteuer« bezeichnet, während Cabot im Schatten steht und nur wenigen fachlich Interessierten sein Name etwas sagt? Bücher und Romane in allen Sprachen der Welt wurden über den »Entdecker« Kolumbus geschrieben, während man in den Programmen der Verlage und folglich auch bei den Fachbuchhandlungen vergeblich nach dem Namen Cabot sucht. Das ist ein Grund für sein Schattendasein. Fernando, Sohn des Kolumbus schrieb eine Biographie über seinen Vater, die des Lobes voll ist, jedoch Dinge behauptet, die entweder nicht bewiesen oder nachweislich falsch sind. Aber die Biographie wird gelesen und ist oft Grundlage für Romane. Es gibt eine Menge Porträts von Kolumbus, wenn auch keines dem anderen gleichsieht. Von Cabot gibt es keinen Brief, kein Bordbuch, geschweige denn ein authentisches Porträt. Sein Sohn Sebastian, der an der ersten Reise teilnahm und ein erfolgreicher und geachteter Seefahrer wurde, hat nie eine Biographie seines Vaters an die Öffentlichkeit gebracht. Für das Image des Kolumbus sorgte aber in besonderer Weise Spanien mit einer, heute würden wir sagen, gezielten PR-Arbeit. Ungeachtet seiner italienischen Herkunft vereinnahmte ihn Spanien als seinen Mann und errichtete, wo immer Kolumbus aufgetreten war, eindrucksvolle und pompöse Denkmäler. Auf einem der imposantesten Denkmäler sieht man eine Eingeborene seiner entdeckten Inseln, die dankbar und unterwürfig zu Kolumbus aufblickt. Dankbar wofür ? Etwa für die Versklavung und Ausrottung ihres Volkes? Der blanke Hohn, ein nicht zu überbietender Zynismus! Einzige Ausnahme in Bezug auf Denkmäler ist der Ort Palos, wo der Kapitän der *Pinta*, Alonso Pinzón auf dem Sockel steht. Er und sein Bruder stellten zwei der Schiffe und die gesamte Mannschaft, ohne die Kolumbus seine erste Reise schwerlich hätte antreten können. Steht Pinzón berechtigt im Schatten »des großen Seefahrers«? Und wie steht es in dieser Hinsicht mit Cabot? Abgesehen von den erwähnten Erinnerungen an die Landung Cabots auf Neufundland oder Kap Breton ist nicht viel zu finden. Es ist ein Aberwitz, denn ausgerechnet in Spanien befinden sich die wichtigsten Dokumente über die Reisen Cabots, darunter auch der Bericht von John Day. Aber diese Dokumente sind unter Verschluss. Und in England? In Westminster Abbey ist das Dokument zu sehen, mit dem Heinrich VII. die Reise Cabots belohnte. Und in Bristol ist möglicherweise die Erinnerung an Cabot noch bescheidener. Sie soll aus nur einer Walrippe bestehen, die Cabot von seiner Reise im Jahr 1497 mitgebracht haben soll. Sie befindet sich in St. Mary Church. Wie auch immer, objektiv betrachtet verdient Cabots Reise mindestens die gleiche Würdigung, die gleiche Anerkennung wie die Reisen des Kolumbus, zumal der nördliche Atlantik als wesentlich »ungemütlicher« zu bewerten ist als eine Reise im Passat, den Kolumbus schon zu nutzen wusste.

Mit an Sicherheit grenzender Wahrscheinlichkeit ist Cabot noch vor Kolumbus in Amerika gelandet – ob er Neufundland, das Cape Breton oder sogar das Festland betreten hat, dürfte heute wohl nicht mehr eindeutig zu klären sein.

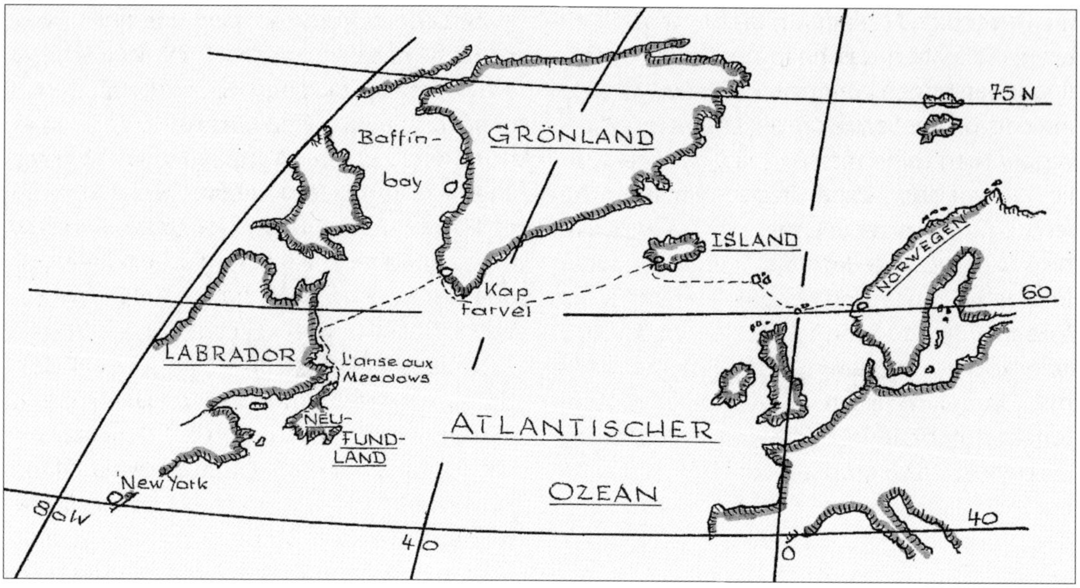

Die wahrscheinliche Seeroute der Wikinger nach Nordamerika.

Die Wikinger: die wahren Entdecker?

Nicht nur Kolumbus und Cabot erheben Anspruch darauf, Amerika entdeckt zu haben. Lang vor ihnen gab es, man kann mit Recht sagen, mutigere Seefahrer, die Amerika betraten, aber weder überzeugt davon waren, in Indien zu sein, noch in Zipangu oder Asien. Die Rede ist von den Wikingern. Ihren Spuren nachzugehen ist schwieriger und mühsamer als bei den vorangegangenen Kapitänen. Die Wikinger benötigten keine königliche Erlaubnis, führten kein Logbuch, aber sie hinterließen doch deutliche Spuren sowohl von erstaunlich hoch entwickelten Siedlungen, als auch von brutaler Zerstörung und Raub. Durch letzteres wurden sie bekannt und gefürchtet, aber das war vorwiegend am Anfang ihrer Zeit, während der sie in die Geschichte nicht nur Europas, sondern auch Asiens und Afrika eingriffen.

Im Zusammenhang mit der Entdeckung Amerikas sind fast ausschließlich norwegische Wikinger interessant. Norwegen, ein relativ schmaler »Streifen« Land, der sich vom 58. bis zum 71. Breitengrad Nord, dem Nordkap von Süd nach Nordnordost erstreckt. Wer einmal mit den berühmten Postschiffen entlang der Küste gefahren ist, dem ist klar, dass das so schöne, aber karge und zerklüftete Land, auch wenn es dünn besiedelt ist, seine Bewohner nicht ausreichend ernähren kann. Den Ausgleich bot das Meer im Überfluss, und so ist es verständlich, dass die norwegischen Wikinger früh mit der See vertraut wurden. Und es ist weiterhin verständlich, wenn junge unternehmungsfreudige Männer auf die Suche nach einem Land gingen, das ihnen bessere Lebensbedingungen bieten konnte als die raue Nordsee und das von der Sonne oft vernachlässigte Norwegen. Man sollte meinen, dass der Drang in die Ferne bei der dünnen Besiedelung des Landes gering war, aber da gab es das unumstößliche Gesetz, dass nur der erstgeborene Sohn den Hof erben konnte. Und was machten der zweite oder der dritte Sohn? Ihnen blieb nur übrig, außerhalb von Norwegen ihr Glück zu versuchen. Das taten viele, meist auf recht »handfeste« Art, um reich zurückzukehren und selbst einen Hausstand zu gründen.

Zu Beidem, zum Fischfang und noch mehr zur Suche nach neuem Land, gehören Schiffe. So mussten sich die norwegischen Wikinger intensiv mit dem Schiffbau befassen. Sie wurden darin, was spätere Ausgrabungen zu Tage brachten, wahre Meister. Man kann die Schiffe in Bygdoy bei Oslo bewundern, in Roskilde und noch an vielen anderen Orten in skandinavischen Ländern. In Roskilde werden Schiffe mit den gleichen Werkzeugen gebaut, mit denen auch die Wikinger arbeiteten. Auf dem Nordatlantik bewiesen sie ihre außergewöhnliche Seetüchtigkeit. Der Schiffbau der Wikinger war eine harte Schule mit vielen Enttäuschungen

Das Oseberg-Schiff wurde im Sommer 1904 auf dem Gutshof Oseberg bei Tönsberg ausgegraben. Es wies viele Gegenstände auf, die dem Toten mitgegeben wurden. Heute ist es in Bygdöy bei Oslo zu besichtigen.

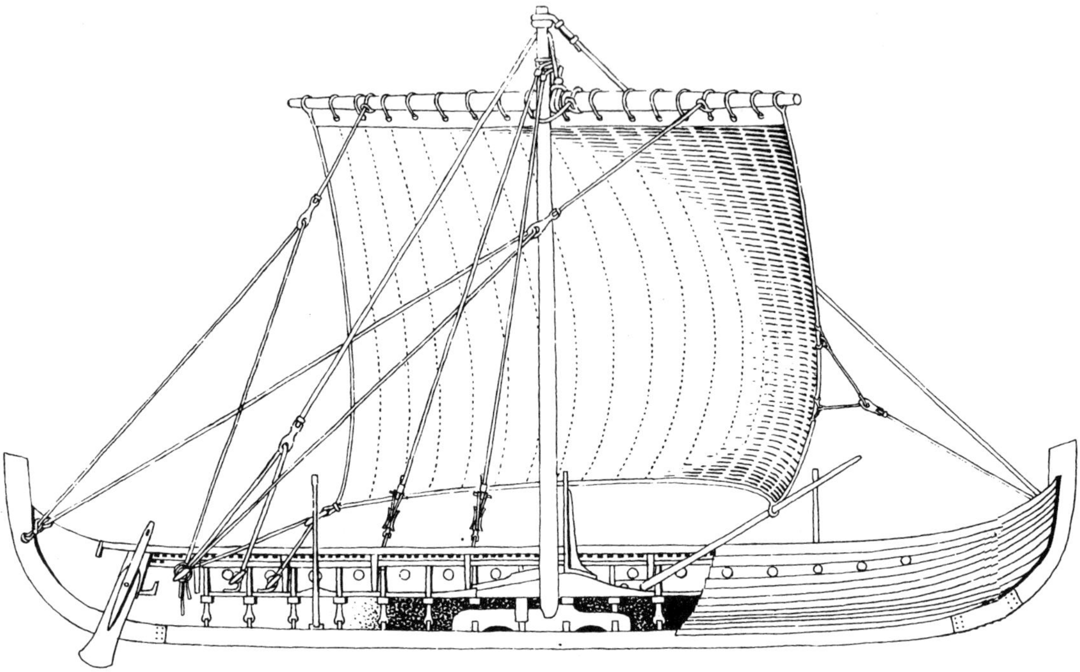

Auch des Gokstad-Schiff ist in Bygdöy zu besichtigen. Es wurde im Sommer 1880 bei Sandefjord ausgegraben. Wie bei dem Oseberg-Schiff war auch hier die Grabkammer auf dem Achterschiff errichtet.

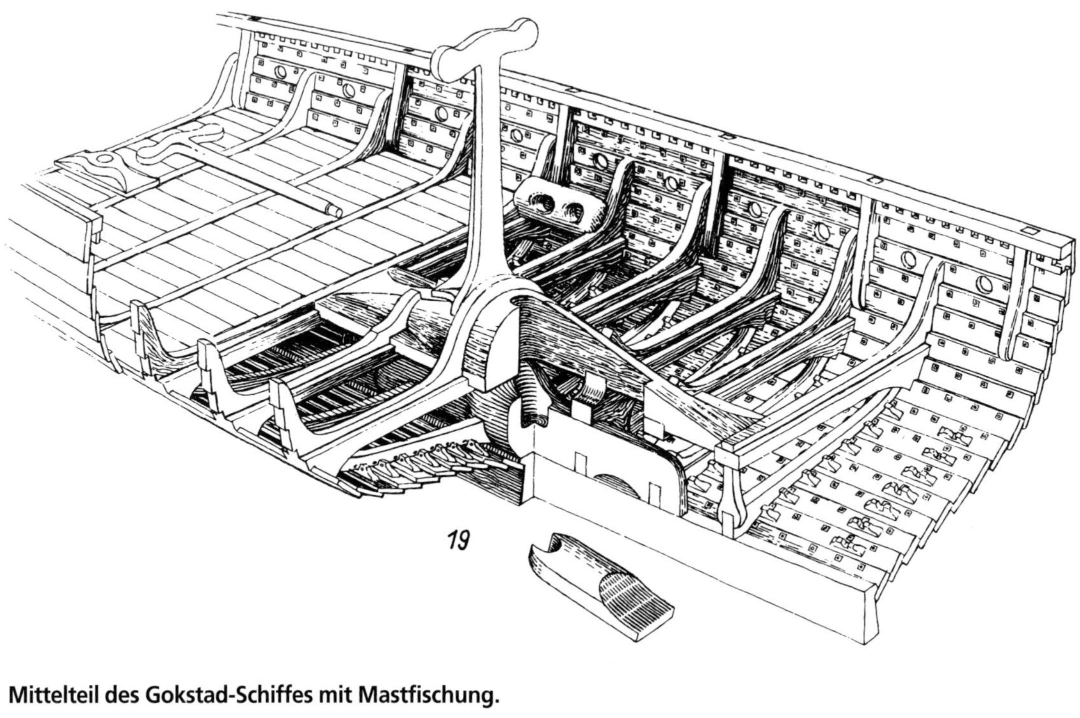

Mittelteil des Gokstad-Schiffes mit Mastfischung.

Zeugnis der Vergangenheit: Original Wikinger-Frachtschiff vom Typ »Knarr«. Die Aufnahme wurde im Wikinger-Museum in Roskilde (DK) gemacht. Man datiert den Fund in das Jahr 900 n. Chr. In Roskilde werden heute mit den *damaligen* Mitteln Wikinger-Schiffe nachgebaut.

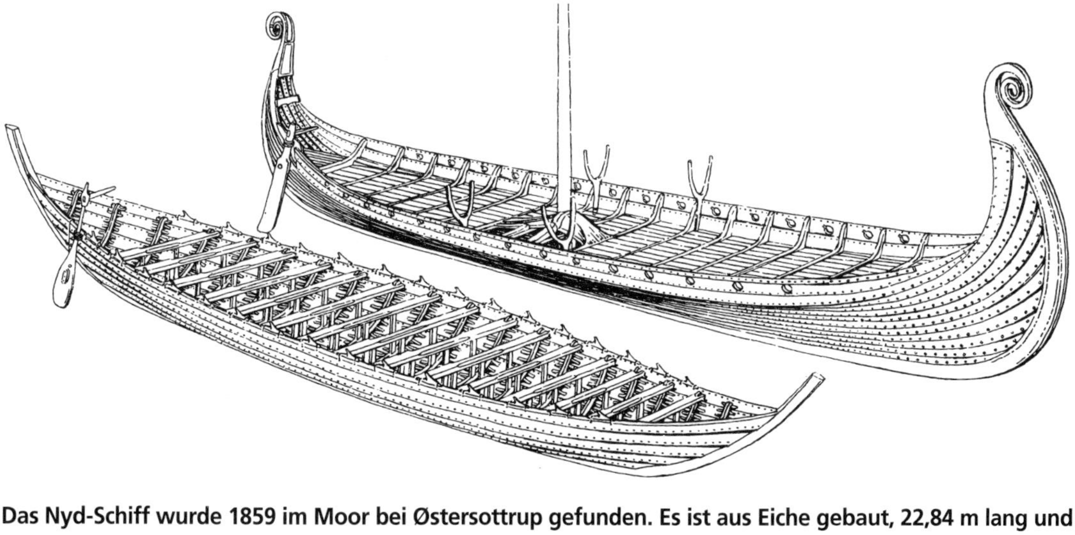

Das Nyd-Schiff wurde 1859 im Moor bei Østersottrup gefunden. Es ist aus Eiche gebaut, 22,84 m lang und wurde von gut 40 Mann gerudert. Im Boot wurden Eisenwaffen und römische Münzen gefunden.

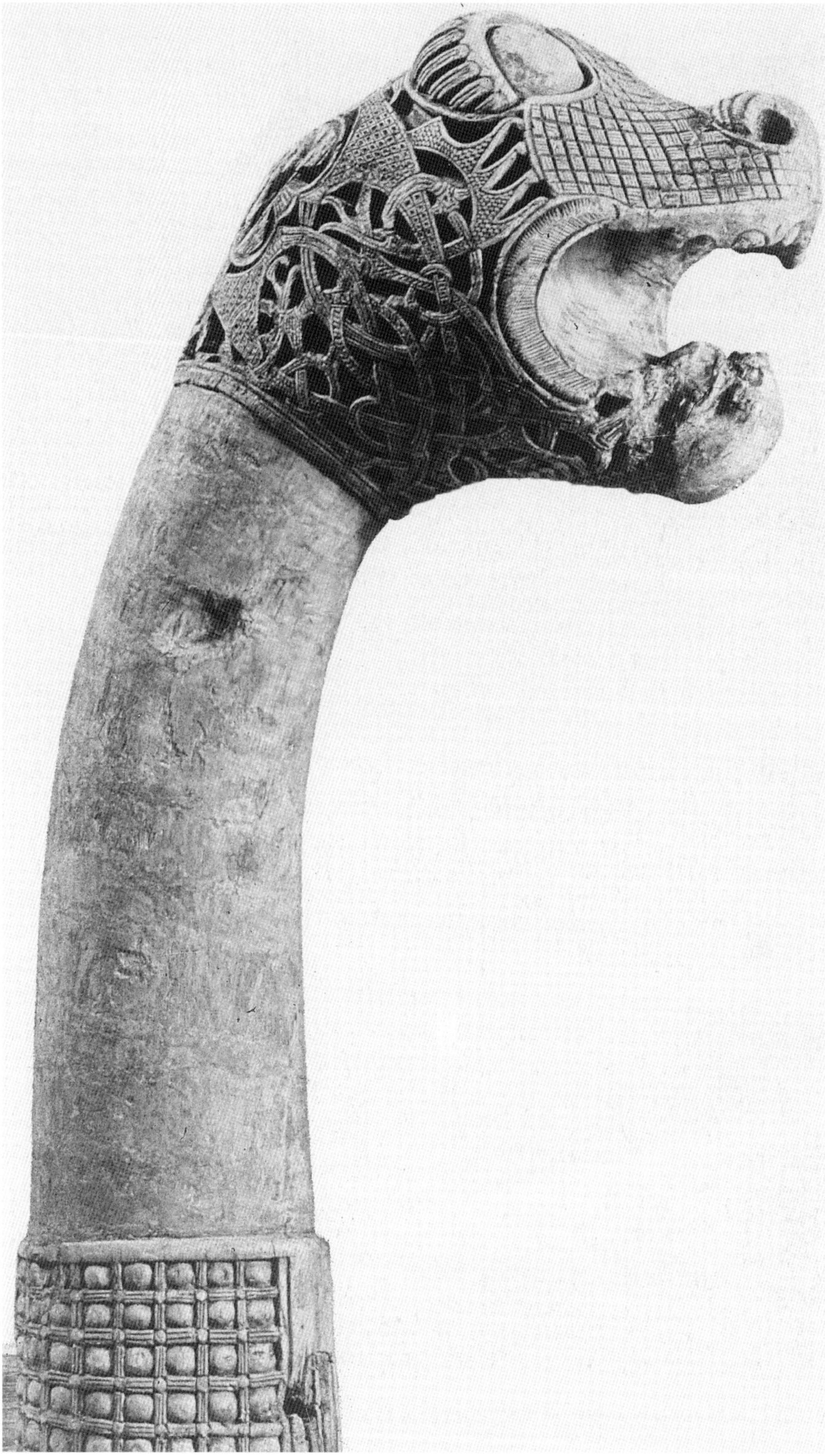

Die Tierköpfe an den gefundenen reich verzierten Schiffen gehören zu den hervorragendsten Leistungen der Schnitzkunst.

Diese Grabkammer aus dem Gokstad-Fund, Oslo, war im Heck des Bootes errichtet.

Gebrauchsgegenstände aus dem Alltagsleben der Wikinger, die ebenfalls Teile des Osebergfundes sind: Teller und Messer, …

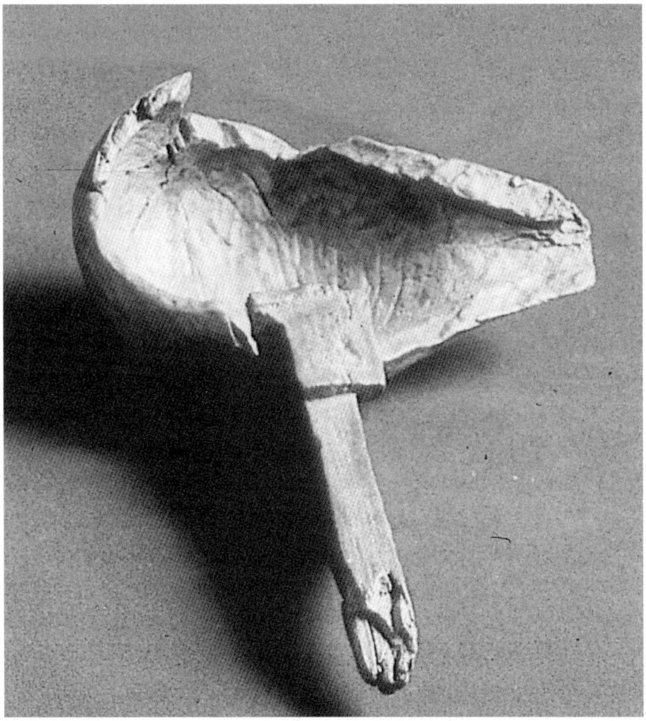

...Schöpflöffel,

...Obst- oder Brotschale.

Dieser Wagen aus dem Osebergfund ist reich mit Schnitzwerk versehen, dessen Deutung meist unklar ist. Auf der Vorderseite kämpft ein Mann gegen eine Schlange.

und Verlusten, aber die Schiffe wurden immer besser, schnittiger, und auch ihr späterer Verwendungszweck wurde berücksichtigt. Es gab nicht nur einen Typ Wikingerschiff, es gab Handelsschiffe, Kriegschiffe und mit kunstvollen Schnitzereien reich verzierte Prunkschiffe, auch wenn sie sich in ihrer Bauart kaum unterschieden.

Etwa um die Mitte des 7. Jahrhunderts begannen die Wikinger, sich von der Küste zu lösen. Sie segelten nach Süden und Norden, und ein besonders mutiger Teil richtete den Bug nach Westen, wo man glaubte, Inseln zu finden. Sie fanden etwa um 650 n. Chr. die Shetland-Inseln. Die Küste war oft steil und abweisend, aber das Land war grün und versprach, gutes Weideland zu sein. Die Wikinger siedelten sich an. Ich höre den Protest beim Wort »siedelten«, aber auf den Shetlands gab es keine Schätze und Reichtümer, wie in den Klöstern auf Nordschottland und Irland, die sie plünderten und brandschatzten. Zu ihrer Entlastung muss aber auch gesagt werden, dass sie ihre Raubzüge vorwiegend in den »Sturm- und Drangjahren« durchführten. In der späteren Zeit waren sie vorwiegend am Handel interessiert. Siedeln bedeutete, dass auch bald Familien mit Kindern nachkamen. Sie fanden relativ flaches Land mit sanften Hügeln vor. Geschützte Buchten und Weideland waren bevorzugtes

Siedlungsgebiet. Die Wikinger blieben, und die Shetland-Inseln waren norwegisch bis zum Jahr 1472, als sie durch die Heirat einer dänischen Prinzessin in schottischen Besitz kamen. Auf der Hauptinsel nahe dem heutigen Airport kann man noch heute den gut erhaltenen, bzw. restaurierten »Jarlshof« bewundern, der viel über die Lebensweise der Wikinger aussagt. Die Shetlands waren ein willkommener Stützpunkt und ein »Sprungbrett« für weitere Erkundungen, und sie konnten ihre Bewohner durch Fischfang und Schafzucht gut ernähren. Von Bergen aus betrug die Entfernung etwa 250 Seemeilen. Mit ihren schnellen Schiffen war das bei günstigem Wind, und den mussten sie abwarten, in etwa 11/2 bis 2 Tagen zu schaffen.

Nur wenig weiter war die Entfernung zu den Faröer-Inseln. Wie die Wikinger dorthin kamen, ob gezielt, durch Hörensagen oder durch Zufall, ist ungewiss. Auch der Zeitpunkt, oder besser gesagt das Zeitjahr, ist nicht eindeutig erwiesen. Überhaupt weichen die Zeitangaben der einzelnen Quellen oft nicht unerheblich voneinander ab. Eine Quelle gibt das Jahr 863 an. Wie auf den Shetlands, so siedelten die Wikinger auch auf den Faröer-Inseln. Damit hatten sie einen weiteren Stützpunkt. Auch dort fanden sich sichere und geschützte Buchten, sowie Weideland. Von Norwegen zu den Färöer ist die Möglichkeit eines Wetterumschwungs bei einer Reisezeit von etwa vier Tagen und ggf. wegen Flauten auch länger durchaus gegeben. Da zudem der Stauraum auf den Schiffen knapp bemessen war, waren die Shetlands als Stützpunkt zur Ergänzung von Wasser und Lebensmitteln sehr willkommen.

Wieder vergingen einige Jahre. Die Wikinger sollen zu dieser Zeit Kenntnis von einer Insel im Westen bekommen haben. Es ist durchaus möglich, dass sie diese Kunde von irischen Mönchen hatten, die bereits dort gewesen sein sollen. Auf Grund dessen, so wird berichtet, seien drei Wikinger auf die Suche nach dieser Insel gegangen. Es war das heutige Island. Für

zwei von ihnen verlief die Reise nicht wie vorgesehen und gewünscht. In einem handfesten Sturm verloren sie die Orientierung, wurden aber trotzdem auf die gesuchte Insel verschlagen. Die Seefahrer fanden eine Insel, wild zerklüftet, mit Vulkanen, aber auch mit grünen Tälern, unberührt und reich an Tieren und Fischen. Sie siedelten zunächst an der Ostküste, aber später, genannt wird zwischen 980 und 990, in der Gegend des heutigen Reykjavik. Sehr bald, dabei haben sich die Shetlands und die

Eisig und abweisend präsentierte sich Grönland als Erik der Rote nach 300 Seemeilen erstmals Land sah.

Faröer als unverzichtbare Stützpunkte erwiesen, kamen Frauen und Kinder mit Pferden und Hausrat nach. Es muss angemerkt werden, dass die »Pferde« nur unwesentlich größer waren, als die uns heute bekannten Shetland-Ponys. Nicht lange, da war eine richtige Kolonie mit Selbstverwaltung entstanden. Die Siedler wurden immer zahlreicher, und mit den natürlichen Ressourcen der Insel ging man leichtfertig und verschwenderisch um. Die Folge, in Verbindung mit einer Klimaänderung, war eine dramatische Verknappung der Lebensmittel bis zur Hungersnot. Das Siedlungsgebiet war unbewohnbar geworden.

Nicht lange vor dieser Zeit machte im Mutterland Norwegen ein streitlustiger »Raudi« von sich reden. Sein Name war Erik Thorvaldson, der wegen seiner roten Haare auch allgemein »Erik der Rote« genannt wurde. Weil sein Vater Thorvald sich bei einer heftigen Keilerei vermutlich nicht neutral verhalten hatte, wurden beide ausgewiesen und siedelten um das

Jahr 970 an der Nordwestküste von Island, wo Erik, der sicher, wie man heute sagen würde, »ein gestandenes Mannsbild« war, eine wohlhabende junge Frau heiratete. Das ging eine Zeitlang gut. Da aber Erik keinem Streit aus dem Wege ging und diesen auf seine Weise zu lösen pflegte, blieben auf der Walstatt zwei Tote. Diesmal lautete das Urteil auf drei Jahre Verbannung. Das soll im Jahr 982 gewesen sein. Erik musste also Island verlassen, was ihm vermutlich nicht allzu schwer fiel. Er wusste durch einen Wikinger namens Gumbjörn von einem Land, auf welches dieser weit im Westen durch einen Sturm verschlagen worden war. Dort wollte Erik hin, denn nach Osten auf die Inseln oder direkt nach Norwegen konnte er nicht. Er kaufte ein Schiff und zusammen mit einigen mutigen Abenteurern warf er im Sommer 982 die Leinen los.

Erik segelte nach Westen. Vor ihm lagen etwa 300 Seemeilen. Etwa zwei bis drei Tage war er unterwegs, als eine eisige abweisende Küste vor ihm auftauchte. Erik suchte nach einem Landeplatz und wandte seinen Kurs nach Süden entlang der Küste. Er kam an ein Kap, das heutige Kap Farvel, umsegelte es und kam an die Westküste, die ihm wesentlich besser gefiel. Er sah Fjorde und um sie herum grünes Land, das zum Siedeln einlud. Grünes Land, Grönland, kein weiter Schritt. Dass es grün war, nimmt nicht Wunder, denn der Süden von Grönland liegt ziemlich genau auf der Breite von Bergen. Allerdings mit dem Unterschied, dass in Grönland der warme Golfstrom fehlt. Drei Jahre blieben Erik und seine Männer. Fisch, Fleisch und Beeren hatten sie im Überfluss. Die Zeit der Verbannung war vorbei, und Erik konnte zurück nach Island. Dort herrschte aber, wie wir gehört haben, alles andere als Überfluss, und so fanden seine werbenden Worte für Grönland offene Ohren. Bald machte sich eine beachtliche Flotte auf den Weg nach Grönland. Dort entstanden in wenigen Jahren zwei Siedlungen. Eine am Südwestende von Grönland und eine weiter nördlich. Erik, langsam in die Jahre gekommen, gedachte zu bleiben.

Zu dieser Zeit verfehlte ein Wikinger, der von Norwegen kam, die Südspitze von Grönland und traf nach einigen Tagen auf eine flache bewaldete Küste. Ohne an Land zu gehen, machte er kehrt und kam glücklich nach Grönland, wohin er wollte. Dort berichtete er von seiner Entdeckung, der man aber zunächst keine Bedeutung beimaß. In Grönland war man ausreichend mit Lebensmitteln versorgt, zumindest vorerst.

Der Sohn Eriks des Roten, Leif, war in der Zwischenzeit zum stattlichen Mann herangewachsen und ein tüchtiger Seefahrer geworden. Ihn interessierte die Geschichte von dem fernen unbekannten Land, und er beschloss, der Sache auf den Grund zu gehen. Es muss um das Jahr 1000 gewesen sein, als er zusammen mit etwa 35 Mann die Expedition wagte. Sein Kurs war vermutlich West. Er überquerte die heutige Labrador-See und kam an die von dem Wikinger damals beschriebene Küste. Es war das heutige Kanada. Nach Süden segelnd suchte er einen geeigneten Platz zur Überwinterung. Dieser Ort soll die Nordspitze Neufundlands, das spätere L' Anse aux Meadows gewesen sein. Spätere Ausgrabungen im Jahr 1960/61 bestätigten dies. Man fand Überreste einer Siedlung, die wegen ihrer Ähnlichkeit zum Jarlshof auf den Shetlands eindeutig von Wikingern stammten. Da auch die Jahreszahl 1000 nicht umstritten ist, kann man die Entdeckung Amerikas durch den Wikinger Leif Eriksson als erwiesen betrachten. Das war fast 500 Jahre vor Kolumbus und Cabot.

Ausgrabungen in L'Anse aux Meadows haben es bewiesen: Lange vor Cabot und Kolumbus erreichten die Wikinger die »Neue Welt«.

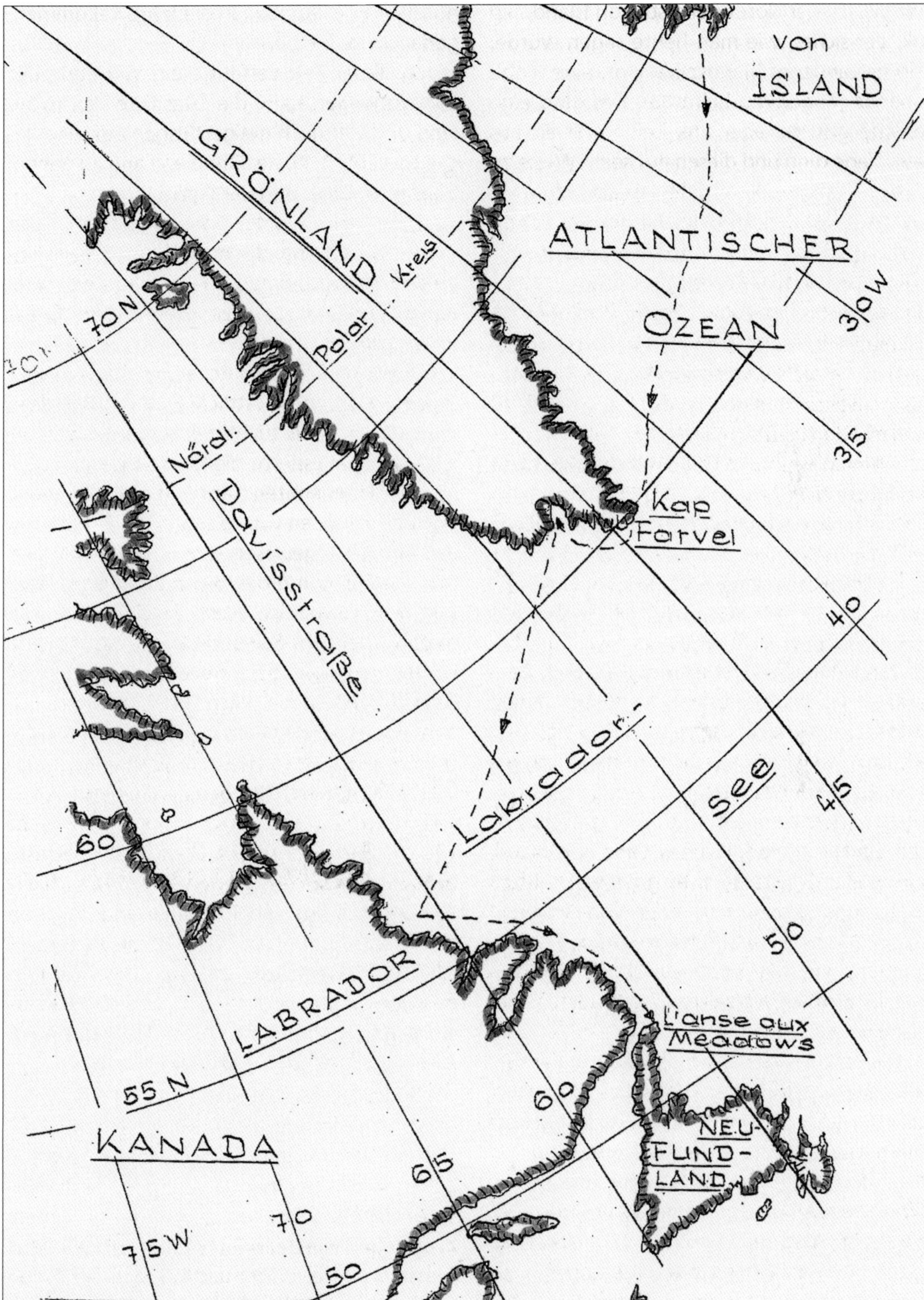
von
ISLAND
GRÖNLAND
Polar Kreis
ATLANTISCHER
OZEAN
30W
70N
Nördl.
Davisstraße
Kap
Farvel
35
40
Labrador
See
45
60
50
LABRADOR
L'anse aux
Meadows
55 N
60
KANADA
NEU-
FUND-
LAND
65
70
75W
50

Isländische Sagas, die oft verblüffend mit den Ergebnissen der Forschung übereinstimmen, trotzdem aber zur Beweisführung zu ungenau sind, beschreiben die Reise und ersetzen bis zu einem gewissen Grad das heutige Logbuch. In unserem Fall deckt sich die Beschreibung der Saga in den wesentlichen Punkten mit der Küstenlandschaft, die weitgehend unverändert blieb. Auch die in der Saga angeführten Reisezeiten sind, wie errechnet wurde, sehr exakt angegeben. Dabei wurde für die Boote der Wikinger eine durchschnittliche Geschwindigkeit von ca. sechs Meilen pro Stunde zugrunde gelegt, was sich mit den Erfahrungen deckt, die man mit Nachbauten machte.

»Winland« nannte Leif das entdeckte Land. Das führte zu Irritationen. Winland = Weinland, das kann nicht stimmen, denn in Neufundland wächst kein Wein und wuchs auch damals nicht. Dafür gibt es aber zwei Erklärungen. Entweder ist Leif weiter nach Süden vorgedrungen, was möglich ist, aber nicht bewiesen, oder das Wort Winland bedeutet so viel wie Weideland. Einer seriösen Quelle zufolge ist Leif Eriksson im Jahr 1003 bis in die Nähe von New-Bedford (Massachusetts) vorgedrungen und hat diese Gegend Winland getauft. Darüber gibt es aber keine gesicherten Erkenntnisse. Hier soll, um das Verständnis für das Wort Winland zu verbessern, vermerkt werden, dass in frühen Zeiten in der Gegend um München Wein angebaut wurde, woran heute mit Sicherheit niemand mehr denkt. Man hat den Weinbau sehr bald wieder eingestellt, weil verständlicherweise keiner den »Sauerampfer« trinken mochte.

Eine Frage wird nicht nur von nautisch interessierten Lesern immer wieder gestellt: Wie orientierten sich die Wikinger? Sicher ist, der Kompass war ihnen noch unbekannt. Die Wikinger hatten aber eine Fähigkeit, die uns modernen Menschen fast völlig verloren gegangen ist. Sie hatten engen Kontakt mit der Natur und ihren Erscheinungen und wussten sie zu deuten. Die Beobachtung des Himmels, der Sterne, der Sonne und des Mondes gab ihnen Hinweise. Auch Vogelschwärme, wohin sie flogen und in welcher Richtung, konnten sie auslegen. Schwieriger war es, aus Fischschwärmen und Meeresströmungen Schlüsse zu ziehen. Doch all das nutzten sie und gaben die Erkenntnisse der nächsten Generation weiter. Darüber hinaus sollen die Wikinger ausgezeichnete astronomische Kenntnisse besessen haben. Einen interessanten Hinweis gibt eine Quelle, wonach ein Wikinger auf einer längeren Seereise drei Raben mitnahm und sie nacheinander frei ließ. Der erste flog wieder zurück. Auch das war ein Hinweis, ob der Kurs stimmte, denn er musste in dieselbe Richtung fliegen, die auch das Kielwasser aufwies. Der zweite umkreiste das Boot und ließ sich wieder auf ihm nieder. Er hatte also etwa die Hälfte der Strecke zurückgelegt. Der dritte flog voraus und zeigte die Richtung, wohin der Wikinger zu segeln hatte. Das mag für manchen Leser eine nette Geschichte sein, aber Erfahrungen mit Brieftauben machen sie glaubwürdig.

Es sind noch einige Geräte bekannt, die von den Wikingern zur Orientierung benutzt wurden. In diesem Zusammenhang wird das »Sonnenschattenbrett« genannt. Dabei musste beim höchsten Stand der Sonne der Schatten des in das Brett eingelassenen Stabes auf eine bestimmte Stelle des Brettes zeigen. Schwierigkeiten bereitete dabei, dass das Brett bei der Messung exakt horizontal gehalten werden musste.

Nimmt man einen Atlas zur Hand, stellt man fest, dass die Stadt Bergen, die Shetland-Inseln, die Südspitze von Grönland und die Nordwestspitze von Labrador alle etwa auf dem 60. Breitengrad Nord liegen. Die Wikinger versuchten sicher, während einer Ostwindperiode die Reise anzutreten. Sie konnten dann mit gutem Wetter und meist klarem Himmel rechnen. Jetzt mussten sie nur darauf achten, dass der Polarstern, den sie kannten, querab ihrer Kiellinie war. Das war eine gute, wenn auch manchmal unzuverlässige Navigationshilfe.

Unbestritten ist die seemännische Leistung und der Mut des Kolumbus, des Cabot und besonders der Wikinger. Jeder der »Drei Amerika-Entdecker« hatte seine Route. Damit beginnt aber die Differenzierung der Leistung.

Auch das Schiff, seine Größe und seine Seetüchtigkeit trug dazu bei. Die südlichste Route segelte Kolumbus, der die Passate nutzen konnte. Auf der Hinreise war das gute Wetter kaum eine Belastung für die Mannschaft. Nördlicher segelte Cabot. Dass er bei seinem ersten Versuch am Wetter scheiterte zeigt, dass die Wetterverhältnisse und auch der Seegang nach Norden zu härter werden. Kälte war schon immer von Seefahrern gefürchtet und schränkte die Leistung der Mannschaft oft erheblich ein. Die höchsten Ansprüche psychischer und physischer Art wurden an die Wikinger gestellt. Nicht nur das kalte, nasse und oft auch in den Sommermonaten unwirtliche Klima im nördlichen Atlantik forderte sie aufs Äußerste, auch ihre niederbordigen, offenen Boote gewährten keinerlei Schutz vor schlechtem Wetter, vor Regen und Schnee. Es ist ein gravierender Unterschied, ob ich mit dem Passat in die Karibik segle und gegebenenfalls bei schlechtem Wetter in der Kajüte Schutz finde oder auf dem nördlichen Atlantik in einem wesentlich kleineren offenen Boot nach Labrador segle.

Man sollte schon daran denken, wenn Kolumbus wieder anlässlich eines Jubiläums als »Entdecker Amerikas« gefeiert und seine Reise als das »großartigste aller menschlichen Abenteuer« bezeichnet wird.

Fernão de Magalhães

Magellan, Magalhães, Magallanes, es gibt viele Schreibweisen seines Namens. Alle aber meinen ein- und denselben Mann, den Entdecker einer der schwierigsten und gefährlichsten Seestraßen der Welt. Sie trägt den Namen ihres Entdeckers, die Magellan-Straße. Auch die Hauptstadt der südchilenischen Region trug lange seinen Namen. Heute heißt sie Punta Arenas. Magellan ist zweifellos einer der berühmtesten Seefahrer, wenn auch sein Name nicht so bekannt ist und weniger genannt wird als der des Kolumbus. Zu Recht? Wohl kaum, denn seine Reise war ungleich schwieriger und erforderte deutlich mehr Einsatz, Durchhaltevermögen und Seemannschaft als die Reisen des Kolumbus.

Warum ist diese Straße so gefährlich, dass viele Kapitäne die Route um Kap Hoorn vorzogen? Fällt man, um einen Vergleich zu ziehen, nicht der Skylla zum Opfer, wenn man die Charybdis meidet? Draußen hat man wilde, aber freie See, in der Magellanstraße aber schmale Durchfahrten, starken Strom, Fallböen und steile, zerklüftete Felswände. Hohe Gebirge – der Monte Sarmiento ist 2300 Meter hoch – beengen den Blick auf die Wetterentwicklung, so dass man stets mit plötzlichen Stürmen rechnen muss, die mit rasender Wucht hereinbrechen. Das haben viele Seefahrer nach Magellan, wie zum Beispiel Drake und Slocum bei der Durchfahrt durch die Straße leidvoll feststellen müssen.

Sehr gründlich studierte Gunther Plüschow diese Gegend in den Jahren 1927 bis 1929. Er gibt in seinem Buch »Silberkondor über Feuerland« eine fundierte Schilderung der dortigen Verhältnisse, die wesentlich dazu beiträgt, die Schwierigkeiten bei der Durchfahrt durch diese Wasserstraße zu verstehen. Man begreift, welch ungeheuere körperliche und seemännische Aufgabe schlecht manövrierfähige Rahsegler der vergangenen Jahrhunderte vor sich hatten, wenn sie vom Atlantik in den Pazifik wollten. Magellan hat diese Passage als Erster durchfahren. Wer war dieser Mann? Man weiß es nicht genau, aber das Jahr 1480 dürfte sein Geburtsjahr sein. In dem Ort Sabrosa (Nordportugal) kam er zur Welt. Magalhães' Familie gehörte dem niederen, keineswegs wohlhabenden Adel an. Als Fernão (auch Fernando) 12 Jahre alt war, schickte ihn sein Vater nach Lissabon an den königlichen Hof, wo er Page bei Königin Leonore wurde. Es kann davon ausgegangen werden, dass der junge Fernando in der dortigen Pagenschule auch in Mathematik und Sprachen unterrichtet wurde. Im Jahr 1505 trat Fernando in den Dienst der portugiesischen Marine ein.

Er nahm an einer Indienexpedition teil und kämpfte unter der Führung von Francisco de Almeida in der vordersten Front bei der Eroberung von Goa (indische Westküste). Mehrfach wurde er verwundet. Insgesamt diente er sieben Jahre in den Kolonien. Mit dem Nachfolger Almeidas, Alfonso Albuquerque, einem ebenso begabten, wie in der Durchsetzung seiner Ziele rücksichtslosen, ja brutalen Flottenführer, soll er sich aus nicht eindeutig überlieferten Gründen zerstritten haben. Einer Quelle zufolge lag der Grund in einer erfolglosen Reise Magalhães' zu den »Islas Especierias«, den Gewürzinseln. Magalhães kehrte im Juni 1512 nach Portugal zurück.

Bei einem kriegerischen Einsatz gegen eine maurische Festung wird Magalhães erneut verwundet. Dadurch gehbehindert, soll er einer Quelle zufolge ein Lager von eroberten Schätzen verwaltet haben. Aus nicht näher bekann-

Fernão Magalhães.

ten Gründen, wahrscheinlich aber wegen einer bösartigen Verleumdung, kam es auch zu Differenzen mit dem portugiesischen König Manuel I. Magalhaes bat um eine Audienz, um sich zu rechtfertigen, wurde aber vom König nicht empfangen. Oder, wie eine andere Quelle berichtet, zwar empfangen, aber abgewiesen.

Enttäuscht und mit verletztem Stolz verließ Magalhães Portugal und reiste nach Sevilla. Dort legte er die portugiesische Staatsbürgerschaft ab und wurde Spanier. Auch seinen bisherigen Namen behielt er nicht und nannte sich von da ab Magellan. Erfahrene Seeleute waren in Spanien zwar Mangelware, wurden aber, sofern sie aus Portugal kamen misstrauisch beobachtet. Kurz nach (oder vor?) seiner Einbürgerung heiratete Magellan Beatriz Barbosa, die Tochter eines wohlhabenden Portugiesen. Leider stößt man, was das Leben Magellans betrifft, immer wieder auf voneinander abweichende Versionen. Die »grobe Linie« aber darf als gesichert angesehen werden.

Zielstrebig wie Magellan war, studierte er in der Zwischenzeit Seekarten und Logbücher, die Reisen des Kolumbus und des Genuesers Caboto, sowie alle erreichbaren nautischen Unterlagen. Er wusste von der Landenge bei Panama, und dass jenseits ein großer Ozean läge. Auch der Bericht des Amerigo Vespucci war ihm bekannt, aber er wusste nicht, wie weit dieser an der Südamerikanischen Küste nach Süden gekommen ist. Sein Plan, mit Westkurs zu den Gewürzinseln, deren Lage er in etwa kannte zu segeln, nahm aber mehr und mehr Gestalt an.

Seit dem Tode des Kolumbus waren 11 Jahre vergangen, man schrieb das Jahr 1517, da wurde Magellan eine Audienz beim damals 18-jährigen spanischen König Karl I., dem späteren deutschen Kaiser Karl V., gewährt. Magellan unterbreitete ihm seinen Plan, mit einer kleinen Flottille um Südamerika herum in den Pazifik und weiter zu den Molukken zu segeln. Er kenne die Durchfahrt in den Pazifik. Außerdem, und das war vermutlich das entscheidende Argument, seien über diesen Weg die Gewürzinseln schneller und besser zu erreichen, als über den Weg der Portugiesen, die bis dato die Molukken noch nicht in Besitz genommen hätten. Nach eingehender Beratung unterschrieb König Karl am 22. März 1518 in Valladolid den Vertrag. Magellan, so sah der Vertrag vor, müsse auf seiner Reise mindestens sechs ertragreiche Inseln entdecken und für die spanische Krone in Besitz nehmen. Nach Bekanntwerden des Vertrages wurden die ohnehin gespannten Beziehungen zwischen Portugal und Spanien verständlicherweise noch stärker belastet. Auch von einflussreichen Spaniern wurden erhebliche Bedenken geäußert. Dass ein Fremder, und noch dazu ein gebürtiger Portugiese, mit dieser Aufgabe betraut wurde, stieß auf Unverständnis.

Ungeachtet dieser Umstände bereitete sich Magellan sehr sorgfältig und gründlich auf die Expedition vor. Was die fünf Schiffe betrifft, die ihm zur Verfügung gestellt (gekauft?) wurden, so erscheint es zweifelhaft, dass es, wie berichtet, »rotte Kähne« waren. Gesichert ist, dass sie im Hinblick auf die bevorstehenden Aufgaben von Grund auf überholt wurden. Sie mussten zum Teil neu beplankt werden, und Magellan widmete aus guten Gründen der Beaufsichtigung der Arbeiten viel Zeit. Volle 18 Monate dauerte es, bis alle Vorbereitungen zur Zufriedenheit Magellans abgeschlossen waren. Viel Nerven kostete es, bis das Gezänk um die Besatzung der Schiffe ausgestanden war. Zu der Besatzung des Flaggschiffes, der *Victoria*, gehörte auch ein »Mitsegler«, ein gewisser Antonio Pigafetta, 18 Jahre alt, Reporter? Abenteurer? Wie dem auch sei, diesem Mann und seinem akribisch geführten Tagebuch verdankt die Nachwelt eine genaue Schilderung der Reise. Sie kann mit Recht als authentisch und neutral angesehen werden, auch wenn leider seemännische Details fehlen. Pigafetta war eben kein Seemann.

Am 10. August 1519 verließen fünf Schiffe nach einer feierlichen Messe Sevilla und verholten (segelten) Guadalquivir abwärts in den Hafen von Sanlucar de Barrameda. Dort wurden die Schiffe für eine Reisedauer von zwei Jahren ausgerüstet. Erst am 20. September fielen die Festmacher ins Wasser. Die Reise ins Ungewisse begann.

Vielen ist über die Reise bekannt, dass Magellan die nach ihm benannte Wasserstraße entdeckt hat. Was wenige wissen ist, dass er diese Strasse zu kennen vorgab, in Wirklichkeit aber trotz seiner Vorkenntnisse nur von deren Existenz überzeugt war und sie später mühsam suchen musste. Ferner, dass diese Reise eine Serie von Auseinandersetzungen mit den spanischen Kapitänen und Offizieren war, deren respektlose Feindschaft gegen diesen »dahergelaufenen Portugiesen«, der ihnen vor die Nase gesetzt wurde, bis zur offenen Meuterei ging. Dass diese Reise die erste Weltumsegelung war, und Magellan sie selbst nicht vollenden konnte, ist auch nicht Allgemeinwissen. Er starb auf der kleinen Insel Maktan, die zu den Philippinen gehört, aber in den handelsüblichen Atlanten nicht zu finden ist.

Aber der Reihe nach! Die fünf Schiffe der Flottille waren auf dem Atlantik. Ende September hatten sie zur Verpflegungsergänzung Teneriffa angelaufen, dann ging es weiter. Auf Stille und Flaute auf See folgten heftige Stürme, die der Mannschaft und den Schiffen schwer zu schaffen machten. Magellan hätte diesen Stürmen aus dem Wege gehen können. Seine Route nahe der Küste nach Süden war bekannt und berüchtigt für häufige Stürme, und es ist unwahrscheinlich, dass Magellan das nicht wusste. So bleibt nur die Vermutung, dass er auf diesem Wege eventuellen portugiesischen Kriegsschiffen aus dem Wege gehen wollte. Erst weit im Süden, etwa beim 10. Breitengrad Nord ließ er auf Westkurs gehen. Es dauerte nicht lange, da beginnen die Versuche seiner Kapitäne, sich gegen den verhassten »Generalkapitän« durch Nichtbefolgen seiner Anweisungen aufzulehnen und ihn herauszufordern. Man hatte sich aber in der Person Magellans gründlich getäuscht. Er zögerte nicht lange, und ließ, um ein Exempel zu statuieren, den aufmüpfigen Kapitän der *San Antonio*, des größten seiner Schiffe, festsetzen. Trotz dieser deutlichen Warnung durch sein entschlossenes und gerechtes Handeln dauerte es noch Wochen, bis er das Vertrauen der Mannschaft erwerben konnte, während die Offiziere ihm nach wie vor zumindest ablehnend gegenüberstanden.

Ende November war das Geschwader auf der Höhe von Pernambuco, Mitte Dezember in der Bucht von Rio de Janeiro. Die Schiffe wurden überholt und von Bewuchs am Unterwasserschiff gereinigt. Dafür gab Magellan nur knappe zwei Wochen Zeit. Er wollte möglichst schnell weiter zu der Durchfahrt, von der er sagte, sie sei nur 15 Breitengrade südlicher zu finden. Etwa zwei Wochen nach Aufbruch von Rio zeigte sich an Steuerbord eine weite Bucht. Magellan ließ sie eingehend nach einer möglichen Durchfahrt untersuchen. Erst Anfang Februar wurde die Erkundung abgebrochen, nachdem man keine Durchfahrt, sondern eine Flussmündung entdeckt hatte. Es war die La-Plata-Mündung. Die Schiffe gingen wieder auf Südkurs. Jede sich öffnende Bucht wurde inspiziert. Den Kapitänen Magellans muss längst klar geworden sein, dass ihr Generalkapitän die Durchfahrt nicht kannte, sondern suchen musste. Dass sie von seiner Behauptung König Karl gegenüber, die Durchfahrt zu kennen, wussten, ist unwahrscheinlich. Jedenfalls war Magellans Unkenntnis bei welchem Breitengrad die Passage zu finden sei, seiner Autorität nicht gerade förderlich. Einen Aufstand wagte man aber nicht.

Ende März wurde eine Bucht erreicht, das spätere St. Julian. Diese befindet sich am 48. Breitengrad Süd. Das sind bereits 25 Breitengrade nach Süden, und nicht 15, wie Magellan in Rio behauptet hatte. Man war aber noch gar

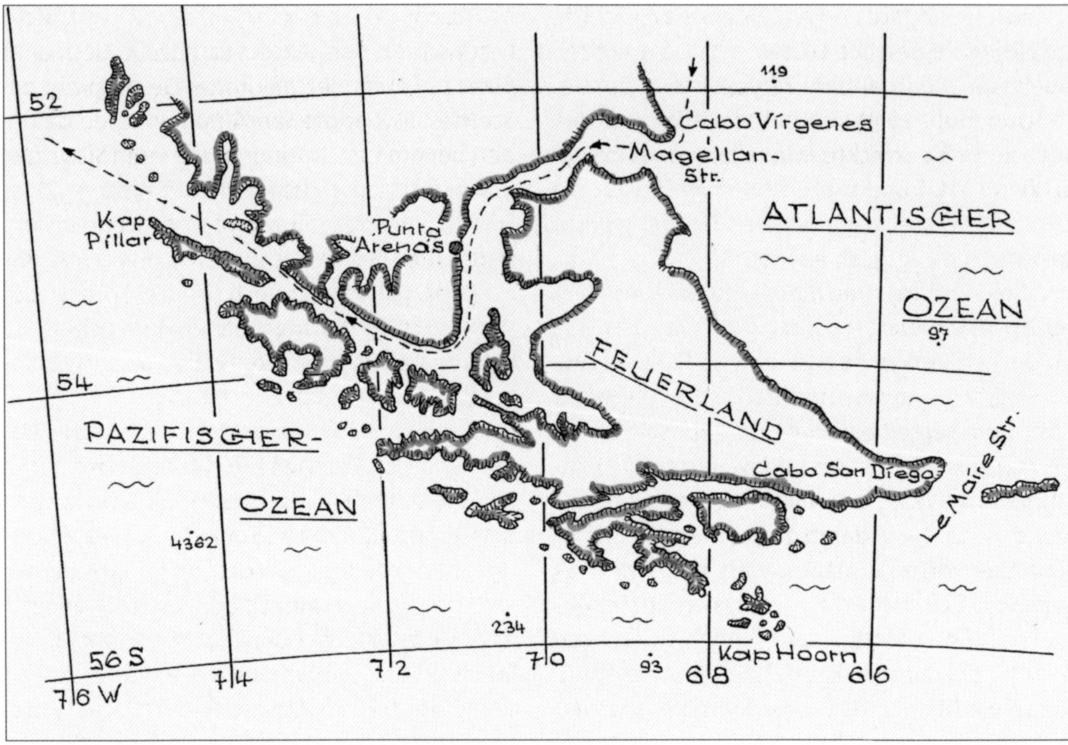

Der schwierigste Teil der Seereise: die »Magellan«-Straße.

nicht an der gesuchten Wasserstraße. Bis dahin waren es noch weitere sieben Breitengrade.

Magellan ließ ankern und gab bekannt, dass die Expedition in dieser Bucht überwintern werde, was angesichts der fortgeschrittenen Jahreszeit verständlich war. Zudem war die Bucht hervorragend gegen den offenen Atlantik geschützt. Die Mannschaft wurde angewiesen, feste Hütten zu bauen. Als Magellan jedoch die Rationen um die Hälfte kürzte, kam es zur offenen Meuterei. Diese Maßnahme ist immer problematisch, auch dann, wenn sie, wie im gegebenen Fall angesichts der immer trostloser werdenden Gegend als Vorsorgemaßnahme sinnvoll war. Trotz der für ihn äußerst kritischen Lage behielt Magellan die Nerven. Drei seiner Schiffe waren in der Hand der Meuterer. Durch einen raffinierten Trick, eine klug durchgeführte Täuschung, gewann er die Gewalt über die *Victoria* zurück. Damit war das Verhältnis drei zu zwei zu seinen Gunsten. Das war der Anfang vom Ende der Meuterei. Magellan war wieder Herr der Lage und benutzte die Gelegenheit gleich, um sich der Verlässlichkeit der Mannschaft für die weitere Zukunft sicher zu sein. 40 der Meuterer verurteilte er wegen Meuterei und Hochverrats zum Tode. Kurze Zeit ließ er sie im Unklaren »schmoren«, um sie dann großzügig, einschließlich zweier Offiziere, die er als Mitläufer eingestuft hatte, zu begnadigen. Eine kluge Maßnahme. Die Bestrafung der Anführer der Meuterei aber war drakonisch. Es sollen zwei Todesurteile gewesen sein, die sofort vollzogen wurden. Ein Rädelsführer, Vizeadmiral und Vetter des einflussreichen Bischofs von Burgos, der selbst Förderer Magellans war, wurde ausgesetzt, was einem verzögerten Todesurteil gleichkam. Die Lust an weiteren Meutereien war für absehbare Zeit erstickt.

Ungeduld zahlt sich bekanntlich nicht aus. Viel zu früh schickte Magellan eines seiner Schiffe zur Erkundung voraus, aber das ging in einem heftigen Sturm verloren. Magellan wartete bis Ende August, aber in der Bucht südlich von Rio Chico mussten die Schiffe wieder Schutz vor einem Unwetter suchen.

Am 21. Oktober konnte Magellan an seiner Steuerbordseite eine breite Bucht erkennen. Er schickte zwei seiner Schiffe hinein, die feststellen sollten, ob es sich wieder um eine Flussmündung, oder um die so lange gesuchte Wasserstraße handelte. Vier (andere Quellen sprechen von zwei) lange Tage musste er ungeduldig warten, dann kamen die Schiffe zurück. Sie brachten eine verheißungsvolle gute Nachricht mit. Eine Flussmündung sei es jedenfalls nicht. Man habe in südwestlicher Richtung mehrere Buchten und Engstellen durchsegelt, die aber alle salzwasserhaltig waren. Ein Ende der Buchten habe man noch nicht sehen können. Magellan entschloss sich daraufhin, mit der Flottille in die Bucht zu segeln, in der Hoffnung, die Durchfahrt endlich gefunden zu haben.

Es folgten fast vier Wochen, die der Mannschaft, den Offizieren und den Schiffen das Äußerste an Einsatz- und Durchhaltevermögen abverlangten.

Schneestürme aus dem heiteren Himmel, Nebel und starke Ströme an den Engstellen waren eine ständige Bedrohung. Dazu kamen steile, fast senkrechte Felswände. Das Fahrwasser, das sie wegen der Untiefen ständig ausloten mussten, bot nur wenig Möglichkeiten zu ankern. Oft waren die Schiffe in Gefahr, vom Strom an die Felsen gedrückt zu werden. Dem nicht genug, denn die Bauart ihrer Naos (Karacken, Karavellen?) mit der beschränkten Manövrierfähigkeit war alles andere als für diese »Teufelsschluchten« geeignet.

Kein Wunder, dass auf einem der Schiffe die Mannschaft unter Anführung des Steuermanns Estevao Fernandez meuterte. Der Kapitän des Schiffes, es war die *San Antonio* wurde gefangen genommen. In einer geeigneten Situation, wo sie von den anderen Schiffen nicht gesehen werden konnten, drehten die Meuterer ab und segelten zurück in das sonnige warme Spanien.

Die Flottille, jetzt noch aus drei Schiffen bestehend, stoppte. Magellan schickte eine Barkasse zur Erkundung des weiteren Fahrwassers voraus.

Er musste nicht lang warten, da kam die Barkasse zurück. Man konnte den Männern schon von weitem ansehen, dass sie eine frohe Botschaft hatten. Sie hatten den offenen Pazifik erreicht. Die größte nautische, 300 Seemeilen lange Schwierigkeit, die »Hölle«, hatte die Expedition hinter sich gelassen. 27 Tage Angst und Schrecken waren vorbei.

In der Folgezeit scheiterten alle Versuche anderer Kapitäne, die Magellanstraße zu durchsegeln. Ein deutlicher Beweis für die enormen Schwierigkeiten, die der Passage entgegenstehen und eine eindrucksvolle Bestätigung der Leistung Magellans und seiner Männer. Erst 50 Jahre nach ihm gelang es dem englischen Seefahrer Francis Drake, die Magellanstraße zu durchsegeln. Seine Voraussetzungen waren aber deutlich besser als die Magellans.

Den restlichen drei Schiffen Magellans stand die Überquerung des Pazifiks bevor. Was sollte auf die Männer zukommen? Pazifik! Stiller Ozean? Sonne und die so lang entbehrte Wärme? Die Hoffnungen wurden gründlich enttäuscht. Die *San Antonio*, das Schiff mit den Meuterern, hatte einen Großteil der Verpflegung der Expedition an Bord. Das sollte sich in der Folgezeit verheerend auswirken. In Unkenntnis der Ausdehnung des Pazifiks hatte es Magellan obendrein versäumt, an der südamerikanischen Küste Wasser und Verpflegung zu ergänzen.

Anfangs hatten die Schiffe guten Wind, und man war zuversichtlich. Im Schnitt lag das Etmal bei 150 Seemeilen. Dann aber machte der Pazifik seinem Namen alle Ehre. Er wurde »El Pacifico«, der »Friedliche«, der »Flautenreiche«. Damit passierte, was unausbleiblich war. Der Proviant, und was fast noch schlimmer war, das Trinkwasser, sofern man das als Trinkwasser bezeichnen konnte, geht zu Ende. In ihrer Not tranken es die Männer, obwohl es bereits ungenießbar war. Die unabdingbare Folge waren Fieber, Cholera und Skorbut. Täglich wurden mehr Leute dahingerafft. Seit Ende September war die Expedition jetzt 16 endlos scheinende Wochen unterwegs. Kaum eine Hand war noch fähig, die Segel zu bedienen. Mehr als 3000 Seemeilen seit Verlassen der chilenischen Küste lagen im Kielwasser und keine, noch so kleine Insel wurde gesichtet. Eine andere Quelle weicht von dieser Darstellung ab und gibt eine Route an, die nördlich der Tuamotu-Inseln über die Inseln Fakahina und Flint führt. Einig ist man über den weiteren Verlauf, wonach am 6. März 1521 die südlichsten Atolle der Marianen-Inseln auftauchten. In Guam endlich konnten die Männer an Land gehen, soweit sie dazu noch in der Lage waren. Nur das Allernötigste an Wasser und Lebensmitteln konnte dort ergänzt werden. Ein Tropfen auf den heißen Stein, denn die Kontakte mit den Eingeborenen waren alles andere als erfreulich. Die Schiffe setzten die Reise fort. Endlich, am 16, März sah der Ausguck Land am Horizont auftauchen. Es war die Insel Samar, die zu den Philippinen gehört. Das Leiden hatte für die Überlebenden ein Ende, aber viele konnten sich nicht mehr von den Entbehrungen erholen, ihre Körper waren zu geschwächt. Wieder fiel ein Schiff aus. Die *Conception* war seeuntüchtig und wurde verbrannt.

Magellan erfuhr, dass die Molukken, die Gewürzinseln, im Süden der Inselgruppe lägen. Aus Furcht vor einer bewaffneten Auseinandersetzung mit den Portugiesen, der er mit seinen noch nicht erholten Männern nicht gewachsen wäre, wollte er zunächst abwarten. Nach kurzem Aufenthalt auf Samar segelte Magellan nach Cebu, einer benachbarten Insel. Andere Quellen sprechen davon, dass Magellan am 28. März bei Limasawa an Land gegangen sei und dort feierlich, verbunden mit missionarischer Tätigkeit, mit den Eingeborenen das Osterfest zelebriert hätte. Erst dann sei er am 1. April nach Cebu aufgebrochen.

Auffällig ist die Angabe von genauen Daten angesichts der doch deutlichen Abweichungen. Hier ist wahrscheinlich sinnvoll, den Aufzeichnungen Pigafettas zu folgen. Danach war der Radscha von Cebu, Humabon, zunächst abweisend und forderte von den Ankömmlingen einen Tribut. Erst nach unmissverständlicher Drohungen von Magellan und nach Beratung mit seiner nächsten Umgebung, sei er zugänglich geworden. Auch hier soll Magellan bestrebt gewesen sein, seinen, wie er glaubte »allein selig machenden Glauben«, das katholische Christentum, zu verbreiten. Der Radscha ließ sich in einer feierlichen Zeremonie taufen, und die Bevölkerung von Cebu folgte seinem Beispiel.

Die Nachbarinsel von Cebu wurde von zwei Herrschern beansprucht, die miteinander im Streit lagen. Einer von ihnen soll am Freitag, den 26. April 1521, nach Cebu gekommen sein. Er bat um Hilfe gegen seinen Rivalen. Magellan soll zugesagt haben. Am darauf folgenden Tag segelten die Schiffe nach Maktan (Mattan?) und gingen vor Anker. Die Verhältnisse dort waren aber sehr ungünstig, da man wegen des extrem flachen Wassers weit vor der Küste ankern musste. Selbst für die Boote war das Wasser in Landnähe noch zu flach. Die 50 Mann starke Truppe der Spanier musste zu Fuß ans Ufer waten. Bevor sie aber das Ufer erreicht hatten, wurden sie von einer Übermacht an Kriegern mit einem Hagel von Steinen, Speeren und

Die Molukken: die Insel Maktan wurde Magellan zum Verhängnis.

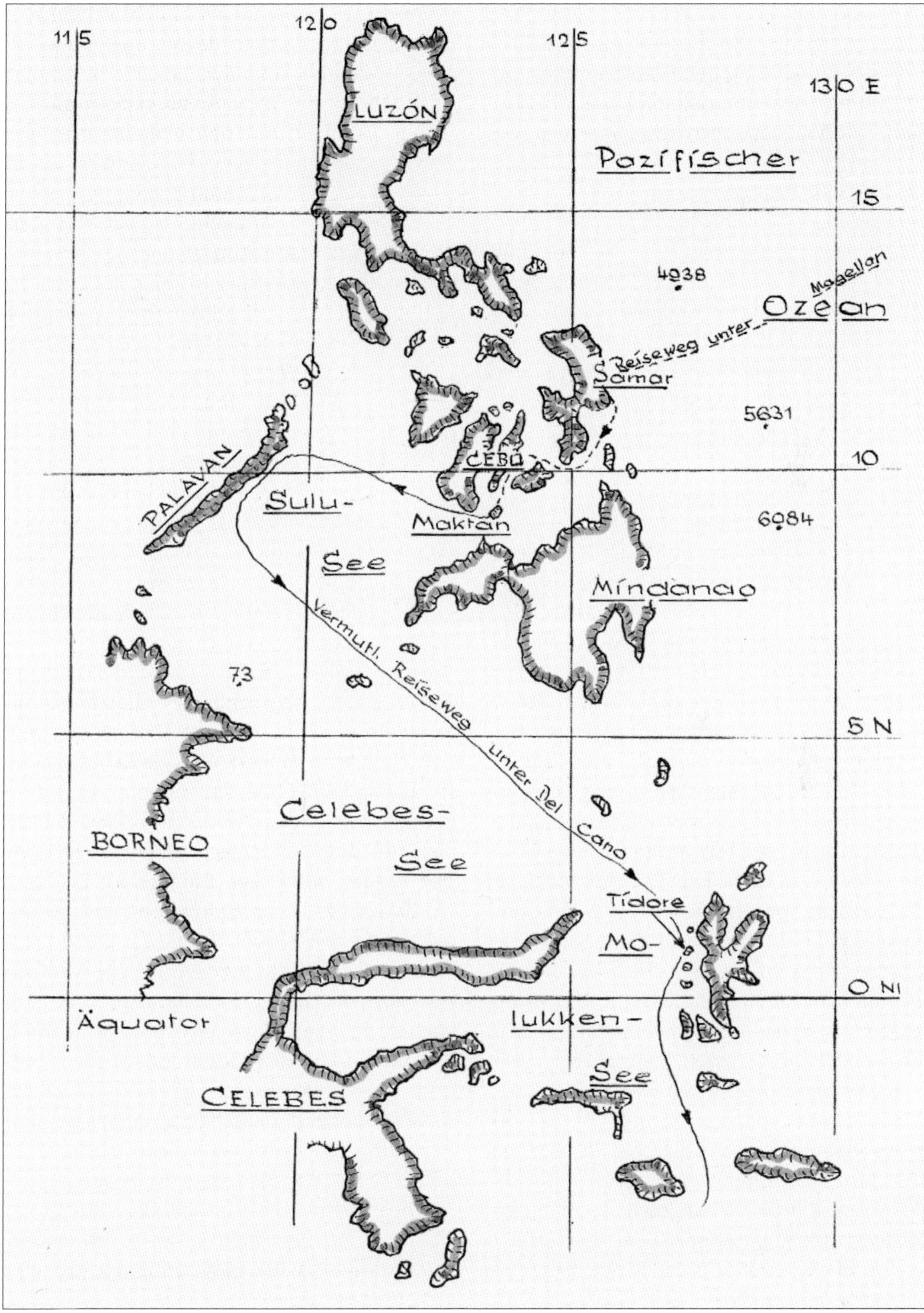
115
120
125
130 E
LUZÓN
Pazifischer
15
4938
Reiseweg unter Magellan
Ozean
Samar
5631
PALAVAN
CEBU
10
Sulu-
Maktan
6084
See
Mindanao
Vermutl. Reiseweg unter Del Cano
73
5 N
Celebes-
BORNEO
See
Tidore
Mo-
0 N
Äquator
lukken-
See
CELEBES

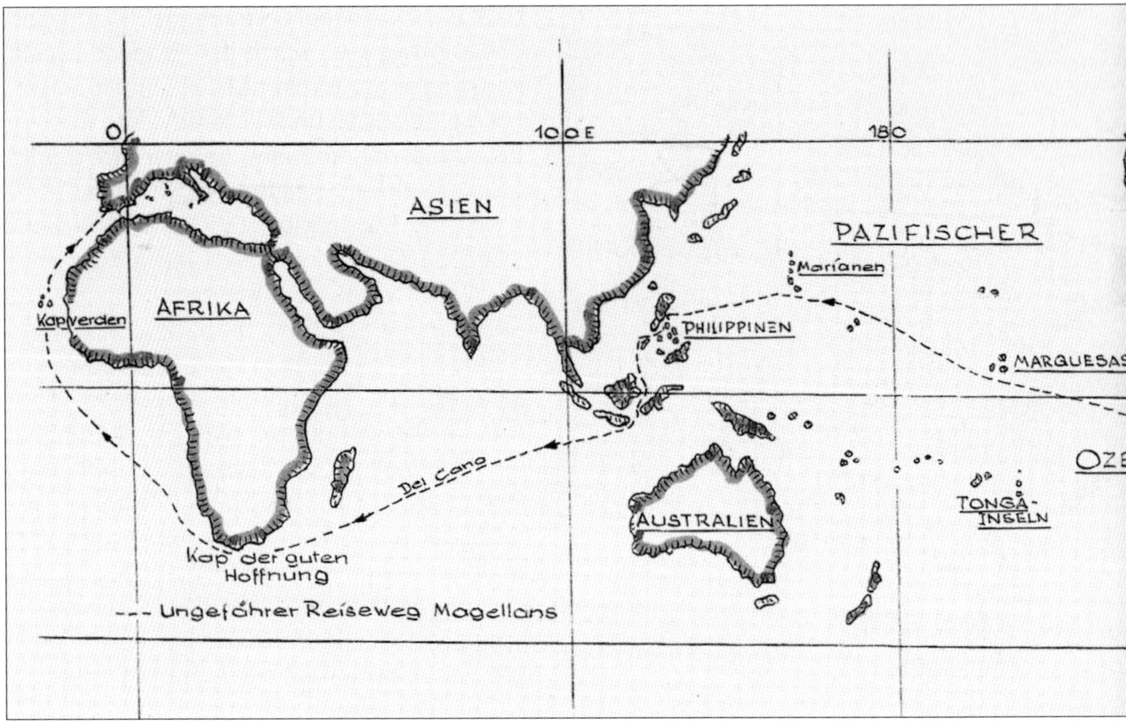

Pfeilen überschüttet und angegriffen. Magellan wurde von einem vergifteten Pfeil am Oberschenkel getroffen und starb. Eine andere Quelle schreibt, dass sich die Wut der Eingeborenen auf Magellan konzentriert habe und dieser von ihnen vorsätzlich getötet worden wäre. Der Schock war nach dem Tod von Magellan groß, und die Spanier flüchteten vor der Übermacht auf ihre Schiffe. Nicht genug, die Katastrophe setzte sich in Cebu fort. Der dortige Radscha (König) Humabon hatte sich offensichtlich nur zum Schein christlich taufen lassen. Er lud die Spanier zu einem Festmahl ein, das in einem bereits vorbereiteten Massaker endete.

Die Überlebenden erreichten nach einer ziellos chaotischen Reise die Insel Palavan und schließlich Tidore, eine der Gewürzinseln der Molukken. Durch Tauschgeschäfte mit dem dortigen Herrscher konnten sie ihre beiden Schiffe, die *Victoria* und die *Trinidad* voll mit Gewürznelken (andere Quellen sprechen von Pfeffer) laden. Als man die Anker lichten wollte, stellte man fest, dass die *Trinidad* ein Leck hatte und auch sonst in nicht seetüchtigem Zustand war. Ein Teil der Spanier unter Gomez de Espinosa wollte bei dem Schiff bleiben. Sie reparierten den Schaden und gingen in See. Über den Pazifik wollten sie zurück nach Spanien, wurden aber unterwegs von den Portugiesen gekapert.

Die *Victoria*, das letzte Schiff der stolzen Flottille, setzte unter dem Kommando von Sebastian del Cano (Juan Sebastian de Elcano?) die Segel und trat die Rückreise an. Sie führte über das Kap der guten Hoffnung mit einem Zwischenstopp vom 9./10. Juli 1522 auf den Kapverdischen Inseln. Auch dieser letzte Reiseabschnitt soll, was die Leiden der Besatzung anbelangt, nicht viel besser gewesen sein als die Überquerung des Pazifiks. Am 6. September 1522 (andere Quellen sprechen vom 8. bzw. 22.) lief ein »schwimmendes Wrack« in den Hafen

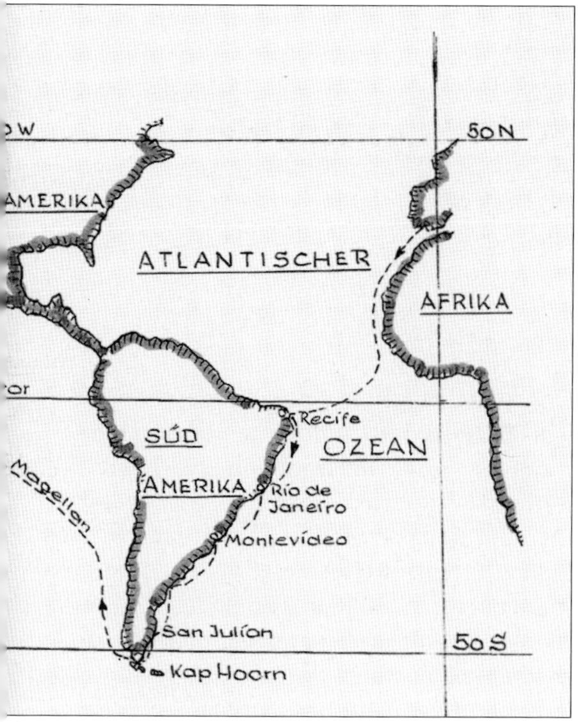

Einmal um die Welt: die ganze Reiseroute der *Victoria*.

von Sanlucar ein. Die Besatzung soll aus 18 abgemagerten Seeleuten bestanden haben. Mit 60 Mann an Bord war die *Victoria* drei Jahre zuvor ausgelaufen. Pigafetta, der die gesamte Reise mit an Bord gewesen war, berichtete stolz: »Wir haben 43 380 Seemeilen zurückgelegt und waren von Osten nach Westen um den ganzen Erdball gesegelt.«

Das Fazit der Reise: Zunächst wurde, wie konnte es auch anders sein, die wirtschaftliche Seite beleuchtet. Die war unerwartet so positiv, da der Verkauf der Ladung des Schiffes, es sollen 26 Tonnen gewesen sein, die gesamten Kosten, einschließlich des Verlustes von vier Schiffen, deckte. Weder der Verlust von über 200 Menschen, noch die Tatsache, dass die *Victoria* als erstes Schiff die Welt umrundet hatte, stand im Mittelpunkt der Betrachtung. Auch der Entdeckung der Magellanstraße maß man keine Bedeutung zu, da durch ihre Entdeckung ein wirtschaftlicher Erfolg nicht zu erwarten war. Für die Gelehrten und Wissenschaftler war ein, bis zu diesem Zeitpunkt, heftiger Streitpunkt beseitigt. Die Reise hatte endgültig die Kugelgestalt der Erde bewiesen. Es dauerte aber noch lange, bis diese Erkenntnis Allgemeingut wurde. Weiter wurde die umstrittene Diskussion, zu welchem Interessengebiet die Molukken gehören, wieder aufgegriffen. Im Vertrag von Saragossa, am 27. April 1529, verzichtete Spanien für 350 000 Dukaten auf seine Ansprüche auf die Molukken. Die Philippinen wurden über einen Zeitraum von 3 1/2 Jahren spanische Kolonie. Del Cano erhielt aus der Hand von König Karl I. ein Wappen mit der Inschrift: »Primus circumdedisti me«. (Als Erster hast Du mich umrundet). Und Magellan? Wie bereits erwähnt, gelang es erst fünf Jahrzehnte nach ihm einem Schiff, die schwierige Durchfahrt, die nach ihm benannt wurde, zu passieren. Erst viel später wusste man die nautische und seemännische Leistung zu schätzen. Mit den damaligen Schiffen in 27 Tagen die Straße ohne Verluste durchsegelt zu haben, grenzt schlicht an ein Wunder. Damals wusste man nur um die lebensfeindlichen Wetterbedingungen Bescheid. Heute weiß man, dass der Gezeitenhub im Extremfall bis zu 13 Meter betragen kann. Dementsprechend treten Ströme bis über sieben Knoten auf. Tatsachen, die das Außergewöhnliche der Leistung Magellans und seiner Männer erkennen und bewundern lassen.

Auf der Insel Mattan haben die Philippinen vor kurzer Zeit ein Denkmal für Lapulapu errichtet, das mit einer Gedenktafel versehen ist:

Lapulapu

»Here, on 27 April 1521, Lapulapu and his Men repulsed the Spanish Invaders. Killing their Leader, Ferdinand Magellan. Thus Lapulapu became the first Fillipino to have repelled European aggression.«

Sir Francis Drake – Pirat im Dienst der Krone

Francis Drake wurde persönlich von seiner Königin geehrt und zum Ritter geschlagen, aber das liegt fast ein halbes Jahrhundert zurück. Heute würde er wegen Verbrechen gegen die Menschlichkeit und wegen Piraterie angeklagt und verurteilt. Die Rede ist von einem der verwegensten Seefahrer Englands, von Francis Drake. Mit seinem Namen verbindet sich stets das Wort »Pirat« und nicht selten auch der Name Elisabeth I., der englischen Königin. Drake, ein Pirat, also ein Seeräuber? Beides Worte, die nicht gerade den besten Ruf haben, was in »Horrorfilmen« bis heute drastisch »dokumentiert« wurde. So verachtenswert Seeräuberei auch ist, es darf nicht vergessen werden, dass Seeraub damals durch sogenannte »Kaperbriefe« offiziell und von höchster Stelle legalisiert wurde, und zwar von allen bedeutenden Seefahrernationen.

Egal, ob legalisiert, oder nicht, Francis Drake und Königin Elisabeth I. waren keineswegs die »Erfinder« der Piraterie. Sie, und auch die zur gleichen Zeit operierenden Spanier und Portugiesen hatten berühmte Vorfahren.

Die Wurzeln gehen zurück auf die ständigen Kämpfe um die Vorherrschaft im mediterranen Raum, die entscheidend, aber nicht ausschließlich religiös bedingt waren. Im Jahr 480 v. Chr. fand bereits eine der größten Seeschlachten statt. Der Machtkampf setzte sich nach dem Tode Mohameds im Jahr 632 n. Chr., fanatisch angetrieben von moslemischen Eiferern, verstärkt fort. Im Frühjahr 655 vernichtete eine kleine arabische Flotte die deutlich überlegene christlich byzantinische. Das war die erste große Auseinandersetzung zwischen Christentum und Islam. Letzterer konnte seine Macht und seinen Einfluss im Mittelmeerraum Schritt für Schritt erweitern. Schließlich, durch ständige Überfälle auf Küstenstädte, Eroberung und Besetzung, waren im 9. Jahrhundert das Mittelmeer und dessen Küsten von der übermächtigen Flotte der Araber beherrscht. Durch den langen Aufenthalt auf See wurde die Ernährung der Schiffsbesatzungen zum Problem. Dieses Problem löste man durch Seeräuberei und regelmäßige Überfälle auf andere Schiffe und Küstensiedlungen.

Stetige Kämpfe mit unterschiedlichen Erfolgen, die aber vorwiegend zu Gunsten der Araber verliefen, charakterisierten die Folgezeit. Erst Jahrzehnte später blühte, besonders von der nordafrikanischen Küste aus, von Tunis bis Marokko, das Piratenunwesen auf. Die moslemischen Schiffsführer Horuk und Hayrettin Barbaros waren besonders gefürchtet und erfolgreich. Piratentum, das war, sofern es sich gegen den christlichen Westen richtete, aus islamischer Sicht ein Allah-gefälliges Tun. Der unerschütterliche Glaube und die religiöse Überzeugung waren gleichermaßen moralische Rechtfertigung und Triebfeder. Der Wunsch, der Armut zu entkommen, war eine »angenehme Begleiterscheinung«. Wie aber sollten die krassen Gegensätze, die zum »Heiligen Krieg«, zu Raub und Piraterie führten, über-

Francis Drake:
geadelter Pirat,
mutiger Kapitän
und erfolgreicher
Geschwaderführer.

wunden werden? Bis in die Zeit Drakes und leider darüber hinaus haben sie sich erhalten, wenn auch nicht in dieser extremen Form.

Drake hatte in der Zeit von 1577 bis 1580, mehr als ein halbes Jahrhundert nach Magellan, die Erde umrundet. Diese seemännisch hervorragende Leistung trat voll in den Hintergrund gegenüber dem »Draufgänger« Drake als Freibeuter.

Francis Drake wurde um 1543 (das genaue Geburtsjahr wurde nie ermittelt) in Crowndale nahe Tavistock in Devonshire als eines (ältestes?) von 12 Kindern geboren. Sein Vater Edmund war zu dieser Zeit Farmer und gleichzeitig aktiver Protestant. Im Jahr 1549 wurde die Familie von aufständischen Katholiken vertrieben und verlor ihren gesamten Besitz. In einer alten Hulk auf dem Medway bei Gillingham östlich von London fand die Familie Zuflucht. Von »Wohnen« konnte dabei allerdings kaum die Rede sein, es war eher ein »Hausen«. Vater Edmund wurde Laienprediger für die Arbeiter in Chatham. Das währte nicht lange, denn als Maria I., vermählt mit Philipp II. von Spanien, Königin von England wurde und den Katholizismus in England wieder einzuführen versuchte, musste die Familie zum zweiten Mal fliehen. Vater Edmund war froh, dabei mit dem Leben davon zu kommen.

Wie die meisten Bewohner von Devonshire hatten auch die Drakes Verbindung zur See. Edmund Drake war in seiner früheren Zeit zur See gefahren. Dazu war die Familie verwandt mit der Seefahrerfamilie Hawkins. John Hawkins, erfolgreicher Freibeuter schon vor Drake, wird in diesem Bericht noch öfter erwähnt werden.

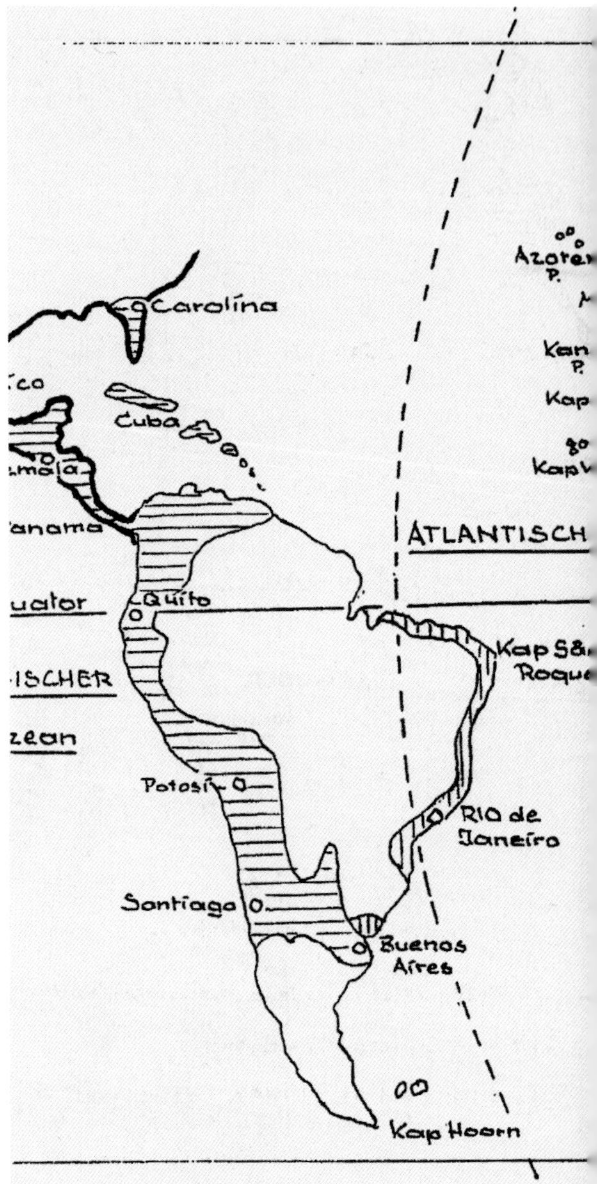

Francis Drake wurde zunächst Schiffsjunge (engl.: apprentice) auf einer Bark, wo er rasch ein guter und lernfreudiger Seemann wurde. Er sammelte in dieser Zeit Erfahrung auf den schwierigen und stürmischen Gewässern der Nordsee und des Kanals. Die zweimalige Vertreibung der Familie während seiner frühen Jugend konnte er nicht vergessen, und so nistete sich in ihm ein unversöhnlicher Hass auf alles Katholische ein. Dieser Hass, zusammen mit seinem ständigen Streben nach Reichtum, war die Triebfeder seines Handelns. Mit seiner Intelligenz und seinem Draufgängertum wurde aus Drake der erfolgreichste Korsar der englischen Krone.

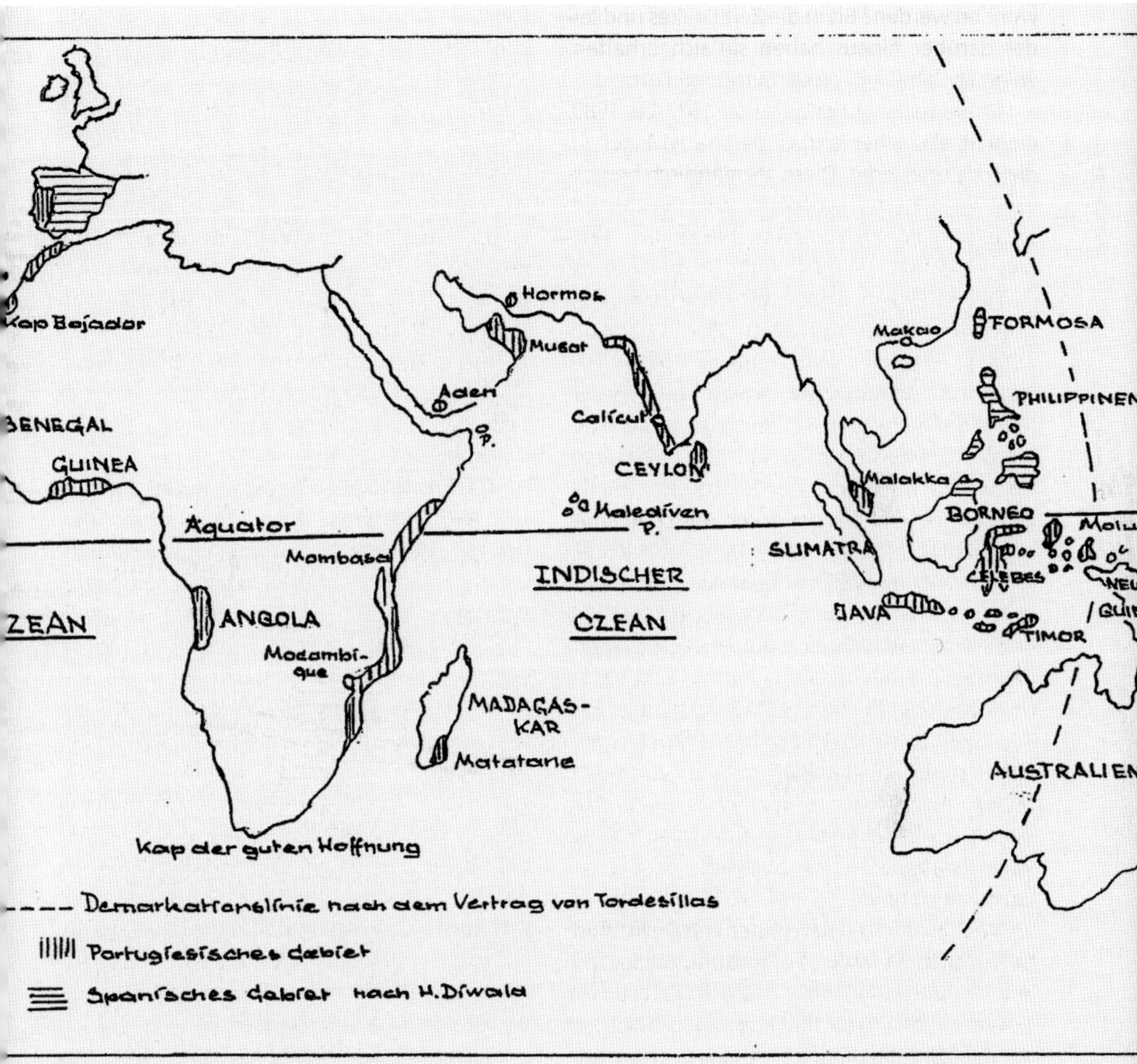

Im Jahre 1494 teilte Papst Alexander VI. im Vertrag von Tordesillas die Welt in ein spanisches und ein portugiesisches Kolonialreich auf.

Will man den Taten und der Bedeutung herausragender Persönlichkeiten gerecht werden, darf man sie nicht isoliert nur als Person betrachten. Man muss ihre nationale und politische Umwelt in die Beurteilung mit einbeziehen.

Wie sahen die Machtverhältnisse in Europa zur Zeit Drakes, also Mitte des 16. Jahrhunderts, aus? Das Königreich Spanien unter Philipp II. war zusammen mit Portugal, in enger Verbindung mit dem Vatikan, unbestritten die dominierende politische, wie auch wirtschaftliche Kraft. Papst Alexander VI. hatte durch den Erlass einer Bulle, die einem Schiedsspruch gleichkam, die Interessen Spaniens und Portugals abgegrenzt. Im Vertrag von Tordesillas, einer Stadt am Duero, wurde diese Aufteilung am 7. Juni 1494 von beiden Ländern anerkannt. Spanien konzentrierte sich auf das Reich der Inkas und Azteken im Norden Südamerikas, Portugal auf die Westküste Indiens und die »Gewürzinseln« in Fernost. Die von ihnen eroberten Länder wurden ihnen darüber hinaus vom Papst »völkerrechtlich« zugesprochen. Die dabei nicht bedachten seefahrenden Nationen, vor allem Frankreich und England, konnten das nicht hinnehmen. Mit der berechtigten Frage, wo die göttliche, sprich päpstliche Gerechtigkeit bliebe, forderte man die Annullierung der ihrer Meinung nach anmaßenden und selbstherrlichen päpstlichen Aufteilung. Dieser Forderung aber wurde nicht entsprochen. Zwei politisch, wie auch religiös verschiedene Machtblöcke standen sich unversöhnlich gegenüber: der evangelische Norden und der vom Vatikan unterstützte katholische Süden.

Zu allem Überfluss und dem friedlichen Zusammenleben im damaligen Europa nicht gerade förderlich, bestand ungeschrieben die groteske Situation, dass an Land zwischen zwei Nationen Frieden herrschte, während sie sich auf See erbittert bekämpften. An Land gab es anerkannte Grenzen, auf See nicht. Die Ozeane waren daher ein »rechtsfreier« Raum, in dem keinerlei Gesetze galten. Ein Freibrief für jede Art von Seeräuberei. Wie aber soll man, um noch einmal auf die Kaperbriefe zurückzukommen, die Schizophrenie verstehen, wenn Päpste und weltliche Herrscher, die christliche Nächstenliebe als höchste menschliche Eigenschaft predigen, andererseits aber schriftlich Genehmigung zu Raub und brutalem Mord auf der offenen See erteilen? War Moral eine Frage der Grenzen, einer willkürlich gezogenen Linie?

Moral hin, Moral her, Frankreich, aber auch England und die Niederlande, wussten den »Freibrief« zu nutzen, und so ist es kein Wunder, wenn so manche gold- und silberbeladene spanische Galeone in einem französischen oder englischen Hafen landete. Die ursprüngliche Besatzung? Die konnte man als Sklaven verkaufen oder sich ihrer »auf andere Weise« entledigen. Ungeachtet dessen waren auch die Spanier und Portugiesen nicht zimperlich, wenn sie ein fremdes Schiff kapern konnten. Die Nationalität spielte dabei eine untergeordnete Rolle.

Das war in groben Zügen das politische Umfeld, als Francis Drake sich nach drei Jahren Handel in Küstengewässern und einer unglücklichen Reise nach Mexiko nach einer neuen Betätigung umsah. In England hatte ein gewisser John Hawkins das Freibeutergewerbe auf einen »hohen Stand« gebracht, und das mit höchster königlicher Rückendeckung. Ob gezielt und bewusst oder unbewusst, Hawkins bekam im Jahr 1566 von seinem Neffen Drake Besuch. Drake erzählte, er sei mit einem Segler in Mexiko gewesen und dort von den Spaniern überfallen und ausgeraubt worden. Er wolle bei ihm anheuern. Da Drake über gute seemännische Kenntnisse und Erfahrung verfügte, war der Handel bald perfekt. Bei der nächsten »Expedition« übernahm Drake die Führung einer kleinen Barke, der *Judith*.

Sechs Schiffe lichteten 1567 Anker. Das Flaggschiff und noch ein weiteres Schiff hatte Königin Elisabeth I. persönlich zur Verfügung gestellt. Das Ziel der Flottille waren spanische Besitzungen in Mexiko. Dort hatten sie auch Erfolg. Das Glück aber war kein Dauergast. Die Schiffe gerieten in einen heftigen Sturm, der viel Schaden anrichtete. Zum Ausbessern der Schäden wurde ein nahegelegener Hafen aufgesucht. Zu ihrem Pech lief aber kurz danach eine überlegene spanische Flottille in den selben

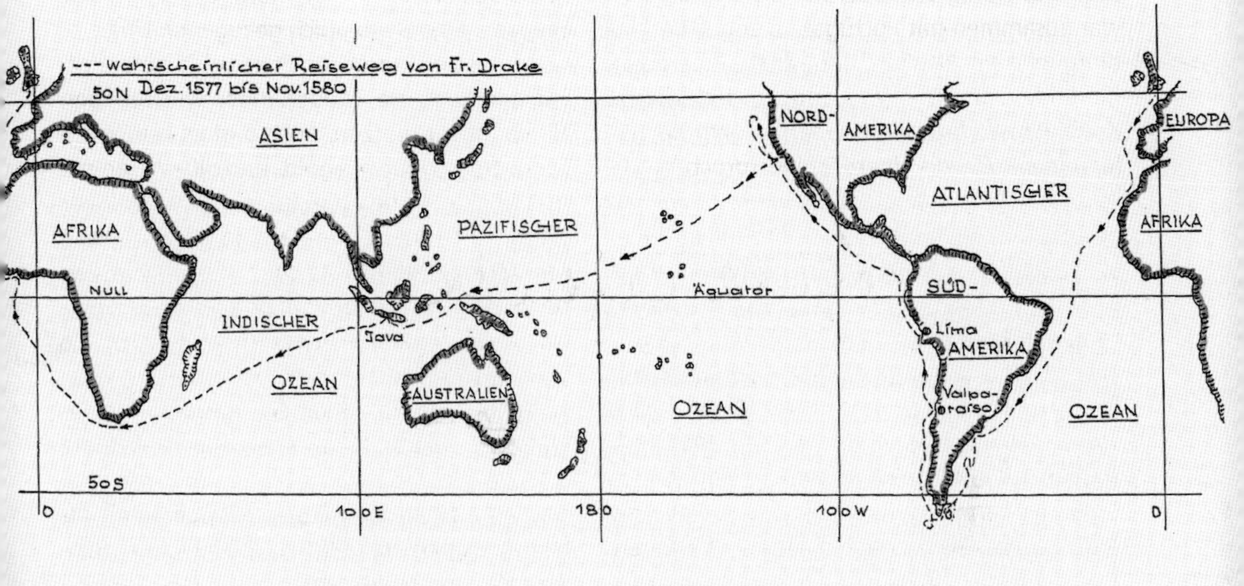

Der Engländer Francis Drake war der erste Seefahrer nach Magellan, dem die Umsegelung der Welt gelang.

Hafen ein. Angeblich durch einen Wortbruch kam es zum Kampf. Die Spanier verloren vier Schiffe, die Engländer auch. Nur mit Mühe und Not konnten Hawkins und Drake mit ihren Schiffen entkommen. Ohne Zwischenfall kamen die beiden mit Schiffen, die mehr Wracks glichen, im Mutterland an. Nicht gerade ein glänzender Erfolg, aber gerade dieses Missgeschick spornte Drake an. Er segelte mit zwei Schiffen auf eigene Faust und Risiko zunächst nach Westindien und richtete dann seinen Bug in die Karibik und nach Südamerika. Ihn interessierten besonders Häfen und versteckte Buchten, sowie die Wege, auf denen die Spanier die geraubten Gold- und Silberschätze nach Hause brachten.

Zurück in England heiratete er 1569 Mary Newman, eine Seemannstochter, die sich voraussichtlich im Klaren war, was es bedeutete, einen Seemann zu heiraten, und noch dazu einen so unruhigen und quirligen wie Drake. Im Mai 1572 warf Drake wieder die Leinen los. Mit zwei kleinen Schiffen und einer Handvoll abenteuerlustiger Männer wollte er Krieg gegen das mächtige Spanien führen. Seine Taktik: Blitzkrieg. Wie aus dem Nichts tauchte er auf, überfiel einen Hafen, raubte ihn aus und war wieder verschwunden, bevor sich eine ernsthafte Gegenwehr formieren konnte. Das war gewagt und ging auch manchmal daneben. Die Wendigkeit seiner kleinen Schiffe, die perfekte Seemannschaft und besonders die Motivation seiner Mannschaft ließen ihn entkommen, wenn sich die Situation zu seinen Ungunsten entwickelte. Alle wussten auch, was auf dem Spiele stand, denn die Spanier machten kurzen Prozess mit gefangenen Korsaren. Seinen größten Erfolg erzielte Drake aber auf dem Land. Nicht umsonst hatte er die Wege ausspioniert, auf denen die Spanier ihre Beute nach Hause brachten. Er überfiel eine Karawane, die auf dem Weg von der Mine zu einem karibischen Hafen war. Die Beute überstieg die kühnsten Erwartungen. Der Boden für Drake wurde heiß, und er segelte auf dem schnellsten Weg nach Hause. Im August 1573 war er zurück in Plymouth. In England wurde er gefeiert, und seitdem war Drake ein Günstling der Königin. Für die Spanier aber war Drake nur noch »El draque«, der Drache.

Drake war sich bei seinem Handstreich darüber im Klaren, dass er gegen die Transporte über den Atlantik keine Chance hatte. Die Spanier segelten in schwer bewachten Konvois. Die Route führte von den Häfen Veracruz (Mexiko) oder Portobelo (Panama) über die Bermudas und die Azoren nach Sevilla. Drake wusste aber auch, dass die Transporte ausgehend von einem peruanischen Hafen (Peru wurde 1531 von dem Spanier Pizarro erobert) per Schiff zur Landenge bei Panama gingen und von dort aus über Land zu einem Atlantikhafen. Den Seeweg von Peru nach Panama, also über den Pazifik, betrachteten die Spanier als ungefährdet. Genau da setzte Drakes Plan an. Er wollte um das gefährliche Kap Hoorn oder durch die Magellanstraße segeln und an der Westküste Südamerikas nach Norden bis Peru. Unterwegs konnte dabei auch der eine oder andere Hafen überfallen und ausgeraubt werden. Königin Elisabeth I., der er diesen Plan unterbreitete, unterstützte Drake nach Kräften, verstand es aber nach außen hin, als unbeteiligt zu erscheinen. Ein offener Krieg gegen Spanien schien ihr zu riskant; durch den beschleunigten Aufbau einer modernen Flotte bereitete sie sich jedoch darauf vor.

Am 10. Dezember 1577 ließ Drake auf seinem 100 t großen Flaggschiff *Pelikan* die Segel setzen und verließ zusammen mit vier weiteren Schiffen England. Offiziell lautete sein Auftrag, das noch unbekannte »Terra Australia« zu suchen. Der Weg um Südamerika herum war für Drake neu. Bekannt ist, dass er die Einfahrt in die Magellanstraße ohne Zwischenfälle erreichte. Nicht eindeutig zu klären ist, ob er in den angeblich sagenhaften 16 Tagen durch die Magellanstraße gesegelt ist, oder außen herum um das Kap Hoorn. Jedenfalls war er gegen Ende 1578 im Pazifik. Zwei seiner kleineren Schiffe, die als Versorgungsschiffe dienten, hatte er wegen Seeuntüchtigkeit aufgeben müssen. Das spricht eher für die Passage außen herum, wo hölzerne Schiffe der enormen Beanspruchung oft nicht gewachsen waren. Der Pazifik war alles andere, als ein »stiller Ozean«, und Drake verlor zwei weitere Schiffe. Drake musste nun allein mit seinem in der Zwischenzeit in *Golden Hind* (Goldene Hirschkuh) umgetauften Flaggschiff das Unternehmen fortsetzen. Valparaiso war der erste Hafen, den Drake überfiel. Dort war man völlig ahnungslos und erkannte die wahre Absicht des einlaufenden Schiffes viel zu spät. So konnte Drake die Stadt ohne erkennbaren Widerstand plündern. Die wertvollste Beute war aber ein Lotse, ein ausgezeichneter Kenner der Gewässer an der Westküste Südamerikas. Unterwegs überholte Drake in aller Ruhe sein Schiff in einer versteckten Bucht, bevor er am 13. Februar in Lima, dem zentralen Verladehafen der Spanier, einlief. Hier passierte das Gleiche wie in Valparaiso. Niemand verschwendete auch nur den geringsten Gedanken darauf, dass ein englisches Schiff auftauchen könnte. Im Gegenteil, für die Spanier war das auftauchende Schiff zunächst ein spanisches. Ein verhängnisvoller Irrtum. Da es sich bei Lima, wie bereits erwähnt um den wichtigsten Hafen handelte, war die Beute Drakes unerwartet groß. Nicht nur die Beute war beträchtlich, sondern Drake hatte auch erfahren, dass kurz vor seinem Eintreffen die spanische Galeone *Nuestra Señora de la Concepción* mit der Jahresförderung an Gold und Silber nach Panama abgesegelt war. Jetzt hatte es Drake eilig. Er setzte jeden Quadratmeter Tuch, den er hatte, und jagte dem Spanier hinterher. Die »Schatzgaleone«, die die Spanier wegen ihrer starken Bewaffnung »Cacafuego« den Feuerspeier nannten, hatte etwa 2 Wochen Vorsprung, aber Drake hatte doch Chancen. Tatsächlich konnte er das Schiff nördlich des Äquators einholen und entern. Bis der ahnungslose Kapitän der spanischen Galeone erkannt hatte, um was für ein Schiff es sich handelte, war es zu einer aussichtsreichen Gegenwehr zu spät. Seine Beute schätzte Drake auf etwa 200.000 Pfund Sterling. Das überstieg selbst seine kühnsten Erwartungen. Großzügig entließ er den unglücklichen Kapitän in die Freiheit. Was nach der ersten Sichtung aber vielleicht am wertvollsten war, das waren viele Seekarten und Skizzen von nautisch und strategisch wichtigen Orten zwischen Südamerika und China, die von den Spaniern bisher streng geheim gehalten worden waren.

Da sich der Überfall bereits nördlich des Äquators ereignet hatte, konnte es nicht lange dauern, bis die Spanier informiert waren. Für Drake war es daher Zeit, sich aus »dem Staub« zu machen. Er konnte sich denken, dass die Spanier alles daran setzen würden, ihm die Beute wieder abzujagen, und sie wussten auch, dass Drake nur mit einem Schiff operierte.

Zunächst richtete Drake seinen Bug nach Norden, wohl in der Absicht, durch die spätere Nordwestpassage zu segeln. Diesen Plan gab er aber etwa beim 48. Breitengrad Nord wieder auf. Er zog es vor, den langen Weg über den Pazifik zu nehmen. In Java nahm Drake noch Gewürze mit an Bord; dafür hatte er wohl noch Platz in seinem mit Beute voll gestopften Schiff. Dann ging die Reise ohne Verzögerung um das Kap der guten Hoffnung nach Hause. Es war Zeit, denn die Stürme und Seen hatten der *Golden Hind* doch erheblich zugesetzt. Am 5. November 1580, drei Jahre nach seiner Abreise, machte das bereits als verschollen geltende Schiff in Plymouth fest. Das äußerlich einem heruntergekommenen »Seelenverkäufer« gleichende Schiff barg in seinem Inneren einen Wert, der heute etwa 50 Millionen DM entsprechen würde. Drake und seine Mannschaft wurden gefeiert wie keine Schiffsbesatzung zuvor. Abgesehen von dem doch erheblichen wirtschaftlichen Verlust, traf Spanien am empfindlichsten, dass seine Häfen an der Westküste Südamerikas nicht mehr sicher waren.

Die seemännische Leistung Drakes, die erste Umrundung der Erde nach Magellan, geriet angesichts der Freude über den Goldsegen und über seinen Erfolg als Freibeuter völlig in den Hintergrund. Dabei hatte Drake nur bescheidene Hilfsmittel für seine Navigation zur Verfügung gehabt: einen Kompass, ein Astrolabium und für einige Gebiete noch Seekarten, die aber sehr ungenau waren. Die erbeuteten Seekarten konnten ihm gegebenenfalls in den schwierigen indonesischen Gewässern nützlich sein. Was die Ortsbestimmung betrifft, so konnte er zwar die geographische Breite mit dem Astrolabium bestimmen, die Länge aber musste Drake aus seinem Kurs, der Zeit und seiner Geschwindigkeit berechnen, oder besser gesagt schätzen, denn alle drei Parameter waren ungenau. Die Abtrift seiner *Golden Hind* konnte ziemlich gut geschätzt werden, aber die Stromversetzung war eine absolut unbekannte Größe. Bleibt die Zeitmessung. Sanduhren waren zu ungenau für eine zuverlässige Navigation, und nur die Geschwindigkeit des Schiffes war relativ gut zu schätzen. Zu schätzen war aber die Fahrt durchs Wasser und nicht die maßgebende Geschwindigkeit über Grund. Unter diesen Voraussetzungen ein Schiff heil durch Stürme und Klippen um die Erde zu segeln, ist eine Leistung, die eine besondere Würdigung verdient.

Der wichtigste Aspekt von Drakes Reise: Sie hat deutlich gemacht, welche globalpolitische Bedeutung der Beherrschung der Meere zugemessen werden musste. Königin Elisabeth I. und ihre Nachfolger haben das zum Wohle Englands erkannt. Politisch konnten Drakes Erfolge als Freibeuter nicht ohne Folgen auf das Verhältnis zwischen Spanien und England bleiben. Das mächtige Spanien konnte diese Demütigung nicht hinnehmen. Beide Seiten scheuten vor einem offenen Krieg noch zurück. Man rechnete aber damit und begann sich vorzubereiten. Drake wurde angewiesen, weitere Unternehmungen zu unterlassen. Dennoch musste es Philipp II., der spanische König, als Brüskierung empfinden, als Elisabeth II. Englands berühmten »Seehelden« auf seiner *Golden Hind* (eine andere Quelle spricht von Greenwich, was wahrscheinlicher ist) aufsuchte, ihn zum Ritter schlug und zum Vizeadmiral der Flotte ernannte. Aus dem Seeräuber Drake war Sir Francis Drake, eine einflussreiche Persönlichkeit Englands, geworden. Drake stand im Alter von 37 Jahren. Bald nach dieser Ehrung, im Jahr 1583, starb seine erste Frau. Ein Jahr später wurde Drake Parlamentsabgeordneter in Nord-Cornwall. Ein weiteres Jahr später heiratete er Elisabeth Sydenham.

Zu dieser Zeit wurde Europa von tiefgreifenden religiösen Spannungen und Kriegen heimgesucht. In Frankreich waren es die Hugenottenkriege, die die Nation schwächten. In England gipfelten die Auseinandersetzungen in der Enthauptung von Maria Stuart, der katholischen Rivalin von Elisabeth I. im Jahr 1587. Im selben Jahr kam es endgültig zum Krieg zwischen Spanien und England.

Zwei Jahrzehnte hatte es die englische Königin mit bewundernswertem Geschick und kluger Diplomatie verstanden, Spanien zu täuschen und zwischen Frankreich und Spanien zu lavieren. Diese Zeit nutzte sie zusammen mit ihrem Berater John Hawkins und dem Schiffbauer Matthew Baker, um eine moderne und schlagkräftige Flotte aufzubauen. Man ging neue Wege sowohl bei den Rümpfen als auch bei den Aufbauten. Das bisher übliche außergewöhnlich hohe Heck wurde niedriger. Die Mehrzahl der neuen Schiffe war kleiner als die spanischen Galeonen, dafür aber deutlich besser in den Manövriereigenschaften. Das sollte sich bald auszahlen. Bestückt waren die Schiffe mit neu entwickelten Kanonen, die auf Grund der Konstruktion der Rohre eine bessere Treffsicherheit und größere Reichweite hatten. Die schlanke Rumpfform garantierte eine gute Geschwindigkeit, ohne dass die Seetüchtigkeit darunter litt. Die Wasserverdrängung lag mit 500 bis 800 t deutlich unter denen der schwimmenden spanischen Festungen. Die englische Admiralität war sich aber darüber im Klaren, dass die spanische Flotte der englischen zumindest zahlenmäßig deutlich überlegen war. Ein Angriff war daher riskant und auch nicht in der Planung.

Und die Gegenseite? Philipp plante eine Invasion in England, seine Landstreitkräfte waren erprobte Kämpfer und auch zahlenmäßig dem überlegen, was England gegen sie einsetzen konnte. Den Zeitpunkt für eine Invasion hielt er angesichts der Ohnmacht Frankreichs durch die Hugenottenkriege für günstig. Die Niederlande waren in spanischer Hand, und von daher konnte eher Unterstützung als Gefahr kommen. Seine Flotte aber wollte Philipp vor der Invasion noch vergrößern. Als erste Kriegsmaßnahme ließ er zunächst alle englischen Schiffe in den von ihm beherrschten Gebieten beschlagnahmen. Die Besatzungen ließ er gefangen nehmen oder kurzerhand töten. Das war der erste Schritt zur Vergrößerung seiner Flotte. Er benötigte Transportschiffe zum Übersetzen seiner Soldaten. In England löste dieser Schritt helle Empörung aus, und es wundert nicht, dass gerade Drake Pläne für eine Rache schmiedete. Er wollte genau das tun, was der Gegner von ihm nicht erwartete. Er wollte »in die Höhle des Löwen«, nach Cadiz, segeln und dort die Hauptmacht der spanischen Schiffe angreifen in der richtigen Annahme, dass diese im Hafen nicht gefechtsbereit und damit auch kein gefährlicher Gegner seien.

Gefährlich waren die Festungsanlagen, die den Hafen schützen sollten, aber war Drake erst einmal mit seinen Schiffen im Hafen, waren auch diese wirkungslos. Elisabeth I., der er seinen Plan unterbreitete, war damit einverstanden. Mit einer Flotte von 23 Schiffen brach

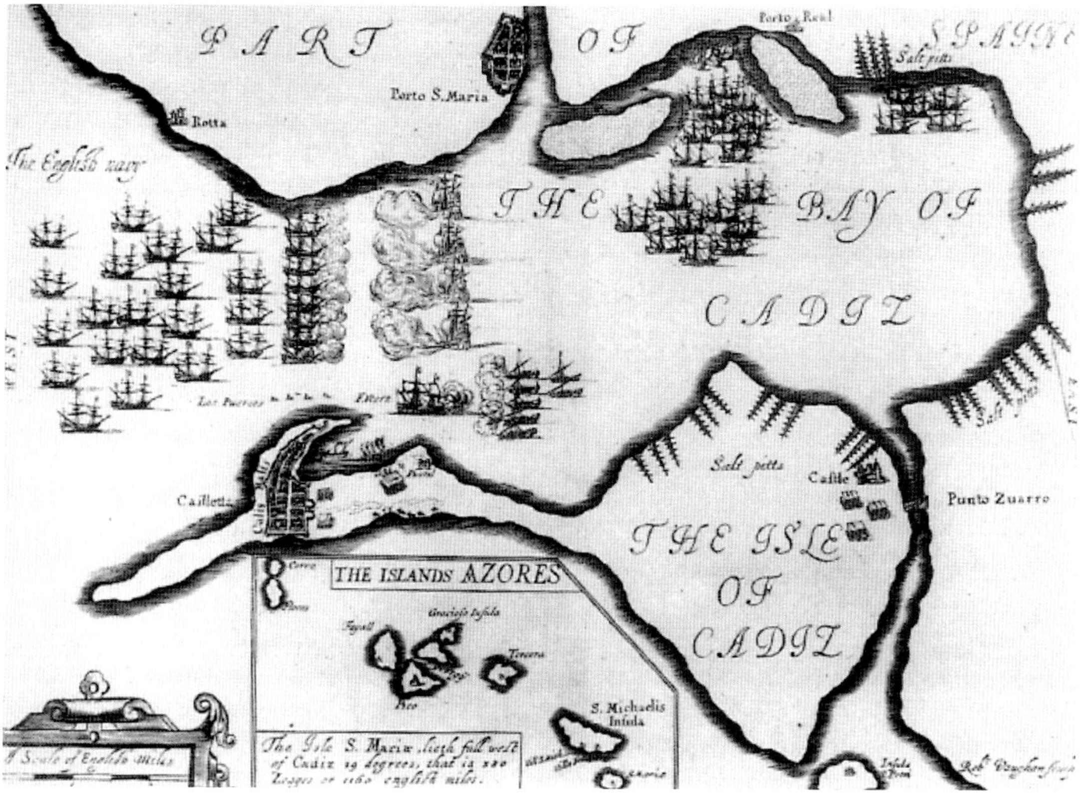

Historische Darstellung des Angriffs der englischen Flotte auf den Seehafen von Cadiz.

Drake im April 1587 auf. Er war noch nicht weit gekommen, da bekam die Königin vor so viel Dreistigkeit doch noch »kalte Füße« und schickte einen Schnellsegler hinterher, um Drake zu stoppen. Zu spät. Das Schicksal nahm seinen Lauf.

Drake erschien vor Cadiz und drang, bevor die ahnungslosen Spanier merkten, was gespielt wurde, in den Hafen ein, wo ihn die Kanonen der Festung nicht mehr erreichen konnten, drehte bei und schoss aus allen Rohren. Das Chaos hätte nicht größer sein können. Was nicht brannte oder sank, rammte das Nachbarschiff oder trieb manövrierunfähig im Hafen und wurde von den Engländern geentert. Fast wäre es noch wegen einer Flaute zur Katastrophe gekommen, aber der Wind hatte ein Einsehen, und Drake konnte mit vier vollbeladenen Schiffen als Prise den Hafen verlassen. Die Zerstörungen im Hafen waren gründlich und der Schrecken lähmend. Es sollen an die 40 Schiffe gewesen sein, die Drake vernichtet oder stark beschädigt hatte. Man war fassungslos. Drake segelte nach Hause und kaperte unterwegs noch eine spanische Galeone, die ausgerechnet auch noch persönliches Eigentum von Philipp II war.

Philipp hatte jetzt nur noch ein Ziel: England und die verhasste Ketzerin zu vernichten. Mit allen zur Verfügung stehenden Mitteln trieb er den Ausbau der Flotte voran. Schließlich überstieg sie in ihrer Größe alles bisher Dagewesene. Sein Plan stand fest: Ohne sich auf große Gefechte einzulassen, mit der geschlossenen

Macht seiner »Armada« in England zu landen und seine Erzfeindin zu vernichten.

Im Jahr 1588 war es dann so weit. Das spanische Kontingent bestand aus einer gewaltigen und imponierenden Streitmacht. Der Kern der angeblich »unbesiegbaren Armada« bestand aus 65 Galeonen, zum Teil mit über 1000 t Verdrängung, gespickt mit Kanonen. Dazu kam eine große Anzahl Truppentransporter, deren Aufgabe es war, den Großteil des Heeres von über 20.000 Soldaten nach England zu bringen. Dabei waren über 1000 Pferde, Geschütze, Verpflegung und Munition. Philipp hatte an alles gedacht, auch an Beichtväter, selbst ein »Geheimschiff« mit Frauen soll nicht gefehlt haben. Glaubt man den Erkenntnissen der Historiker, so waren es 30.000 Mann und 515 Schiffe, die sich am 12. Juli 1588 von La Coruña aus auf See begaben. Andere Quellen sprechen vom 14. Mai, aber das bezieht sich wohl auf den Aufbruch in Lissabon. Für die Besetzung des englischen Territoriums standen in den Niederlanden noch zusätzlich 17.000 Mann bereit. Philipp konnte nicht ohne Grund sicher sein, dass seine Todfeindin Elisabeth I. dieser gewaltigen Streitmacht nichts Gleichwertiges entgegensetzen konnte. Für England stand die nackte Existenz auf dem Spiel, für Spanien schlimmstenfalls die Vormachtstellung und das Prestige.

Als Oberbefehlshaber aller Invasionstruppen, also auch der Flotte, hatte Philipp gegen dessen Willen Alonzo de Guzman, den Herzog von Medina-Sidonia eingesetzt. Der Herzog hatte zwar keine seemännische Erfahrung und wurde zudem auch noch beim geringsten Anlass seekrank, aber das erschien Philipp unwesentlich. Die Flotte sollte Soldaten an Land setzen und keine Seeschlachten ausfechten.

Die Entscheidung Philipps, die er gegen den Rat erfahrener Flottenführer traf, sollte sich bald als falsch erweisen. Auch in der Konzeption seiner Schiffe war Philipp nicht gut beraten. Es waren schwimmende Festungen, die den Engländern haushoch überlegen waren, aber nur im näheren Bereich. Die christliche Flotte, so dachte vermutlich Philipp II., hatte doch vor nur 16 Jahren die überlegene osmanische Flotte vernichtend geschlagen. Warum sollte sich seitdem viel geändert haben? Damals war es aber ein Gefecht mit Enterhaken, Bord an Bord, Mann gegen Mann. Im engeren Sinne also kein »Seegefecht«. In dieser Hinsicht brauchte man die Begegnung mit den Engländern nicht zu fürchten. Aber es kam anders.

Die englische Flotte bestand aus vier Geschwadern mit insgesamt etwa 200 Schiffen (andere Quellen sprechen von deutlich weniger). Ihr Vorteil lag in ihrer Wendigkeit, ihrer größeren Geschwindigkeit und vor allem in der größeren Reichweite und Treffsicherheit ihrer Geschütze. Die Schiffsbesatzung konnten auf eine längere Erfahrung auf See zurückblicken und operierten zudem vor der »Haustüre« in Gewässern, mit denen sie vertraut waren. Howard und Drake führten je ein Geschwader mit ausgesuchter Besatzung, nur Seeleute und keine Soldaten. Seeleute können notfalls Soldaten ersetzen, Soldaten aber keine Seeleute. Als letztes ist noch zu vermerken, dass ihre Schiffe nicht wie die der Spanier vollgestopft mit Proviant und Ausrüstung waren, denn sie operierten vor ihren eigenen Häfen.

Die »Armada« erreichte am 19. Juli 1588 den Eingang des Kanals und drang dicht geschlossen, halbmondförmig, wie bei Lepanto vor.

Es kam aber zunächst nur zu kleineren Gefechten. Sie dienten den Engländern vermutlich nur zum »Abtasten« des Gegners: Wo sind seine Stärken, wo seine Schwächen? Zwei Tage später, am 21. Juli, ging man dann zur Sache. Die zu erwartende Taktik und die überlegene Beweglichkeit der englischen Schiffe wurden deutlich. Drake griff die Armada von hinten an und ließ auch während der Nacht nicht von An-

Die Seeroute der spanischen Armada 1588.

Vernichtung der span. Armada 1588.

griffen ab. Die Spanier verloren dabei zwei Schiffe, das Flaggschiff *Nuestra Señora del Rosario* und die *San Salvatore*, aber das schwächte die Armada nur wenig, so bedauerlich der Verlust auch war. Im Allgemeinen hielt sich Drake an seine Taktik, die Spanier auf Distanz zu halten, so dass sie ihm nicht gefährlich werden konnten, er selbst aber seine Artillerie noch einsetzen konnte. Das war die eigentlich erfolgversprechende Taktik, denn Bord an Bord, wie früher, waren die Spanier mit ihren Soldaten an Bord überlegen. Die Spanier verschossen viel wertvolle Munition, die sie im Gegensatz zu den Engländern nicht ergänzen konnten.

Am 27. Juli ankerte die Armada vor Calais, um Kampfschäden auszubessern und die Truppen des Herzogs von Parma, die als Besatzungstruppen gedacht waren, aufzunehmen. Dazu kam es aber nicht. Howard und Drake nutzten ihre Revierkenntnisse, die ihnen eine einmalige Gelegenheit boten. Während der Nacht ließen sie mit der Tide, die dort einen beachtlichen Strom aufweisen kann, acht sogenannte »Brander« gegen die ankernde Armada treiben. Brander sind ausgediente, mit Teer und Sprengstoff gefüllte Schiffe, deren Ruder festgelascht ist und die in Brand gesteckt werden. Feuer im Schiff, davor haben alle Seeleute großen Respekt. Bei der Armada lösten die Brander ein heilloses Chaos aus. Anker wurden geslippt, und jedes Schiff versuchte auf seine Weise, zu entkommen. Das gelang auch den meisten, aber die Armada war kein geschlossener Verband mehr, sondern in mehrere Gruppen zersprengt, und von einer Übernahme der Soldaten aus den Niederlanden war auch nicht mehr die Rede.

Als es Morgen wurde war genau das eingetreten, was die Spanier vermeiden wollten. Gegenüber der zersprengten Armada konnten Drake und Howard ihre artilleristische Überlegenheit voll ausnützen. Man brachte den Spaniern so hohe Verluste bei, dass an eine Landung am Themseufer nicht mehr zu denken war. Umso mehr, als auch die Truppen des Herzogs von Parma noch in den Niederlanden waren und nicht zur Verfügung standen. Damit war die mit so viel Aufwand und Zuversicht gestartete Operation gescheitert.

Von einer Verbandsführung konnte auch nicht mehr gesprochen werden, und so versuchten die Spanier einzeln oder in Gruppen die Heimathäfen zu erreichen. Damit aber war das Unternehmen nicht nur gescheitert, es eskalierte zur Katastrophe. Der kürzeste Weg zurück durch den Kanal war durch die Engländer versperrt. Der kräftige Westwind trug auch nicht zu einem Versuch bei. Was blieb, war der Versuch nördlich um England herum und über den stürmischen Atlantik zurück. Und das mit teilweise stark beschädigten Schiffen. Ein Weg, viel zu lang, als dass das Wasser und die Verpflegung auch nur annähernd ausgereicht hätten. In diesem Sommer war noch dazu der Atlantik ungewöhnlich stürmisch. Viele Schiffe zerschellten an der felsigen Küste Irlands. Wer sich an Land retten konnte, wurde von den Iren erschlagen. Ein Sterben ohne Ende.

Drei Monate nach dem siegesbewussten Aufbruch lief das, was von der stolzen, unbesiegbaren Armada übrig geblieben war, in den Hafen von La Coruña ein. Mehr als die Hälfte aller Schiffe war gesunken oder gestrandet. Mehr als 10.000 Mann sahen die Heimat nicht wieder, und viele die es geschafft hatten, starben anschließend an ihren Krankheiten. Eine vernichtende Bilanz.

Und England? Auch das trug Wunden, tiefe Wunden davon, aber kein Schiff ging bei den Kämpfen verloren. Eine Entscheidung von geschichtlicher Bedeutung und Tragweite war gefallen. England war gerettet, und Spanien, und mit ihm die Expansion des Katholizismus in den europäischen Norden, entscheidend geschwächt.

An dieser Entwicklung hatte Drake durch geschicktes Taktieren und kluges Vorgehen

Der englische Flottenführer Sir Francis Drake (nach einem Stich von Hondius).

entscheidenden Anteil. Nicht minder aber auch Königin Elisabeth I., die mit beachtenswerter Energie, Weitblick und durch den konsequenten Aufbau einer modernen Flotte die Voraussetzungen für diesen Sieg geschaffen hatte.

Drake stand auf dem Höhepunkt seiner Karriere. Er war anerkannt, nicht nur von seiner Königin. Auch seine Matrosen schätzten ihn. Auf seinen Raubzügen gegen die Spanier schonte er sich selbst nicht und erwartete von seinen Offizieren, dass sie, wenn nötig selbst mit zupackten und das nicht für unter ihrer Würde erachteten, wie das auf vielen englischen Schiffen sonst der Fall war. Für Drake galten allein die Leistung und die bedingungslose Einordnung in die Gegebenheiten und Erfordernisse auf seinen Schiffen. Die Rangordnung war für ihn nicht entscheidend. Das sicherte ihm die treue Gefolgschaft all derer, die von seinem Können unbeirrt überzeugt waren und daher seine Entscheidungen kritiklos mittrugen.

Drake war inzwischen 45 Jahre alt und hatte alles erreicht, was er erreichen konnte. Aber mit 45 Jahren hatte man damals den Punkt der größten Leistungsfähigkeit überschritten. Bei seinen erfahrenen Offizieren kamen Zweifel auf. Was ihnen missfiel und was sie bedenklich machte, waren Drakes Selbstherrlichkeit und sein Unvermögen, Kritik oder auch nur sachliche Einwände zu akzeptieren. Drake war aus bescheidendsten familiären Verhältnissen kometenhaft zum Vizeadmiral und zum gefeierten Helden der englischen Nation aufgestiegen. Dieser charakterlichen Belastung war er offensichtlich nicht gewachsen. Von der Richtigkeit seiner Entscheidungen war er so fest überzeugt, dass es ihm nicht in den Sinn kam, auch andere Meinungen aus seiner erfahrenen Umgebung sachlich und unvoreingenommen zu prüfen.

Drakes Erfolge waren auf seinen Mut, aber auch zu einem erheblichen Teil auf die Sorg- und Ahnungslosigkeit der Spanier zurückzuführen. Dass das nicht so bleiben konnte und die Spanier aus ihren Niederlagen die erforderlichen Schlüsse ziehen würden, damit hätte Drake rechnen müssen, aber er war sich seiner weiteren Erfolge absolut sicher. Das war sein größter Fehler. Die Sorge seiner älteren Offiziere sollte sich bestätigen.

Im Jahr 1589 sollte Drake dafür sorgen, dass von der Iberischen Halbinsel, von Philipp II., ein für alle Mal keine Gefahr mehr für England ausgehen könnte. Ein etwas hoch gegriffenes Ziel. Als erstes sollte der Hafen von La Coruña erobert werden, aber Drake musste unverrichteter Dinge wieder abziehen. Er versuchte es in Lissabon, aber auch da holten sich die Engländer blutige Köpfe. Die Spanier waren auf der Hut. Für Drake waren diese Misserfolge nicht nur eine moralische Ohrfeige, sein Glücksstern und sein Ansehen waren deutlich gesunken. Wo blieb der unbesiegbare Held? Aber noch glaubten viele, diese Pannen seien nur ein »Ausrutscher« gewesen.

Im September 1595 startete Drake sein nächstes Unternehmen. Es sollte sein letztes sein, begleitet von vielen Hoffnungen und Erwartungen auf Beute und Reichtum. Mit Las Palmas auf Gran Canaria glaubte er leichtes Spiel zu haben und damit die Scharte auf dem spanischen Festland wieder auswetzen zu können. Admiral Hawkins, sein Onkel, der ihn begleitete, riet dringend von einem Angriff auf den Hafen ab, aber Drake war unbeirrbar seines Erfolges sicher und schlug alle berechtigten Einwände in den Wind. Er verließ sich auf die sicher beachtliche Feuerkraft seiner Geschütze. Es kam, wie es kommen musste. Alle Landungsversuche scheiterten an dem entschlossenen und erbitterten Widerstand der gut vorbereiteten Spanier. Drake wurde blutig abgewiesen. Nur seine Wasservorräte konnte er in einer abgelegenen Bucht noch ergänzen. Die Flotte überquerte den Atlantik. Drake wollte nach San Juan auf Porto Rico. Dort würden ungeheuere Reichtümer zu erobern sein. Damit versuchte er, seine Männer zu motivieren. Die Flotte segelte zunächst nach Guadeloupe, wo man sich einige Tage aufhielt. um dann nach San Juan aufzubrechen. Drake hatte den Angriff auf den 16. November festgesetzt. Er setzte, koste es was es wolle, auf Sieg, was ihn zu einer realistischen Einschätzung seiner Chancen unfähig machte. Der Angriff kam nicht voran. Zu wirksam war das Abwehrfeuer der Spanier, die bereits vom Kommen Drakes informiert waren. Auch übles Schimpfen auf die Soldaten, dass sie feige seien, nutzte nichts. Die Verluste waren zu hoch, und ein Landungsboot nach dem anderen wurde versenkt. Nur sehr widerwillig musste Drake das Missglücken seines Angriffs eingestehen und sich mit der Flotte zurückziehen. Noch gab Drake nicht auf. Er glaubte, einen Erfolg erzwingen zu müssen. Ohne den wollte oder konnte er nicht zurückkehren.

Drake segelte nach Panama. Da von See her ein Angriff ohne Chance gewesen wäre, wie auch Drake einsah, glaubte er, auf dem Landweg zu einem Erfolg zu kommen. Von dieser Seite, davon war er überzeugt, erwarteten die Spanier sicher keinen Angriff. Wie auf allen Expeditionen hatte Drake ein beachtliches Kontingent Seesoldaten an Bord. Die sollten jetzt die Aufgabe lösen. Mit einer Streitmacht von immerhin 900 Soldaten marschierte Generaloberst Baskerville los. Was man sicher nicht ausreichend einkalkuliert hatte, waren das mörderische Klima und der fieberverseuchte Urwald. Zwei äußerst mühsame und verlustreiche Tage lang quälten sich die Soldaten vorwärts. Die Spanier aber, denen das Unternehmen nicht verborgen geblieben war wussten, an welcher engen Stelle sie der körperlich schon erheblich geschwächten Streitmacht Einhalt gebieten konnten. Das glückte ihnen ohne eigene Verluste. Ein geschlagener und dezimierter Haufen kehrte schließlich zu den Schiffen zurück. Immer mehr Soldaten und auch Seeleute, die dieses dumpffeuchte Äquatorklima nicht gewohnt waren, fielen ihm zum Opfer Auch Drake blieb nicht verschont. Ein heftiges Fieber überfiel ihn. Er starb am 28. (23.) Januar 1596. Sein letztes Ziel fasste er in die Worte: »Ehe wir England wiedersehen, müssen wir Gold haben.« Dieses Ziel hat er nicht erreicht.

Durch seine unzerstörbare Selbstsicherheit hatte er den Blick für die Realität, für das Machbare verloren. Seine Gier nach Reichtum und Anerkennung hat ihn sein ganzes Leben bis zum Tode begleitet. Auf seiner letzten Kaperfahrt zeigte sie sich als besonders unheilvoller Ratgeber.

Unberührt davon aber bleiben seine Verdienste um England. Er war unbestritten ein exzellenter Kapitän, Seemann und Nautiker. Bei der Vernichtung der spanischen »Armada« bewährte er sich als kluger Taktiker. Seine beste Leistung als Kapitän aber war seine Umsegelung der Erde. Seine *Golden Hind* hatte er heil und beladen mit einer Millionenbeute nach England zurückgebracht.

William Bligh – Tyrann der *Bounty* oder übermotivierter Kapitän?

Sein Vorbild war James Cook, einer der besten Kapitäne der englischen Admiralität. Dabei ist zu berücksichtigen, dass Kapitän Cook nicht Kommandant eines Kriegschiffes war, sondern England durch seine erfolgreichen Entdeckungsfahrten erhebliche Vorteile verschaffte. Das insbesondere durch seine kartographischen Arbeiten, die fast bis Ende des 19. Jahrhunderts Gültigkeit hatten. In diese Richtung tendierte auch William Bligh.

Er wurde als Sohn von Francis und Jane Bligh am 9. September 1754 in Plymouth geboren. Seine Jugend verbrachte er auf der Marinebasis von Plymouth, wo sein Vater als Zolloffizier für ein angemessenes Einkommen der Familie sorgte. Seinem Sohn öffnete er das Tor zur Marine. William machte rasche Fortschritte, sowohl was mathematische, als auch navigatorische Aufgaben betraf. Er war noch keine acht Jahre alt, da stand er bereits in der Musterrolle der *Monmouth* als »Captain's Servant«. Mit 15 Jahren war er auf der *Hunter* und im Alter von 20 Jahren auf der *Ranger* als »Midshipsman« tätig. Auf der *Hunter* blieb er sechs Jahre. Kapitän James Cook muss sich von ihm viel versprochen haben, denn er engagierte ihn für seine dritte Reise als »Master« auf der *Resolution*. Cook wäre es aufgefallen, wenn sich Bligh gegenüber der Mannschaft brutal und überheblich verhalten hätte. Aus eigener Erfahrung heraus hätte er sich dann nach einem anderen Offizier umgesehen.

Nach einer seiner Reisen in die Südsee hatte Cook von Brotfruchtbäumen berichtet, die außerordentlich ergiebig seien. Daraufhin stellten westindische Pflanzer im Mutterland den Antrag, diese als billige Nahrung für Sklaven zu beschaffen. Das war im Mai 1787. Das Ansinnen wurde akzeptiert, und die Admiralität kaufte für diesen Auftrag die *Bethia*, einen Dreimaster von 230 t mit geringem Tiefgang, damit der Transportweg von der Küste zum Schiff nicht zu lange würde. Das Schiff wurde für die lange Reise und für die Aufnahme so vieler kleiner Bäume hergerichtet und ausgerüstet. Getauft wurde das Schiff auf den Namen *Bounty*, was »Freigebigkeit« oder »reiche Gabe« bedeutet.

Am 16. August wurde der 33 Jahre alte Lieutenant William Bligh auf die *Bounty* als deren Kommandant befohlen. Er war für das Unternehmen bestens qualifiziert. Er war bei Cook schon auf dessen Reise in die Südsee gefahren und kannte Tahiti, wo man die Bäumchen holen wollte. Außerdem war bekannt, dass er auf der Südseereise hervorragende Karten und Küstenansichten zur Navigation gefertigt hatte. Man erwartete eine willkommene Ergänzung der Arbeiten von Cook.

Bligh inspizierte die *Bounty* und veranlasste, dass die Masten vor der Abreise noch gekürzt würden. Ein Beweis für seine Erfahrung, Ver-

William Bligh: Er kam zu Weltruhm durch die Meuterei auf seinem Schiff *Bounty*. Seine 3618 sm lange Reise mit der Launch, dem Beiboot der *Bounty*, hätte den Ruhm viel eher gerechtfertigt.

antwortung und Umsicht. Kapitäne, die Treiber und Menschenschinder sind, verzichten nicht auf schnelle Reisen und kürzen keine Masten.

Am 23. Dezember 1787 legte die *Bounty* im Hafen von Spithead ab. Nach Proviantergänzung in Teneriffa wurden die Tagesrationen nicht etwa größer, sondern gekürzt. Das war angesichts der Unsicherheit im Hinblick auf die Dauer der Reise richtig, verärgerte aber die Mannschaft, die für diese vorausschauende Maßnahme kein Verständnis hatte. Die *Bounty* segelte Richtung Kap Hoorn. Dort versuchte

Bligh 30 Tage lang vergeblich, dieses verdammte Kap zu umrunden. Ständige Stürme und Strom waren gegen ihn. Zudem war auch sein Schiff, wie die meisten der damaligen Zeit, konstruktiv nur sehr beschränkt geeignet, gegen den Wind aufzukreuzen. Stürme zwangen zu starkem Reffen, und mit einem handtuchgroßen Trysegel wird das Kreuzen noch schlechter. Spätestens hier hat sich aber seine Maßnahme, die Rationen zu kürzen, als richtig erwiesen. Bligh musste einsehen, dass es zwecklos war, weiter gegen See und Wind anzubolzen. Er gab auf, drehte ab und versuchte, auf dem Weg über das Kap der guten Hoffnung sein Ziel zu erreichen. Der Weg war zwar erheblich weiter, aber er konnte hoffen, schneller dort zu sein. In Tahiti kam er am 26.10.1788 an. Im Golf von Matavai fiel der Anker. Die Reise hatte mehr als 10 Monate gedauert. Das war eine lange Zeit, aber das konnte Bligh nicht zur Last gelegt werden.

Volle 23 Wochen blieb die *Bounty* in Tahiti. In dieser Zeit ließ Bligh über 1000 Schösslinge von Brotfruchtbäumen sammeln und dazu auch noch viele andere Pflanzen. Im Schiff räumte er seine geräumige Kajüte für die Unterbringung der Bäume und zog selbst in einen kleineren Raum. Das spricht auch nicht gerade für einen Despoten. Während der Zeit in Tahiti machte Bligh auch botanische Studien und Notizen über Fauna und Flora.

Andere »Studien« machten seine Matrosen und auch Offiziere, die mehr Interesse für die zweifellos hübschen, aber auch überaus aufgeschlossenen eingeborenen Mädchen hatten. Das angenehme Leben an Land war leider der Disziplin seiner Leute nicht förderlich. Bligh war in diesem Punkt vermutlich zu großzügig und nachsichtig. Seine Absicht, der Mannschaft die verdiente Erholung zu gönnen, wurde missbraucht und nicht belohnt.

Die Aussicht, sich wieder der Schiffsroutine mit all ihren Entbehrungen unterordnen zu müssen, hing wie ein Damoklesschwert über der Mannschaft. Mit Sicherheit war das ein entscheidender Anlass für die spätere Meuterei. Sehr zum Missfallen von Bligh stürzte sich auch sein 3. Offizier, Fletcher Christian, in das süße Leben. Es gab Verwicklungen mit einer Häuptlingstochter, was scharfe Auseinandersetzungen mit Kapitän Bligh zur Folge hatte. Zu allem Übel desertierten auch drei Matrosen, und nur durch erheblichen Druck auf die Eingeborenen, die auf der Seite der Mannschaft standen, kamen sie aus ihrem Versteck wieder zurück an Bord. Es war höchste Zeit, die Insel wieder zu verlassen und die Disziplin an Bord wieder herzustellen. Bligh hatte die Zügel zu lange schleifen lassen.

Am 4. April 1789 verließ die *Bounty* die Insel. Auf See musste Bligh feststellen, dass die Mannschaft nur sehr unwillig ihre Arbeit erledigte. Bligh glaubte wohl, dass sich das geben werde, und ignorierte das unüberhörbare Murren und Tuscheln. Dass sie durch eine Meuterei das süße Leben auf der Insel fortzusetzen gedachte, auf diesen Gedanken kam Bligh offensichtlich nicht.

Am Abend des 28. April kam es wegen gestohlener Kokosnüsse zu einer harten Auseinandersetzung zwischen Bligh und seinem 3. Offizier Christian. Bligh war verärgert, nahm den Vorfall aber nicht weiter tragisch und ging zu Bett. Seine Kajüte hatte er nicht abgeschlossen, und Waffen hatte er nicht bei sich. An alles dachte er, nur nicht an eine Meuterei.

Lassen wir Bligh selbst berichten: »Am frühen Morgen des 29. April kurz vor Sonnenaufgang kamen Christian und drei weitere schwerbewaffnete Besatzungsmitglieder in meine Kajüte rissen mich aus dem Schlaf, erklärten mich als gefangen und schreckten nicht zurück, mich zu fesseln. Widerstand war zwecklos, denn die Meuterer hatten sich durch einen Trick Waffen beschafft und ihr Vorhaben gut vorbereitet.« An Deck entspann sich eine heftige Diskussion, wobei sich herausstellte, dass nur ein Teil der Besatzung die Meuterei unterstütz-

Nur sieben Meter lang und zwei Meter breit war die Launch, in der Bligh und 18 Getreue von den Meuterern auf der *Bounty* ausgesetzt wurden.

te. 25 Mann schlossen sich ihr an, wobei einige nur nicht den Mut hatten. sich auf die Seite von Bligh zu stellen und sich deshalb neutral verhielten. 18 Mann wollten sich an der Meuterei, auf der in England grundsätzlich die Todesstrafe durch Erhängen stand, nicht beteiligen. Christian entschied, Kapitän Bligh und seine Getreuen in einem Boot auszusetzen. England war weit weg, und der Pazifik würde ohnedies sein Übriges tun.

Nur widerwillig gestand man den Leuten um Bligh die *Launch* zu. Ein offenes Boot mit gerade 23 Fuß (7m) Länge, 6,9 Fuß (2m) Breite und 2,9 Fuß (0,85m) Tiefgang. Die 19 Mann mussten sich in das Boot begeben. Sie bekamen etwas Verpflegung und Wasser mit, aber das reichte selbst bei äußerster Sparsamkeit kaum für zwei Wochen. Waffen wurden ihnen verweigert, nur 4 Entermesser wurden widerwillig im Austausch gegen eine Uhr ins Boot geworfen. Ob Bligh einen Kompass mit ins Boot retten konnte, wie aus einer Quelle hervorgeht, ist fraglich, aber möglich. Das Boot, mit 19 Mann bei 7 Meter Länge völlig überbesetzt, stieß ab. Die Chancen in dem offenen Boot mit dem geringen Freibord im offenen Pazifik zu überleben, tendierten gegen Null. Bei wenig Wind ruderten die Leute zunächst in Richtung Tofua. Eine der bewundernswertesten Leistungen in der Geschichte der Seefahrt begann. Die *Bounty* steuerte Westnordwest, wahrscheinlich, um ihr wahres Ziel zu verschleiern.

Blighs erster Gedanke war, in Tofua den Bestand an Wasser und Lebensmitteln aufzubessern. Das Boot erreichte die Insel bei günstigem Wind noch am 29. April. Einige Männer gingen an Land und konnten Wasser und auch einige Kokosnüsse bekommen. Als sie zum Boot zurückkehrten, wurden sie von Eingeborenen mit Steinen angegriffen. Blighs Quartermaster John Norton wurde dabei am Kopf getroffen und getötet. Die anderen entkamen mit knapper Not.

Diese schmerzliche und folgenreiche Erfahrung war für Bligh Anlass, die am Weg liegenden Inseln zu meiden und zu versuchen, die nächste Niederlassung von Europäern zu erreichen. Das war Timor in Niederländisch-Westindien. Bligh schätzte, in ca. sechs Wochen dort zu sein. Das war ein langer und gefahrvoller Weg.

Zwischen dem 4. und 7. Mai durchsegelte Bligh die Fidschi-Inseln, deren Eingeborene damals noch als Kannibalen galten. Zwischen dem 14. und 15. Mai passierten sie die nördlichsten Inseln der neuen Hebriden. Während all dieser Zeit war denkbar schlechtes Wetter: schwere Stürme, ständig Regen, kalte Nächte und brechende See. Von einem »stillen Ozean«, einem Pazifik, konnte nicht die Rede sein. Ungeachtet der denkbar ungünstigen Verhältnisse, denen die Besatzung und auch Bligh schutzlos ausgeliefert waren, führte Bligh in weiser Voraussicht ein Tagebuch, in das er alle Einzelheiten der beschwerlichen Reise, wie gegisster Standort, geschätzte Etmale, Wetter, sowie Verpflegung und Befinden der Besatzung eintrug.

Während anfangs die Leute noch bei guter Gesundheit und widerstandsfähig waren, änderte sich das rasch mit der zunehmenden Dauer der entbehrungsreichen Reise. Lesen wir in Blighs Tagebuch:

17. Mai: »Das bisschen Rum, das wir hatten, war sehr nützlich, denn unsere Nächte waren teilweise qualvoll. Ich sah für jeden 2 Teelöffel vor ... Kurs seit gestern Mittag: WSW, Etmal: ca. 100 Meilen...«

Montag, 18. Mai: »Frische steife Brise mit Regen und eine dunkle, düstere, nicht enden wollende Nacht. Wind: SE . Die See bricht sich ständig über uns, und nichts als Wind und See bestimmen unseren Kurs ... Gegen Mittag ließ der Regen nach, aber jeder klagte über heftige Schmerzen in den Knochen. Ich war überrascht, dass keiner jetzt darnieder lag. Gab ein 25stel von 1 Pfund Brot aus und 1/4 Pint Wasser.« (1 Pint = 0,473 Ltr.)

Dienstag, 19. Mai: »Heftige Winde aus ENE mit starkem Regen, keine Sicht zur Sonne. Wir verbrachten den Tag schlecht, nass und kalt, überschüttet vom Regen und der See, von der wir keine Erleichterung hatten, aber in der Zwischenzeit konnten wir unsere Kleider auswringen. In der Nacht heftige Blitze, aber ansonsten war es so dunkel, dass wir uns nicht sehen konnten... Tag und Nacht waren wir gezwungen, ohne Unterbrechung zu lenzen.«

Mittwoch, 20. Mai: »Frische Brise aus ENE mit ständigem Regen, zeitweise sintflutartig. Wir mussten ständig lenzen. Gegen Abend schienen mir einige meiner Leute halb tot. Ihre Erscheinung war schrecklich, und in ihren Augen war die Qual zu sehen. Extremer Hunger war nun zu deutlich, aber niemand litt an Durst, noch hatten wir große Lust zu trinken. Dieser Wunsch ist vielleicht durch die Haut gestillt worden. Das bisschen Schlaf, das wir hatten, verbrachten wir in der Nässe und erwachten stets unter Krämpfen und Schmerzen in den Gliedern.«

Freitag, 22. Mai: »Starker Sturm von ESE bis SSE, hohe See und tief dunkle Nacht. Unsere Lage war heute extrem beklagenswertx«

Samstag, 23. Mai: »Heftiger Sturm mit hohem Seegang und Regen. Die Not, die wir an diesem Tage litten, übersteigt das Vorangegangene. Die Nacht war schrecklich. Die See flog über uns mit großer Wucht und hielt uns in Schrecken und Angst. Gegen Abend fand ich jeden in einer sehr schlechten Verfassung, und ich begann zu fürchten, dass noch mal so eine Nacht für einige den Tod bedeuten würde. Gegen Mittag wurde das Wetter besser. Mit

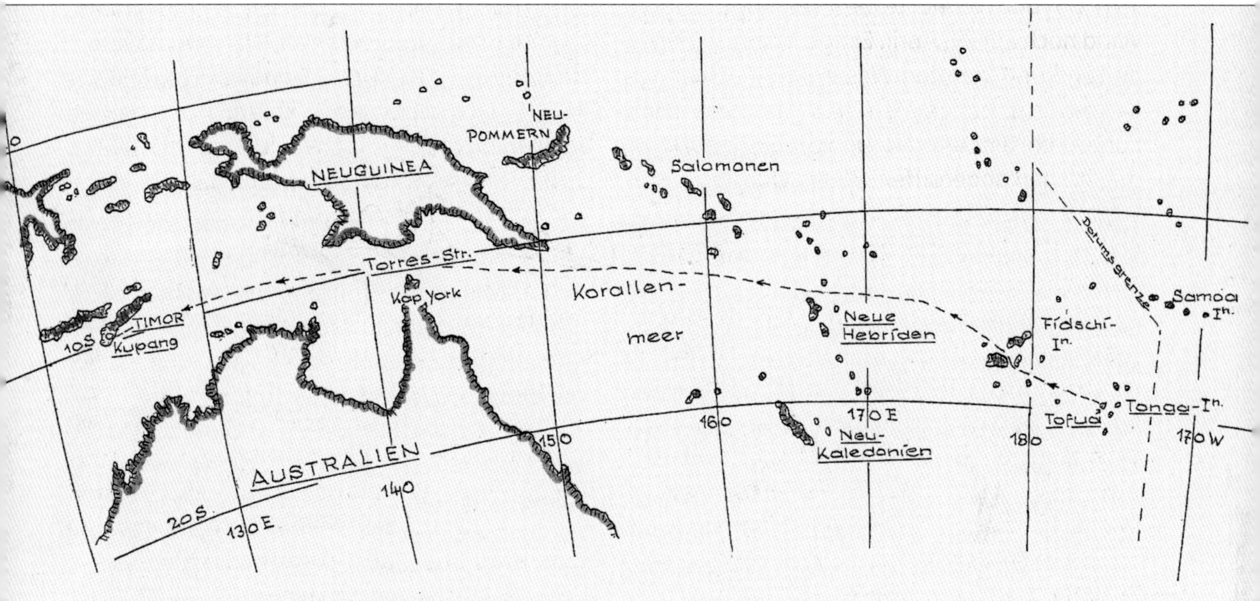

Beeindruckend: Die Seeroute, die Bligh und seine Männer im offenen Beiboot der *Bounty* in 41 Tagen bewältigten. Es war eine Distanz von 3618 sm.

großen Schwierigkeiten nahm ich das Mittagsbesteck. Etmal: 116 Meilen.« Bligh muss also einen Sextanten mit ins Boot gerettet haben.

Trotz der bis an die äußerste Grenze des Erträglichen gehende Belastung, gab ihnen die Tatsache, dass sie bisher bei diesem Wetter hatten bestehen konnten, auch Hoffnung und Zuversicht, überleben zu können. So merkwürdig es klingen mag, aber gerade das schlechte Wetter und der ständige Regen waren ihre Rettung. Sonne und Hitze hätten, so nahe am Äquator, Verdursten und den sicheren Tod bedeutet.

Bligh steuerte die »Endeavour Strait« (heutige Torresstraße) an. Am Eingang der Straße konnten sie in einer kleinen Bucht Wasser und Austern finden. Durch die schwierige Torresstraße kamen sie mit ihrer »Nußschale« gut durch, und endlich, am 41. Tag ihres Leidensweges gegen 3.00 Uhr früh, war Land in Sicht. Es war die Insel Timor. Abgemagert bis zum Skelett, hohläugig und am Ende ihrer Kräfte, waren einige nicht mehr in der Lage, das Boot selbst zu verlassen. Sie mussten getragen werden. In Kupang, an der SW-Ecke von Timor, erhielten sie jede erdenkliche Hilfe und Unterstützung. Langsam, sehr langsam begannen sie, sich zu erholen.

Mit dem Schooner *Resource* verließen sie Kupang und segelten nach Batavia, dem heutigen Djakarta, das sie am 1. Oktober 1789 erreichten. Von dort aus fuhren sie am 20. Januar 1790 nach Europa ab und liefen am 14. März in Portsmouth ein. Vier von Blighs Leuten war es nicht vergönnt, die Heimat wiederzusehen. Sie starben in Kupang bzw. auf der Heimreise an den Folgen der vergangenen Strapazen.

In England, wo sie längst als vermisst abgeschrieben waren, kam es zwangsläufig zu einer Gerichtsverhandlung, wie immer, wenn ein Kapitän sein Schiff verloren hatte, gleichgültig aus welchem Grund. Nach Anhörung aller Fakten wurde Bligh freigesprochen. Sein Tagebuch, das im gleichen Jahr noch veröffentlicht wurde, könnte dabei von Bedeutung gewesen sein. Bligh wurde rehabilitiert und als Kapitän und Kommandeur voll bestätigt.

Nicht lange danach erschienen in England Bücher auf dem Markt, die Bligh als hartherzigen, brutalen, ja sogar als sadistischen Leuteschinder darstellten. Selbst ein »Historiker« schilderte ihn als außerordentlich grausam. Die Vermutung liegt nahe, dass dieser »Historiker« die Darstellung der anderen Bücher kritiklos übernommen hatte. Wie konnte es zu dieser Beurteilung kommen? Fletcher Christians Bruder, Rechtsprofessor in Cambridge, wollte seinen Bruder sicher entlasten. Einen Meuterer als Bruder zu haben, war keine Empfehlung in England, noch dazu für einen Professor. Zwei der Meuterer, die man aufspüren und nach England bringen konnte, wollten vor Gericht verständlicherweise ihren Kopf aus der Schlinge ziehen. Was lag näher, als Bligh vorzuwerfen, dass er durch sein brutales, menschenverachtendes und despotisches Verhalten die Mannschaft gleichsam zur Meuterei gezwungen habe. Sie hätten nicht anders gekonnt, als sich von diesem Joch, von dieser »Hölle« zu befreien. Fletchers Bruder hatte als Professor einflussreiche Freunde, die bereit waren, dessen Bemühungen zu unterstützen. Zu der verzerrten Beurteilung Blighs haben auch die Aussagen eines zum Tode verurteilten, aber begnadigten Meuterers, Peter Heywood und ein Manuskript von James Morrison, ebenfalls Meuterer, beigetragen. Das Manuskript wurde im Jahre 1825 veröffentlicht. Es stellt Bligh als »ungeeigneten Kommandanten« und »knauserigen« Kapitän dar. Der Vorwurf der Ungerechtigkeit fehlt allerdings. Vor der Rückkehr nach England gab es eine Vernehmung von drei Matrosen, die sich nicht an der Meuterei beteiligt hatten. Alle drei entlasteten Bligh übereinstimmend mit der Feststellung, dass kein Grund zu einer Meuterei bestanden habe und sie sich deshalb auch nicht daran beteiligt hätten. Diese Aussage wurde bei keiner Anschuldigung gegen Bligh erwähnt.

Viele Jahre später nahm sich Gavin Kennedy, ein seriöser Historiker, der Vorgänge um Kapitän Bligh und die *Bounty* an. Er wurde von der richtigen Überlegung geleitet, dass von Seiten der Meuterer oder deren Verwandtschaft wohl kaum eine objektive Beurteilung zu erwarten sei. Umfangreiche Ermittlungen und gründliche Nachforschungen führten dann auch zu dem eindeutigen Ergebnis: Die Bücher und die sogenannten »Dokumente« strotzten nachweisbar von Verfälschungen bis zu eindeutigen Unwahrheiten. Auch George Mackenes schreibt in seiner Biographie von Bligh, bei der er bedingungslose Objektivität als unerlässlich bezeichnet: »Ich sehe wenig Grund, den Fletcher Christian gehabt haben könnte, gegen Bligh zu meutern. Unverständlich ist, dass Jahre nach der berühmten Meuterei auf der *Bounty* und eindeutiger Klarstellung der Ereignisse Kapitän Bligh immer noch da und dort als Despot, Menschenverächter und Menschenschinder dargestellt wird.«

Eingeräumt werden muss aber, dass auch Bligh nicht ganz entlastet werden kann. Er stellte hohe Ansprüche an sich und auch an seine Untergebenen. Es ist nicht ganz von der Hand zu weisen, dass seine Erwartungen zu hoch und an seiner eigenen Haltung orientiert waren.

Das musste zu Spannungen führen, wenn er seine eigene Motivation zum Maßstab für seine Matrosen nahm, die zum größten Teil keineswegs freiwillig ihren Dienst auf den Schiffen der englischen Marine taten. Bei Bligh führte es vermutlich zu Irritation und zu gelegentlichen Überreaktionen. In diesem Zusammenhang ist es sicher von Interesse, dass die Meuterei auf der *Bounty* zwar die bekannteste, keineswegs aber die einzige in der englischen Marine war. Sie war vielleicht die einzige, die ohne Blutvergießen verlief. Im Jahre 1797, keine acht Jahre später, wurde die britische Flotte, soweit sie in den Heimatgewässern war, durch eine Meuterei lahmgelegt. Auch Blighs Schiff war betroffen. Nach Beendigung der Meuterei soll sich Bligh gegenüber seiner Mannschaft aber als durchaus »humaner« Kapitän gezeigt haben. Zurück zu der eindrucksvollen Reise Blighs von Tofua nach Timor. Sie ist und bleibt eine der größten Leistungen in der Geschichte der Seefahrt, nicht nur der Englands. Bligh war es, der durch seinen unerschütterlichen Willen durchzuhalten, seine Mannschaft am Aufgeben hinderte und damit 13 seiner Männer das Leben rettete. In einem offenen nur sieben Meter langen Boot, unbezwungen von Sturm, Kälte und Nässe, mit einem Minimum an Verpflegung 41 Tage der See zu trotzen und 3618 Seemeilen zurückzulegen, ist eine großartige Leistung, seemännisch wie auch menschlich gesehen. Dass Blighs Fähigkeit als Navigator für das Gelingen der Reise ausschlaggebend war, ist zusätzlich unbestritten.

Bligh hat sich damit einen unverrückbar festen Platz in der Reihe der berühmten Kapitäne gesichert. Er starb als Vize-Admiral im Alter von 63 Jahren.

Was wurde aus den Meuterern? Einige von ihnen wurden von einem eigens eingesetzten Suchschiff aufgegriffen. Ihnen wurde in England der Prozess gemacht, jedoch nicht alle wurden zum Tode verurteilt. Von den anderen, die nicht gefangen genommen wurden, überlebte nur Einer. Glücklich wurde keiner der Meuterer. Blighs Reise im offenen Boot wurde von seinem Urgroßneffen Ronald W. Bligh im Jahr 1986 nachvollzogen. Aus Sicherheitsgründen mit einem teilweise abgedeckten Cockpit, mit höherem Freibord, mit nur neun Mann Besatzung und vor allem mit ausreichender Verpflegung. Im Gegensatz zu William Bligh, der fast drei Wochen mit Sturm, Regen und grober See zu kämpfen hatte, hatte die *Child of Bounty* nur drei Sturmtage abzuwettern. Die Besatzung war schon nach diesen drei Sturmtagen so erschöpft, dass sie aufgeben wollte. Es gab Streit und ein Mann verließ das Boot vor Erreichen des Zieles Timor.

Deutlicher kann die Leistung Blighs und seiner Männer 197 Jahre zuvor nicht unterstrichen werden.

Anmerkung: Die britische Gerichtsbarkeit unterschied grundsätzlich nur zwischen denen, die auf der *Bounty* blieben, das waren die Meuterer, und den Gefolgsleuten von Bligh. Dass einige der Mannschaft zu Bligh standen, von den Meuterern aber am Verlassen des Schiffes gehindert wurden, führte bei der Verhandlung in England zu erheblichen Missverständnissen und zu widersprüchlichen Auslegungen der Gesetze. Damit ist auch erklärt, dass nur die eindeutig aktiv an der Meuterei Beteiligten gehängt wurden, die anderen aber mit dem Leben davonkamen.

Kapitäne der Nordwestpassage

Wann gezielt nach einer NW-Passage gesucht wurde und nicht allgemein nach einem kurzen Seeweg nach Indien oder dem sagenhaften »Cathay«, ist schwer festzustellen. Portugiesen und Engländer unternahmen schon sehr früh Erkundungsfahrten nach Norden bzw. Nordwesten in die Gegend des heutigen Neufundland, aber Genaueres wurde nicht bekannt. Zwar wurde der in englischen Diensten stehende **John Cabot** als »Initiator« der Suche nach der NW-Passage bezeichnet, aber das ist weitgehend eine Sache des jeweiligen Standpunktes. Cabot suchte, wie auch Kolumbus, eindeutig einen Weg über Westen nach Indien. Angesichts des rein westlichen Kurses kann von einer »gezielten« Suche nach der NW-Passage nicht die Rede sein. Daran ändert sich auch nichts, wenn die Nordspitze von Neufundland nahezu auf dem gleichen Breitengrad liegt wie Bristol. Erst mit seinem Sohn **Sebastian Cabot** soll die Suche konkret geworden sein. Nach einem erfolglosen Versuch, in spanischen Diensten die Reise Magellans zu wiederholen, übersiedelte er nach England und trat in die Dienste Königs Edward VI. ein. Jetzt erst befasste er sich mit der NW-Passage. Als »Direktor der Gesellschaft Merchant Adventures«, einem Zusammenschluss angesehener und risikobereiter Kaufleute, hatte er die Aufgabe, die Suche nach der NW-Passage zu koordinieren. Diese Darstellung taucht nur in einer Quelle auf. Die Gesellschaft »Merchant Adventures« hat erwiesenermaßen existiert, aber nach allem, was von Historikern zu erfahren ist, war Sebastian Cabot zwar ein guter Seemann, aber doch eine recht »schillernde Persönlichkeit«. Zweifel und Vorbehalte sind also nicht unangebracht. Dass Cabot sich mit einem Seeweg nördlicher, als die bisherigen Entdecker gesucht haben, beschäftigt hat, scheint zutreffend zu sein.

Nicht nur die Engländer, auch die Franzosen wurden im Norden tätig. **Jacques Cartier**, im Jahr 1491 in St. Malo geboren, soll schon in jungen Jahren mit bretonischen Fischern in die Gegend von Neufundland gesegelt sein. Offenbar war der Fischreichtum dieser Gegend damals bereits bekannt. Es wundert nicht, wenn berichtet wird, er habe König Franz I. den Plan unterbreitet, diese Gegend näher zu erforschen. Auch von einer NW-Passage soll die Rede gewesen sein. Auf Grund der bestehenden Konkurrenzverhältnisse zwischen den damaligen Seefahrernationen Spanien, Portugal und England, wo jeder dieser Staaten versuchte, so viel unbekanntes Land wie möglich zu besetzen und es sich später als Kolonie einzuverleiben, wurde der Plan sofort akzeptiert.

Es war eine Frage von großem ökonomischen Interesse: Kann man Amerika nur auf der südlichen Route umschiffen, oder gibt es auch im Norden eine schiffbare Passage?

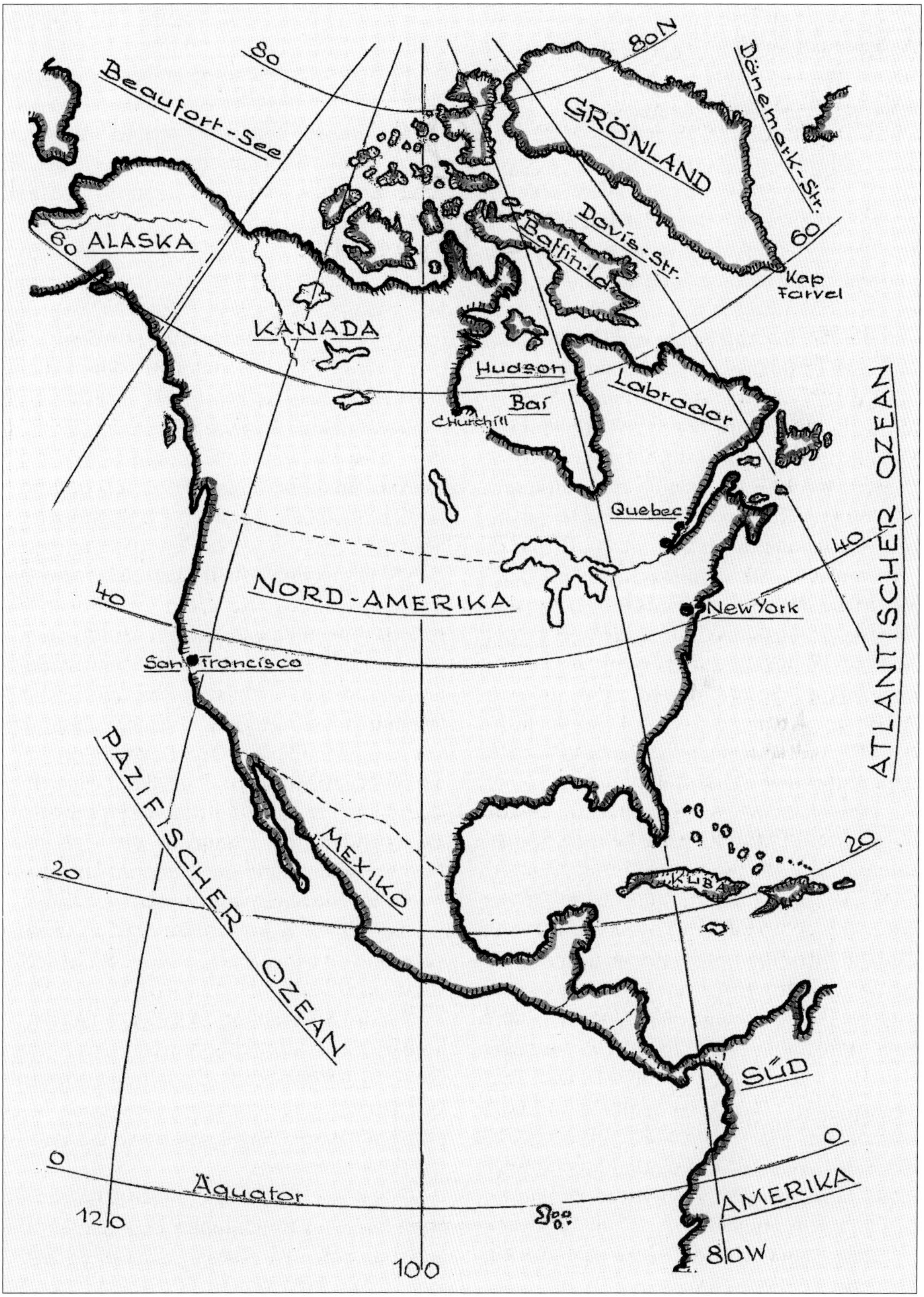

Beaufort-See
80
80 N
GRÖNLAND
Dänemark-Str.
ALASKA
60
Davis-Str.
Baffin-Ld.
60
Kap Farvel
KANADA
Hudson Bai
Churchill
Labrador
Quebec
ATLANTISCHER OZEAN
40
40
NORD-AMERIKA
New York
San Francisco
PAZIFISCHER OZEAN
MEXIKO
20
20
KUBA
SÜD
0
0
Äquator
AMERIKA
120
100
80 W

Am 20. April 1534 warfen zwei Schiffe unter dem Kommando von Cartier in St. Malo die Leinen los. Die beiden Schiffe überquerten den Atlantik. Seinem Bericht zufolge segelte Cartier von Norden kommend durch die Belle Isle-Straße in den St. Lorenz-Golf und weiter in den St. Lorenz-Strom. Damit stellte Cartier als erster Seefahrer fest: Neufundland ist eine Insel. Warum er nicht den wesentlich kürzeren Weg durch die heutige Cabot-Straße gesegelt ist, bleibt unbekannt. Auf dem Weg nach Süden ging er bei Kap Gaspé auf der Halbinsel Gaspé an Land. Dort stellte Cartier, wie es damals als Zeichen der Landnahme üblich war, ein hohes Kreuz auf. Anfang September war Cartier zurück in St. Malo. Schon im Mai des darauffolgenden Jahres ging er wieder, diesmal mit drei Schiffen, auf die Reise. Neben der NW-Passage war noch ein zweiter Grund die Triebfeder. Cartier vermutete auf Grund von Informationen von Eingeborenen im heutigen Kanada große Gold- und Silbervorkommen. Am 1. September betrat er amerikanischen Boden. Auf welchem Weg und wo er gelandet ist, ist nicht erwiesen. Sein Ziel war jedenfalls der St. Lorenz-Strom. Den steuerte er auch an und drang weit flussaufwärts vor. In einem Eingeborenendorf, es soll das heutige Quebec gewesen sein, überwinterte er. Mit leichten Booten stieß er bis zu einem Ort namens »Hochelaga« vor, das heute Montreal heißt, hervorgegangen aus »Mont Royal«. Dort, am Ottawa River, sollten die Goldvorräte sein. Das bewahrheitete sich jedoch nicht. Cartier war im Juli 1536 wieder zurück in St. Malo. In Montreal war Cartier endgültig klar geworden, dass er auf diesem Weg eine NW-Passage nicht finden könne. Fünf Jahre später ging Cartier mit Soldaten, Händlern und Bauern wieder auf die Reise, aber mit der eindeutigen Absicht, Ostkanada, also das Gebiet um den St. Lorenz-Strom, zu kolonisieren.

Einige Jahre ruhte die Suche nach der NW-Passage.

Der englische Seefahrer **Martin Frobisher** trat auf den Plan. Geboren um das Jahr 1535, hatte er ein recht bewegtes und ereignisreiches Leben geführt, bevor er sich auf die Suche nach der NW-Passage begab. Er hatte an einer Expedition an die Guineaküste teilgenommen. Im Alter von etwa 28 Jahren stand er im Dienst John Hawkins, einem der erfolgreichsten englischen Piraten, oder diskreter ausgedrückt »Freibeuter«, und das mit höchstpersönlicher königlicher »Duldung«, d.h. in diesem Falle »Förderung«. An Erfahrung mangelte es Frobisher jedenfalls nicht. Die Reise begann 1576. Mit den Schiffen *Gabriel* und *Michael*, sinnigerweise nach den beiden Erzengeln benannt, verließ er den Hafen von Deptford. Er segelte an der Küste von Labrador entlang und soll Berichten nach bis zum 63. nördlichen Breitengrad gekommen sein. Andere Quellen sprechen davon, dass Frobisher den Polarkreis erreicht habe. Das erscheint glaubwürdig, wenn man die Schilderungen seiner Begleiter berücksichtigt, die von Stürmen, Schnee und besonders von starkem Eisgang berichtet haben. Verfolgt man den 63. Breitengrad nach Europa, so verläuft dieser südlich von Trondheim in Norwegen. Dort herrschen keineswegs arktische Verhältnisse, aber man darf nicht vergessen, dass der warme Golfstrom entlang der norwegischen Küste nach Norden verläuft und die Häfen bis über Hammerfest hinaus auch bei strengen Wintern eisfrei hält. Diese Wärmezufuhr fehlt in Kanada, das eher von dem kalten Labradorstrom beeinflusst wird.

Für den 63. Breitengrad spricht andererseits eine Bucht, in der Frobisher vermutlich überwinterte, um sein Schiff, das sehr unter Treibeis gelitten hatte, zu überholen. Diese Bucht heißt heute »Frobisher Bay«, und durch sie verläuft der 63. Breitengrad.

Die Bilanz Frobishers, außer dass er weit nach Norden vorgedrungen ist, wäre sehr bescheiden gewesen, hätte er nicht einen besonderen Stein mitgebracht. Er glitzerte, als wäre

Gold in ihm vorhanden. Dass dieser Stein in England für helle Aufregung sorgte und den geringen Erfolg in Sachen NW-Passage »kompensierte«, ist verständlich. Es gab auch keine Ernüchterung, als die Untersuchung zeigte, dass der ominöse Stein aus Markasit bestand. Markasit ist ein schwefelkiesähnliches Material, rhombisches Eisensulfid. Daraus, so behauptete man fest, sei Gold gewonnen worden. Das »Zauberwort« Gold muss eine wahre Hysterie ausgelöst haben. Frobisher wurde beauftragt, mehrere Tonnen Nachschub zu besorgen. Die NW-Passage wurde auf »Rang zwei« gesetzt, Gold war wichtiger. Aber die Ernüchterung kam postwendend. Aus 16 t Material sollen etwa sechs Kilogramm Silber und »etwas« Gold gewonnen worden sein. Es gab Streit, und von Manipulation war die Rede. Das Ganze entpuppte sich als ein kostspieliges Verlustgeschäft und brach in sich zusammen.

In einer späteren Untersuchung Mitte der 90er-Jahre unseres Jahrhunderts fand man gar kein Gold, sondern nur goldgelb glänzenden Glimmer, was das böse Wort »Manipulation« recht glaubwürdig erscheinen lässt. Man kann sich des Eindrucks nicht erwehren, dass die Kapitäne und Entdecker der damaligen Zeit, angefangen bei Kolumbus, unter einem enormen Erfolgsdruck standen.

Man musste etwas mehr oder weniger Greifbares mit nach Hause bringen, koste es, was es wolle. Letztlich hat aber gerade der Erfolgsdruck maßgeblichen Anteil an der späteren Entdeckung der NW-Passage. Auch wenn die »Seifenblase Gold« zu nichts zerplatzte, man war einen, wenn auch kleinen Schritt weiter gekommen. Frobisher Bay, das wusste man jetzt, war eine Sackgasse. Weiter nördlich aber hatte Frobisher kein Land gesehen. War vielleicht dort die Passage zu finden? Im Jahr 1577 versuchte es Frobisher nochmals. Er soll bis zur »Hall-Insel«(Franz-Josef-Land) gekommen sein, also knapp über den 80. Breitengrad hinaus. Warum er in dieser Gegend, also weit im Osten, eine NW-Passage gesucht haben soll, ist schwer nachvollziehbar. Über die dritte Reise Frobishers ist nur bekannt, dass sie nach Grönland geführt haben soll. Seine Bemühungen, eine Passage zu finden, enden damit. Er nahm in führender Position an der Vernichtung der spanischen Armada teil, bevor er sich Francis Drake anschloss und mit ihm auf Kaperfahrt ging. Vermutlich versprach er sich von der Freibeuterei mehr als von der Entdeckung einer fragwürdigen Passage in der Arktis.

Ein neuer Mann, **John Davis**, Seefahrer mit wissenschaftlichen Ambitionen, machte sich auf die Suche. Er machte sich die bisherigen Erfahrungen mit Eis und Kälte in der Arktis zunutze und bereitete sich und seine Expedition gründlich vor. Seine Reise begann im Jahr 1585 mit zwei Schiffen. Er segelte nach Norden und muss, seinem Bericht nach, an die Südostküste Grönlands gekommen sein. Dort wendete er und setzte seine Fahrt der Küste entlang nach Süden fort, um das heutige Kap Farvel zu umrunden. Als Engländer taufte er es »Kap Farewell«. Als Grönland im Jahr 1744 dänisch wurde, wurde es dann zu »Kap Farvel«,. Schon früher, seit 1721, wurde Grönland von Dänen besiedelt. Die Ersten aber waren norwegische Wikinger. Um das Jahr 900 soll Gunbjörn Ulfson unfreiwillig, wie man vermutet, dort gelandet sein. Zwischen 980 und 990 muss auch der Wikinger Erich der Rote das Kap umsegelt haben. In der Nähe des heutigen Julianehåb ging er an Land und siedelte sich an. John Davis war also im, allerdings verzeihlichen Irrtum, als er glaubte, ein neues Land gefunden und das Kap Farvel als Erster umrundet zu haben. Auch Grönland, nicht nur Amerika, wurde also, wie wir feststellen müssen, mehrmals entdeckt. Schon vor Cabots Zeiten haben auch Fischer aus Bristol nachweislich Handelsbeziehungen mit Grönland, vermutlich mit den verbliebenen Nachkommen der Wikinger, unterhalten. Sie tauschten ihre Produkte gegen den begehrten Stockfisch.

Mit dem Überqueren der nach ihm benannten Davis-Straße kam er in bisher unbekannte Gewässer. Beim heutigen Cumberland im Osten der Insel Baffin traf er auf Land. Anschließend soll John Davis noch den Cumberland-Sund und befahren haben bevor er nach England zurückkehrte, um seine Erkenntnisse auszuwerten.

Davis hielt es nicht lange an Land. Schon im darauffolgenden Jahr 1586 segelte er wieder in das Polargebiet. Diesmal mit vier Schiffen. In einem starken Sturm wurden zwei seiner Schiffe nach Osten abgetrieben. Mit den anderen zwei erreichte er den »Gilbert-Sund«. Wegen undurchdringlicher Eismassen war er gezwungen, seinen Plan, den 80. Breitengrad nach Norden zu überqueren, aufzugeben. Er segelte nach Hause. Ob Davis auf dieser Fahrt gezielt nach einer Passage gesucht hat, ist nicht erwähnt. Wieder ein Jahr später kam er sowohl in die Baffin als auch in die Einfahrt der Hudson Bay. Er war als erster Europäer in der Baffin Bay und fast auf der Höhe des Lancaster Sound, den die späteren Expeditionen auf der Suche nach der NW-Passage durchsegelten. Dies war der einzige Weg, um in den Pazifik zu kommen. Davis aber wurde auf der Höhe von 72 Grad Nord durch Packeis zur Umkehr gezwungen. Auf dem Rückweg erforschte er noch die Einfahrt in die Hudson Bay, bevor er sich auf die Heimreise machte. John Davis war nicht nur Seefahrer und Entdecker, er war auch wissenschaftlich tätig. So verbesserte er mit dem von ihm erfundenen »Davis Quadranten« erheblich die Messung der Sonnenhöhe, und damit die Genauigkeit der Standortermittlung. Bei seiner Messung hatte Davis die Sonne im Rücken, was exaktere Messungen ermöglichte. Auch seine wissenschaftliche Erforschung der nördlichen Polarregion brachte wertvolle Erkenntnisse.

Wiederum trat bei der Suche nach der Nordwestpassage einige Jahre Ruhe ein. Darauf folgten einige erfolglose Unternehmungen, die zu keinen neuen Erkenntnissen führten.

Im Jahr 1615 stieß man in dieser »kalten« Gegend auf eine heiße Spur. **William Baffin** war es, dem dieser Erfolg gelang. 1584 in London geboren, hatte er im Alter von 28 Jahren den Polarforscher Hall begleitet und war auch schon auf Spitzbergen gewesen. Zusammen mit Kapitän Bylot segelte er auf seinem Schiff *Discovery* zunächst in die Hudson Bay, wo er sich längere Zeit mit der Erforschung der Bay aufhielt. Dann gelangte er durch die Davis-Staße in die Baffin Bay und anschließend in den Lancaster Sound. In seinem Bericht schreibt er, er habe einen großen Sund auf 74° 20′ Nord gefunden und ihn »Sir James Lancaster Sound« getauft. Damit hatte Baffin den wichtigen Eingang zur NW-Passage gefunden. Warum er diesen Weg nicht weiter verfolgte, ist unklar. Er soll es zunächst versucht, aber wegen Eisgangs die Hoffnung auf ein Weiterkommen aufgegeben haben. Baffin versuchte es dann noch weiter nördlich im Jonas-Sund, aber mit dem gleichen negativen Ergebnis. Baffin gab auf und segelte zurück nach England. Auf Grund dieser Erfahrung hatte Baffin starke Zweifel, ob von Osten her eine Passage möglich sei, und soll daher der Admiralität vorgeschlagen haben, einen Versuch vom Pazifik aus zu unternehmen. Ihm schwebte vor, von Westen, also vom Pazifik aus, in die Hudson Bay zu gelangen. Er verfolgte dieses Ziel aber nicht und stellte seine Arktisfahrten ein. Baffin war der erste Seefahrer, der versuchte, die Ausdehnung der Ozeane astronomisch zu bestimmen.

Bis zu diesem Zeitpunkt waren die skandinavischen Staaten Dänemark und Norwegen nicht mit eigenen Expeditionen hervorgetreten. Erst König Christian IV. von Dänemark ergriff die Initiative und beauftragte im Jahr 1619 den norwegischen Kapitän **Jens Munk**, den Seeweg nach China und Indien auf dem Weg über das Nordmeer zu erforschen. Am 9. Mai 1619 verließ Munk mit zwei Schiffen Dänemark. Munk hatte sich nach einer bewegten Jugend schon früh als mutiger und tatkräftiger Seefah-

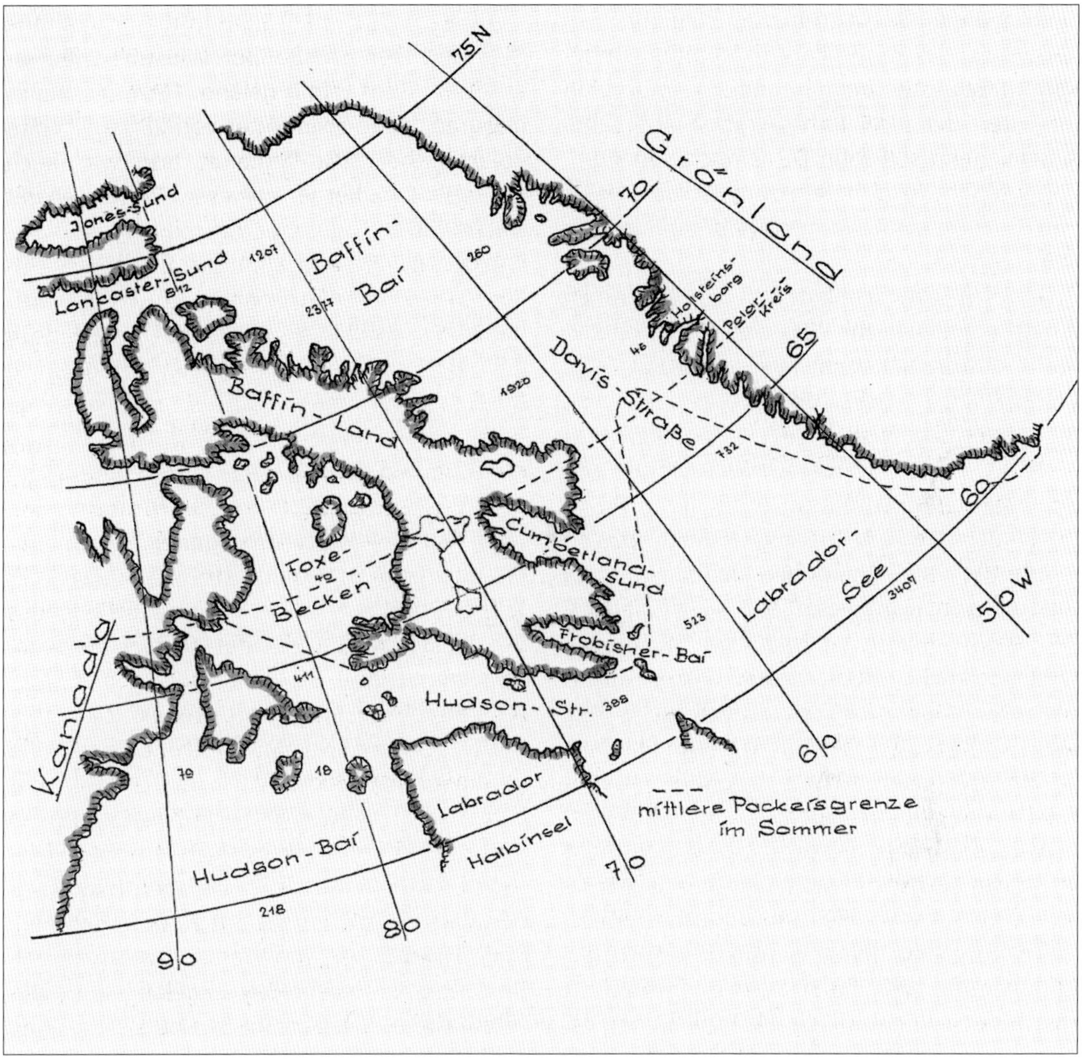

Packeis macht den Norden Amerikas zu einem gefährlichen, meist undurchdringlichen Revier.

rer erwiesen. So kam die Wahl König Christians nicht von ungefähr. Munk soll sich schon vor Beginn seiner Reise sehr überzeugt darüber geäußert haben, dass seine Reise erfolgreich sein werde. Er segelte zunächst nach Grönland, aber schon da machte Eis, das sich offensichtlich länger als üblich gehalten hatte, den Schiffen große Schwierigkeiten. Trotzdem gelangte Munk in die nördliche Hudson Bay. Zu seinem großen Nachteil hatte er ein Jahr erwischt, dessen Winter sich lange hinzog. Auch der nördliche Teil der Hudson Bay war stark vereist. Munk berichtete, auf 63° 20′ von Eis eingeschlossen worden zu sein, und das ist glaubhaft. Er musste überwintern und nannte seinen Ort »Munks Hafen«. Es wird vermutet, dass Munks Hafen aber südlich des 60. Breitengrades lag und identisch ist mit dem heutigen Ort Churchill. Das hieße, dass Munk sich erheblich in seinem Standort irrte, was zu dieser Zeit einem Kapitän nicht mehr unterlaufen sollte. Munk bekam friedlichen Kontakt mit den Inuits. Das Wort »Inuit«, so bezeichnen sich die Eingeborenen selbst, bedeutet nichts anderes, als unser Wort »Menschen«, vermutlich im Gegensatz zu Tieren.

Der Winter kam mit Eis und Schnee und die Ernährung wurde zum Problem. Die Inuits, die Munk und seinen Leuten mit ihrer Erfahrung hätten helfen können, waren abgezogen. Damit war der bisherige Tausch von Messern und anderen, für die Inuits nützlichen Dingen gegen Fleisch vorbei. Munk, der die Reise in der festen Zuversicht angetreten hatte, vor Einbruch des nächsten Winters wieder in Dänemark zu sein, hatte für den harten Winter nicht vorgesorgt. Die Kleidung der Männer war untauglich. Es kam, wie es kommen musste. Die ersten Skorbutopfer waren zu beklagen, und das begann bereits in den Herbstmonaten. Wie sollten sie den Winter überstehen? Mitte Februar waren schon 20 Leute von der Mannschaft gestorben. Zusätzlich schwächte auch noch Ruhr die ausgemergelten Körper. Ende Mai, das Eis war immer noch nicht geschmolzen, waren noch sieben Mann der Expedition am Leben, sofern man von Leben noch sprechen konnte. Es wurde Juni, bis das Eis aufging. Von den 64 Mann, die Dänemark voller Zuversicht verlassen hatten, lebten außer Kapitän Munk nur noch zwei Mann der Besatzung. Als es wärmer wurde und sie Wurzeln und Beeren suchen konnten, begannen sie sich langsam zu erholen. Schließlich konnten sie Fische fangen und waren soweit wieder hergestellt, dass sie das kleinere der beiden Schiffe flott machen konnten. Das größere war durch Eisdruck unbrauchbar geworden. In einer stürmischen Überfahrt segelten die drei über Norwegen nach Dänemark, wo sie bereits als verschollen galten.

Die Expedition war ein verlustreicher Fehlschlag, aus dem aber zwei Erkenntnisse gewonnen wurden. Die NW-Passage über die Hudson Bay zu finden, dieser Traum war ausgeträumt. Künftige Expeditionen konnten aus dem tragischen Ausgang der Expedition Munks ganz klare Lehren ziehen. Die hießen: Wesentlich mehr Sorgfalt bei der Ausrüstung und Bekleidung walten lassen, sorgfältiger planen, auf alle Fälle mindestens eine Überwinterung einkalkulieren und alle verfügbaren Erfahrungen früherer Expeditionen sorgfältig studieren und auswerten. Höchste Priorität war der Verpflegung einzuräumen, denn im Ernstfall, das zeigte gerade der Fall Munk, war keinerlei Hilfe zu erwarten. Die größten Feinde waren der Skorbut und die Ruhr sowie die psychisch stark belastende monatelange Polarnacht. Jede Fahrt in die Polarregion war eine Fahrt ins Ungewisse und das in jeder Beziehung. Daran kamen auch gut ausgerüstete Expeditionen nicht vorbei.

Zwei erfolgreiche Reisen hatte **James Cook** durchgeführt. Die erste um Kap Hoorn herum nach Tahiti, südlich von Neuseeland, entlang der Ostküste von Australien, durch die Torresstraße nach Batavia, dem heutigen Djakarta, und über das Kap der guten Hoffnung zurück. Cooks zweite Reise hatte die Erforschung der Antarktis zum Ziel. Man war aus unbekannten Gründen von der Existenz eines sagenhaften »Südlandes« überzeugt. Nach längerem Zögern übernahm Cook die Aufgabe. Nach sehr gründlicher Vorbereitung begann die Reise im Juni 1772 mit zwei Schiffen. Von Kapstadt aus segelte er südwärts, bis kompaktes Eis ihn stoppte. Soviel und solange Cook auch suchte, er fand kein »Südland«, sondern nur eine abweisende, undurchdringliche Eisbarriere. Mit dieser Erkenntnis und mit viel Erlebnissen mit Eis, Kälte und Schnee kehrte er zurück nach England.

Durch diese Erfahrung, die sonst kein englischer Kapitän vorweisen konnte, war er prädestiniert für die nächste Aufgabe, im Norden nach einer Passage zu suchen. Vor Cook hatte Baffin bereits angeregt, die Passage von West nach Ost, also vom Pazifik aus zu suchen. Die

Für James Cook waren im Norden keine Meriten zu gewinnen: Mit zwei Schiffen unternahm er 1772 einen Versuch um Alaska herum Richtung Osten. Jedoch auch ihn stoppte das Eis.

englische Admiralität wollte diesen alten Plan wieder aufgreifen.

Am 12. Juli 1776 verließ Cook mit zwei Schiffen Plymouth. Es war Cooks dritte Reise, und sie sollte seine letzte werden. Die Reise ging über Kapstadt nach Hawaii. Von dort aus immer weiter in Richtung NNW. Etwa auf der Höhe des heutigen Vancouver stieß man auf die nordamerikanische Küste. Der Küste entlang ging man auf die Suche nach einer Durchfahrt. Jede Bucht wurde untersucht, und manche vielversprechende tiefe Einbuchtung erwies sich zur großen Enttäuschung erst nach Tagen als Bucht und nicht als die gesuchte Passage. Immer weiter entlang der Küste ging die Fahrt. Die Schiffe passierten die Kodiak-Inseln, Unalaska, die Bristol Bay und gelangten schließlich durch die Beringstraße, ungeachtet der zunehmenden Kälte und des Nebels und Schnees bis zum 71. Grad Nord. Dort stieß man auf eine geschlossene Eisdecke, die kein Durchkommen ermöglichte. Cook gab nicht auf. Er segelte entlang des Packeises und suchte. Vielleicht gab es doch eine eisfreie Stelle, die eine Durchfahrt möglich machte. Alles Suchen war vergeblich. Auch mit Rücksicht auf die Mannschaft musste Cook schweren Herzens aufgeben. Von Westen eine Passage zu finden, auch diese Hoffnung machte das Eis zunichte.

Für Cook war das eine bittere Erkenntnis. Nur eine »Entdeckung« konnte er machen: Alaska war, entgegen der bisherigen Vermutung keine Insel, sondern Festland. Eine Rückkehr war Cook nicht vergönnt. Am 17. Februar 1779 wurde er in Hawaii von aufgebrachten Eingeborenen ermordet. Wie üblich hatte Kapitän Clerke, der Kommandant des zweiten Schiffes und Stellvertreter Cooks, der Admiralität in London ausführlichen Bericht erstattet. Man sollte nun annehmen, dass man die Aussichtslosigkeit einsah, mit den damaligen Schiffen und den beschränkten Möglichkeiten die Passage zu finden. Selbst wenn es gelänge, wäre klar, dass die Passage wirtschaftlich nicht nutzbar wäre. Der einzige sinnvolle Grund, die Expeditionen fortzusetzen, wäre die Erforschung und wissenschaftliche Erkundung der Arktis. Für die Admiralität gab es aber noch ein anderes Motiv: Ehrgeiz und Prestige einer Seefahrernation. »England beherrscht die Meere«, und dabei darf die Arktis nicht fehlen. Eine Blamage für England, sollte es einer anderen Nation gelingen, die Passage zu finden!

Ungeachtet aller bisherigen negativen Ergebnisse und Erfahrungen suchte daher die Admiralität in London nach einer geeigneten Persönlichkeit, die die ehrgeizigen, fast an Unbelehrbarkeit grenzenden Pläne realisieren könnte. Man glaubte, sie in der Person von **John Ross** gefunden zu haben. Ross, im Jahr 1777 in Inch (Schottland) geboren, konnte Erfahrung vorweisen. Er hatte an verschiedenen Seegefechten im Krieg gegen Frankreich (Napoleonische Kriege) teilgenommen und war mehrfach verwundet worden, ein Haudegen also. Ross war Leutnant. Obwohl ihm Arktiserfahrung fehlte, war er selbst davon überzeugt, den Auftrag ausführen zu können. Im Jahr 1818 begann die Expedition mit zwei Schiffen. Der Auftrag: Die nordatlantischen Gewässer zu erforschen und durch die Baffin Bay die nordwestliche Durchfahrt zu suchen. Ross befehligte als Kapitän und Expeditionsleiter die *Isabella*, das zweite Schiff, die *Alexander*, wurde von William Edward Parry geführt.

Kapitän Ross ist in gewisser Hinsicht eine tragische Figur. Von einem zuweilen übertriebenen Ehrgeiz besessen, hat er beachtliche Erfolge vorzuweisen. Andererseits unterliefen ihm aber schwerwiegende Fehler, die einzusehen er nicht bereit war und daher zu vertuschen suchte. Einerseits belastete er durch seine Sturheit unnötig seine Mannschaft, andererseits ist eben dieser Sturheit die Rettung seiner Mannschaft zu verdanken. Aber davon später.

Die erste Reise von Ross war erfolglos. Er kam nicht weiter, als Baffin schon 200 Jahre vor ihm war. Ross gelangte zwar bis an den Smith-Sund, aber nicht nördlicher als 78° 46′. Dann kehrte er, vermutlich wegen Packeis, um und segelte in den Lancaster Sound. Dort sah er vor sich deutlich ein »Gebirge«, das ihm die Weiterfahrt versperrte. Er gab dem Gebirge noch einen Namen, »Croker Mountains«, kehrte um und verließ den Lancaster Sound in der Überzeugung, im Einklang mit den Anweisungen der Admiralität gehandelt zu haben. Zurück in England berichtete er, dass der Lancaster Sound kein Sund, sondern eine Bucht sei, da ein Gebirge die Durchfahrt verhindere. Ganz anderer Ansicht war William Parry, der das zweite Schiff führte. Von einem Gebirge könne keine Rede sein, er und seine Leute hätten davon nichts gesehen. Er muss dabei recht glaubwürdige Argumente vorgebracht haben, denn die Admiralität beauftragte ihn, die Behauptungen von Kapitän Ross zu überprüfen.

William E. Parry, im Jahr 1790 in Bath bei Bristol geboren, war schon mit 13 Jahren, in die englische Marine eingetreten. Als er mit Kapitän Ross auf dessen erster Reise in die Polarregion fuhr, war er 29 Jahre alt und konnte auf dieser Reise Erfahrungen mit den Verhältnissen in der Arktis sammeln. Diese kamen ihm auf seiner bevorstehenden Expedition zugute.

Als er im Jahr 1819 mit zwei Schiffen zu der Expedition auslief, war ihm der Lancaster Sound also bekannt. Er war überzeugt, dass das Gebirge im Sund nicht existierte. Die beiden Schiffe erreichten Anfang Juli die Davis-Straße und standen einen Monat später an der Einfahrt zum Lancaster Sound. Sie waren vom Glück begünstigt, denn die Einfahrt war eisfrei und auch der Wind war günstig. Der Ausguck war doppelt und dreifach besetzt, und alle warteten auf das »Gebirge«. Völlig umsonst, denn weit und breit war kein Gebirge zu sehen. Aber etwas anderes stellte Parry fest. Seine Kompasse zeigten ungenau an, und er schloss daraus, dass der magnetische Nordpol in seiner Nähe sein müsse. Anfang August entdeckte Parry die heutigen Leopold-Inseln, aber er wollte den günstigen Wind ausnützen und segelte weiter. Fast 200 Seemeilen kamen sie gut voran, selten von Eis behindert. An Steuerbord sah Parry eine kleine Insel. Er lief sie an und nannte sie »Beechy Island«. Er wusste nicht, dass diese Insel noch eine wichtige Rolle spielen würde. Der August ging zu Ende, und es wurde Zeit, sich nach einem Winterquartier umzusehen. Aber die Situation war so günstig, dass Parry weitersegelte. Noch etwa 270 Seemeilen kamen sie weiter nach Westen voran. An Backbord, wie an Steuerbord glaubte Parry, Land zu sehen. Seine Durchfahrt nannte er »Barrow Strait«.

Bis zur heutigen Insel »Melville Island« kamen die beiden Schiffe noch, dann versperrte Eis das Weitersegeln. Parry musste mit seinen Leuten überwintern. Sein Winterquartier nannte Parry, der Situation entsprechend, »Winter Harbour«. Die Expedition bereitete sich auf einen langen, dunklen, etwa acht bis neun Monate dauernden eisigen Polarwinter vor. Da die Bucht, in der die Schiffe vor Anker gingen, zugefroren war, mussten die Leute mühsam einen Kanal in das Eis schneiden, um die Schiffe an einen sicheren Platz zu ziehen. Die aufgezwungene Untätigkeit bereitete der Mannschaft Probleme, aber Parry wusste Abhilfe. Er ließ Spiele organisieren, Theateraufführungen einstudieren, sogar eine Bordzeitung erschien. Wenn das Wetter mitmachte, mussten die Leute ins Freie und sich bewegen. Bei Sturm durften die Schiffe nicht verlassen werden. Bis zu 40 Grad Frost kann bei Sturm die gleiche Wirkung haben, wie etwa 50 bis 60 Grad minus. Das kann keiner aushalten und schon gar nicht in der Kleidung der Leute, die völlig unzureichend war. Probleme bereitete zusätzlich der Temperaturunterschied, der Feuchtigkeit im Schiffsinneren produzierte. Gegen Skorbut hatte Parry vorgesorgt. Parry selbst erforschte »seine« Insel, soweit es die Verhältnisse zuließen. Wo es möglich war, wurde auch das Ufer kartographiert. Die nötige Verpflegung konnten die Leute durch die Jagd auf Moschusochsen, Karibus, Schneehühner und anderes Getier sicherstellen. Ungeduldig wartete Parry auf das »Frühjahr«, das es in der uns bekannten Form nicht gibt. Das Eis schmolz nur langsam, und erst Anfang August, auch für diese Gegend relativ spät, konnte Parry die Anker lichten und nach 11 Monaten »Winter Harbour« verlassen. Fest davon überzeugt und voller Hoffnung, auf dem richtigen Weg zu sein, segelte Parry weiter nach Westen. Gerade 30 Seemeilen kam er voran, dann war der Traum aus. Massives Packeis versperrte den Weg, und die Schiffe waren nahe daran, erneut einzufrieren. Es gelang gerade noch frei, zu kommen, und Parry segelte unverzüglich zurück. Für eine zweite Überwinterung war er nicht genügend vorbereitet.

In der Heimat wurde Parry für seine Leistung gefeiert. Er erhielt eine Belohnung von 10.000 Pfund und das zu Recht, denn man war an Erfahrung erheblich reicher geworden, auch wenn die Passage noch nicht gefunden war. Aus letzterem Grund wollte Parry auch nicht aufgeben. Vermutlich packte ihn der Ehrgeiz. Mit den beiden Schiffen der ersten Expedition, der *Hecla* mit 375 t und der *Griper* mit 180 t segelte er im Jahr 1821 zunächst in die nördliche Hudson Bay und fand unerwartet eine »Wasserstraße«, die über den späteren Golf von Boothia in die noch nicht entdeckte Nordwestpassage führte. Diese Durchfahrt hat zwar einen schönen Namen, nämlich »Fury and Hecla Strait«, aber soweit bekannt, wurde sie noch nie befahren. Sie ist ganzjährig vereist und damit unbrauchbar und wertlos, wenngleich sie einen großen Umweg über die Baffin Bay ersparen würde. Parry verbrachte zwei volle arktische Winter bei den Inuits, erforschte die Umgebung und kartographierte sie, soweit es ihm möglich war. Im Jahr 1823 kehrte Parry zurück in die Heimat. Auf den ersten Blick scheint das Ergebnis mager. Er kam auf der Suche nach der Passage keinen Schritt voran. Parry aber wusste, warum er so lange bei den Inuits blieb. Er lernte ihre Sprache zu verstehen und, was noch wichtiger ist, er lernte die Lebensweise der Inuits kennen und damit auch das Überleben im arktischen Winter. Eine Kenntnis, die er gut gebrauchen konnte und deren Fehlen noch manchen Arktis- und Antarktisforscher das Leben kosten sollte. Bereits ein Jahr später war Parry wieder unterwegs. Zunächst segelte er in den Lancaster Sound, verfolgte aber nicht den früheren Weg nach Westen, wo er in einem günstigen Jahr durch Packeis umkehren musste, sondern wandte sich vor Somerset Island nach Süden, wo er verständlicherweise bessere Verhältnisse anzutreffen hoffte. Das Gewässer, das heute »Prince Regent Inlet« heißt, ist zwar nicht der spätere Weg, aber trotzdem eine Möglichkeit. Nach Westen, zwischen Somerset Island und der Halbinsel Boothia, öffnet sich eine weite Bucht, die bei näherer Untersuchung eine Wasserstraße ist und auf den richtigen Weg führt. Verpasst man diese, heute »Bellot Strait« genannte Durchfahrt, kommt man hoffnungslos in eine Sackgasse. Soweit kam es damals aber nicht. Parry hatte ein ungünstiges Jahr mit lang anhaltender Vereisung erwischt. Auf etwa halbem Weg vor der Bellot Strait stoppte ihn Packeis. Zu allem Unglück verlor er noch sein zweites Schiff, die *Fury* durch Eispressung. Parry brach die Expedition ab. Vorausschauend errichtete er aber ein großes Lager an Lebensmitteln und Ausrüstungsgegenständen und ließ auch noch die Beiboote der *Fury* dort, bevor er zurücksegelt.

Durch die Erkenntnisse und die Erfahrungen, die Parry gesammelt hat, war man in zweifacher Weise vorangekommen. Spätestens jetzt musste auch dem größten Optimisten klar geworden sein, dass in dieser Gegend nicht einmal in den Sommermonaten ein gewinnbringender Schiffsverkehr möglich wäre. Sinnvoll war allenfalls eine Konzentration auf wissenschaftliche Forschung. Dazu konnte man sich aber weder am englischen Hof, noch bei der Admiralität durchringen. Wertvoll aber für alle weiteren Unternehmungen waren Parrys geographische Kenntnisse, seine wissenschaftlichen Studien, seine Erfahrungen beim Überwintern und nicht zuletzt seine guten Kontakte zu den Inuits.

Die Euphorie angesichts der unermesslichen Schätze, von Gold und dem kurzen Weg nach Indien und Asien war einer nüchternen Betrachtung gewichen. Der Ehrgeiz aber, die Passage trotz aller Schwierigkeiten zu finden, war geblieben. Undenkbar die Blamage und Demütigung, sollte es einer anderen Nation gelingen, die Passage zu finden. Aber genau das passierte, wenn auch erst etwa 70 Jahre später.

Vermutlich in der Absicht, die Blamage mit dem »Gebirge« im Lancaster Sound wieder auszubügeln und natürlich selbst die Passage zu finden, unternahm **John Ross** eine zweite Reise. Dazu aber musste er einen Sponsor finden, nachdem sich die Admiralität nicht ganz unberechtigt uninteressiert zeigte. Ross wurde in dem betuchten Brauereibesitzer Booth fündig.

Als Expeditionsschiff wählte Ross einen »Dampfsegler«. Die Grundidee war zweifellos richtig, weil man Flauten überwinden kann und auch sonst beweglicher ist. Die Nachteile aber sind gravierend. Das Schiff, das früher als Paketboot für Kurzstrecken eingesetzt war, war für die Arktis völlig ungeeignet. Ross hätte mit Treibeis rechnen müssen, und dort war der Antrieb durch Schaufelräder absolut unbrauchbar. Zudem schaffte der Dampfantrieb unter günstigen Bedingungen gerade drei bis vier Knoten. Dazu kam, dass die Leistung der Maschine in keinem auch nur annähernd akzeptablen Verhältnis zum Platzbedarf von Kohle und Maschine stand. Last but not least, die Konstruktion war nicht ausgereift und den bevorstehenden Bedingungen nicht gewachsen, das allerdings konnte Ross nicht wissen. Das Schiff mit dem anspruchsvollen Namen *Victory* war weder ein guter Segler und schon gar kein geeigneter Dampfer, aber eine belastende Hypothek, und das nicht zuletzt durch hohe Reparaturanfälligkeit.

Kapitän Ross und sein Neffe James, der sich für die Lage des magnetischen Nordpols interessierte, warfen am 23. Mai 1829 in Woolwich an der Themse die Leinen los. Die Admiralität wollte doch nicht ganz abseits stehen und stellte ein Begleitboot mit 16 Tonnen Tragfähigkeit zur Verfügung. Es hatte den anspruchsvollen Namen *Kruzenshtern*, wird aber in dem Reisebericht von Kapitän Ross nicht weiter erwähnt. Mit allen guten Wünschen und mit der festen Überzeugung, Erfolg zu haben, begannen die Schiffe ihre Reise Themse abwärts. Schon in den ersten Tagen erwies sich die *Victory* wegen des hohen Gewichts von Maschine, Schaufelrädern und Kohle – Ross soll auch noch für ca. 1000 Tage Verpflegung an Bord gehabt haben –, als miserabler Segler und ein noch schlechterer Raddampfer. Zwei volle Monate benötigte Ross, um das dänische Holsteinsborg an der Westküste von Grönland zu erreichen. Die Reise dorthin war auch nicht erfreulich, denn ein lang anhaltender, harter Sturm hatte der *Victory* schwer zugesetzt. Die Fockmaststenge war gebrochen. Glück im Unglück, denn der Besanmast eines bei Holsteinborg gestrandeten Walfängers passte genau, und Ross konnte seine Reise fortsetzen. Mit der Wahl des Jahres hatte Ross Glück. Der vergangene Winter war sehr mild gewesen, sodass man meist eisfreies Wasser und wenig Eisberge antraf. Dafür aber hatte Ross bereits viel Ärger mit der Maschine. Sowohl die Herstellerfirma als auch die Monteure hatten offensichtlich schlampig gearbeitet. Die Kessel leckten, Pumpen waren im Dauereinsatz und fielen zeitweise aus.

Am 6. August sichtete man die Einfahrt in den Lancaster Sound. Bald zeigte sich, wie erwartet und bereits bekannt, dass von dem Gebirge, das die Weiterfahrt versperren sollte, keine Rede sein konnte. Doch weit gefehlt, seinen damaligen Irrtum einzugestehen, berief sich Ross auf die »Direktiven der Admiralität« und meinte, dass ein richtiges Urteil durch »unüberwindliche Hindernisse« oft unmöglich sei. Die *Victory* war auf etwa 77 Grad Nord und 74 Grad West. Ross stellte fest, dass die Kompassnadel eine erhebliche Ablenkung (Deklination) von 114 Grad hatte. Man lief Westkurs, aber die Nadel soll Nordnordost angezeigt haben. Erheblich mehr, als Parry in dieser Gegend gemessen hatte.

Ross erreichte den »Prince Regent Inlet« und ankerte am 13. August in »Fury Beach«, wo Parry bei seiner letzten Expedition ein großes Lager an Vorräten errichtet hatte. Ross konnte seine Lebensmittelvorräte ergänzen. Bereits am nächsten Tag war man wieder unterwegs nach Süden. Knapp eine Woche später notierte Ross, dass die Schiffe von mächtigen Eismassen umgeben seien und nach Süden drifteten. Das dauerte eine Woche, dann kam man wieder frei. Ross fand eine geschützte Bucht, die er »Port Logan« taufte. Statt angesichts des bevorstehenden Winters in dieser geschützten Bucht zu bleiben und sich auf den Winter vorzubereiten, nutzte er die noch bestehende Chance, nach Süden vorwärts zu kommen. Er gefährdete mehrmals Schiff und Besatzung und schrieb selbst: »Schwere Eismassen waren in Bewegung geraten und vermehrten die Gefahr für die Schiffe und für uns... Es gab keine Sekunde, die nicht unsere letzte sein konnte.« Das war möglicherweise etwas drastisch ausgedrückt, lässt aber doch ahnen, in welche Gefahr Ross die Expedition unnötigerweise gebracht hatte. Anfang September, also für arktische Verhältnisse sehr spät, fand Ross noch einmal eine zum Überwintern geeignete Bucht, aber auch die hielt ihn nicht. Er nannte sie »Elisabeth Harbour« und segelte ungeachtet der Jahreszeit weiter nach Süden. Mit viel Glück fand er am 30. Sep-

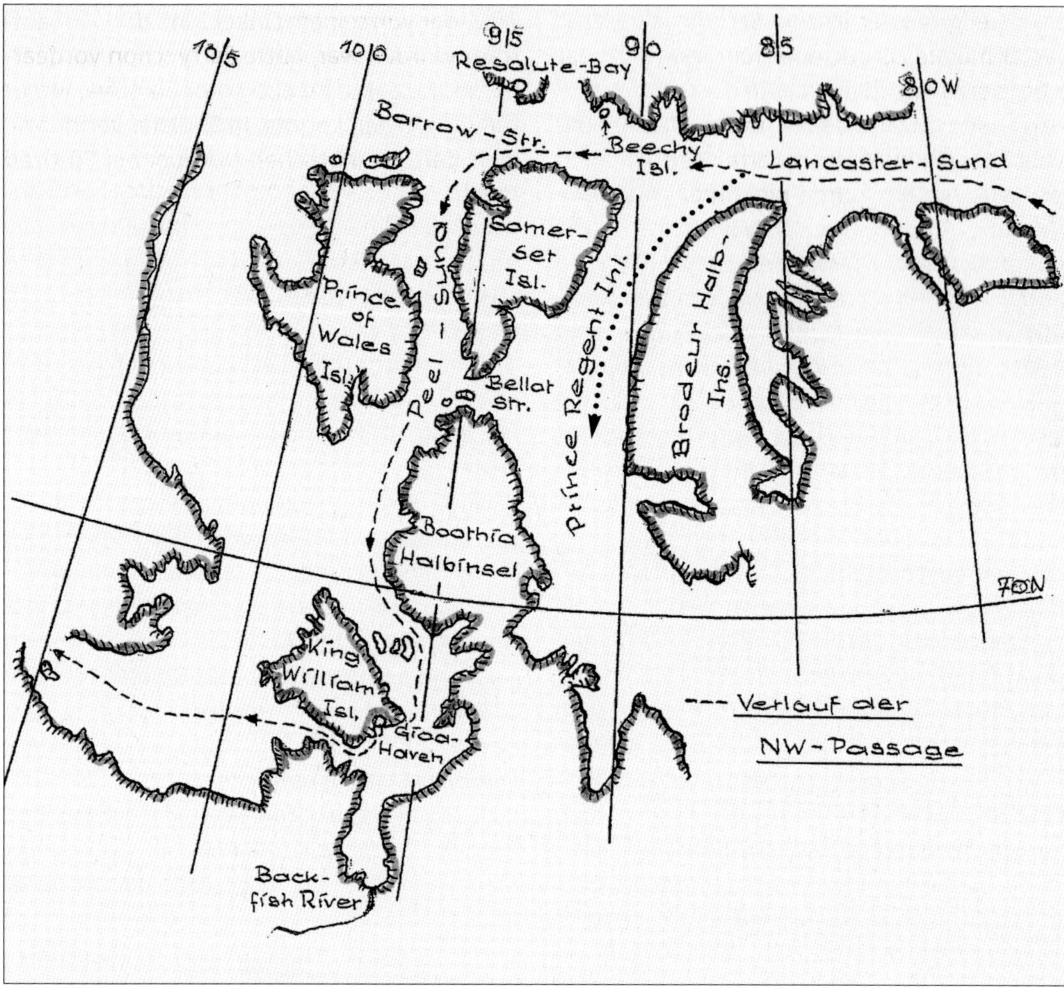

Das schwierigste Stück der NW-Passage. Welcher der vielen Durchlässe führt zum Ziel? Die gepunktet dargestellte Strecke zeigt den Irrweg, der Kapitän Ross in die Sackgasse führte.

tember weit im Süden der Boothia-Halbinsel einen geeigneten Platz. Er nannte ihn »Felix Harbour«. Hier zwang ihn das Eis endgültig zum Überwintern. In seiner Ungeduld, rasch nach Süden vorzudringen, hatte Ross die »Bellot Strait« übersehen und so eine gute Gelegenheit verpasst, die gesuchte Nordwestpassage zu finden. Statt dessen segelte er, ohne es wissen zu können, tief in eine Sackgasse.

Die Überwinterung in »Felix Harbour« nutzten seine Offiziere und sein Neffe James Clark zu Erkundungen, Messungen und zum Zeichnen der Küste. Außerdem kam es zu Kontakten mit Inuits, von denen er wertvolle Tipps erhielt. Zu einer Annäherung kam es aber nicht. Die Mannschaft baute, was längst fällig war, die nutzlose Maschine aus. Die verrosteten Teile »zieren« heute noch die Küste. Der Winter dauerte lange. Ende August waren die Schiffe immer noch vom Eis blockiert. Erst Mitte September schafften sie mit Mühe ein paar Kilometer nach Norden. Ross hatte in der Zwischenzeit festgestellt, dass er in eine Sackgasse geraten war. Er musste zurück, aber für dieses Jahr war es bereits zu spät. Seine Leute quälten sich und sägten eine Gasse in das Eis, um eine geeignete Stelle zum Überwintern zu erreichen. Der Tender *Kruzenshtern* wurde nicht mehr erwähnt. Der neue Winterhafen 1830/31 hieß »Sheriff Harbour«. Die *Victory* saß fest im Eis. Ein arktischer Sommer war vergangen, und sie hatten nicht mehr als drei Meilen nach Norden geschafft. Eine nicht gerade ermutigende Bilanz.

Eine Aufgabe der Expedition konnte aber erledigt werden, die Feststellung des magnetischen Nordpols, der bekanntlich wandert und vom geographischen abweicht. Für J.C. Ross, der von seinem Onkel John damit beauftragt worden war, hatte Parry schon vorgearbeitet. Ross wusste also schon in etwa, wo er fündig werden konnte. In England vermutete man den magnetischen Nordpol bei 70 Grad Nord und 98 Grad, 30 Minuten West. Die Inklination, das heißt, die Ablenkung der Magnetnadel senkrecht nach unten, erreicht dort ihren höchsten Wert. Am Äquator dagegen ist dieser Wert gleich Null. Einen Ort mit 89 Grad Inklination kannte Ross bereits, so dass der magnetische Nordpol innerhalb eines eng begrenzten Gebietes liegen musste. Am 1. Juni hatte er diesen Ort gefunden. Die Inklination betrug dort 89 Grad und 59 Minuten. Die Ko-

James Ross, der Neffe des Expeditionsleiters John Ross, entdeckt am 1. Juni 1831 den magnetischen Nordpol.

ordinaten wurden mit 70 Grad, 05 Minuten und 17 Sekunden Nord und 96 Grad, 46 Minuten und 45 Sekunden West festgehalten. Nach diesem Erfolg war James Ross mit seinen Männern Mitte Juni wieder zurück bei der *Victory*. Inzwischen weiß man, dass der magnetische Nordpol wandert, und zwar innerhalb eines Gebietes von etwa 720 x 320 Kilometer. Die Ursachen der Wanderung sind bis heute noch nicht sicher erforscht.

Kapitän John Ross, der Leiter der Expedition, konnte es sich nicht verkneifen festzustellen, dass er an der Auffindung des magnetischen Nordpols »entscheidend« mitgewirkt habe. Es sei die *Victory* unter seinem Kommando gewesen, die diesen Erfolg erst ermöglicht habe. Wenn er nach dem Buchstaben auch Recht hatte, hinterlässt diese Feststellung doch einen recht faden Geschmack.

Neuen Messungen zufolge ist der magnetische Nordpol seit 1831 ca. 800 Kilometer in Richtung Pol gewandert, wodurch sich die Missweisung, die auf unseren heutigen Seekarten angegeben ist, erheblich verkleinert hat. Unabhängig davon gibt es aber einige Gebiete »unsicherer Missweisung, die zu beachten sind. Das ist aber heute mit der Satellitentechnik GPS kein Problem mehr.

Zurück zur *Victory*. Ende August kommt man noch ein paar Meilen voran, bis die schützende Bucht erreicht ist. Es beginnt die dritte Überwinterung in »Victory Harbour«. Kapitän Ross stellt fest, dass die Gesundheit seiner Männer stark nachgelassen hat und daher auch die körperliche Fähigkeit erheblich eingeschränkt ist. Die ersten Männer erkranken an Skorbut. Wesentlich schlimmer und folgenschwerer ist die Tatsache, dass die *Victory* durch eine harte Grundberührung und die häufigen Kollisionen mit großen tonnenschweren Eisschollen leck wurde. Die Heimreise mit dem Schiff schied daher aus, da eine Reparatur an Ort und Stelle nicht möglich war. Ross beschloss, das Schiff aufzugeben und das Wichtigste auf Schlitten zu befördern. Dass Ross auch anordnete, die Beiboote mitzunehmen, ist angesichts des bedenklich geschwächten gesundheitlichen Zustandes seiner Mannschaft völlig unverständlich, zumal er wusste, dass in Fury Beach einsatzfähige Boote seines Vorgängers Parry lagen. Sein Weg führte zwangsläufig dorthin, weil Ross auch auf Ergänzung seiner Lebensmittel angewiesen war. Aber noch war es nicht so weit, denn die lange Reise musste vorbereitet werden. Für die Boote und die Verpflegung musste der Zimmermann Schlitten bauen. Eine Liste wurde aufgestellt, was alles mitgenommen werden musste. Dazu gehörten außer der Verpflegung auch Waffen und Munition sowie Brennmaterial. Dazu kamen die wertvollen Instrumente. Zu allem Unglück war die Jagd nach Frischfleisch erfolglos geblieben, und Eingeborene, die mit Lebensmittel hätten aushelfen können, waren nicht in der Nähe.

Am 23. April begann der lange, für die Mannschaft unendlich strapaziöse Fußmarsch. Nicht weniger, als 350 km waren bis zu dem Lager in Fury Beach zurückzulegen. Mehrmals mussten die Männer umkehren, weil sie nicht alle Schlitten auf einmal mitnehmen konnten. Die Schwierigkeiten, die das Gelände ihnen entgegenstellte, waren so groß, dass sie in 10 Stunden mühevoller Schinderei nicht mehr, als fünf km zurücklegten. Erst als Ross erkennen musste, dass seine Männer am Ende ihrer Kräfte waren, sah er ein, dass er auf das unsinnige Mitschleifen der Boote verzichten musste.

Auf ihrem Weg nach Fury Beach kam die Expedition noch einmal über die Bentford Bay, deren westliches Ende in die schon erwähnte Bellot Strait mündet. Ross fand die Bellot Strait, registrierte sie aber als Fluss. Hätte er den »Fluss« näher untersucht, hätte ihm die, für einen Fluss ungewöhnlich große Breite auffallen müssen. Damit hätte er mit Sicherheit die Durchfahrt gefunden. Zum zweiten Mal aber verpasste Ross die Chance, die offen vor ihm lag.

Anfang Juli traf Ross nach einem äußerst strapaziösen Marsch mit seiner Mannschaft in Fury Beach ein. Die Boote waren bis auf eines noch einsatzfähig. Nur sehr langsam erholten sich seine Männer von den Strapazen. Man wartete darauf, dass das Eis schmolz. Sie wurden auf eine harte Probe gestellt. Immer, wenn sie offenes Wasser vor sich hatten, drehte der Wind, das Eis kam zurück und versperrte wieder jede Möglichkeit, diese Eiswüste zu verlassen. Die Boote mussten erneut an den Strand gezogen werden, und das endlose Warten begann von Neuem.

Als es endlich soweit ist, legten sie ab in der Hoffnung, nun endgültig freies Wasser zu haben. Sie kamen bis zum Lancaster Sound, aber nicht weiter. Massives Packeis versperrte den Weg. Auf offenes Wasser zu warten, hätte angesichts des herannahenden Winters für alle den sicheren Tod bedeutet, denn sie brauchten eine feste Unterkunft. Enttäuscht und moralisch am Ende machten sie sich auf den Weg zurück nach Fury Beach. Zu allem Unglück mussten sie auch noch die Boote zurücklassen und zu Fuß weiter marschieren. Nichts schien ihnen erspart zu bleiben. Eine unbeschreibliche Schinderei begann, aber Anfang Oktober waren sie zurück im Lager. Der vierte trostlose arktische Winter begann. Eintönig und zermürbend, Tag für Tag, Monat für Monat. Die psychische und physische Belastung schien unerträglich zu sein, aber der schier unbeugsame Lebenswille der Männer siegte. Im Mai schafften sie Lebensmittel zu den Booten, anschließend die Kranken und die nicht Gehfähigen. Erst Mitte August war das Eis soweit geschmolzen, dass sie mit den Booten aufbrechen konnten. Sie segelten und ruderten oft viele Stunden, um an den Ausgang des Lancaster Sound zu kommen, wo sie Walfänger vermuteten. Am 26. August entdeckte ein Mann am frühen Morgen ein Segel am Horizont. Mit allen noch zur Verfügung stehenden Kräften ruderten sie los, aber der Segler schien sie nicht zu bemerken. Fast wollten sie aufgeben, da schlief der Wind ein, und mit letzter Kraft erreichten sie doch den Segler. Es war der Walfänger *Isabella*. Er nimmt die erschöpften Männer auf, und während der Reise zurück nach England konnten sie sich, wenn auch sehr langsam, erholen.

Am 19. Oktober berichtete Ross, der mit seinen Männern längst als verschollen galt, der Admiralität in London.

Was hatte er zu berichten? Ross sah sich erfolgreich und betonte besonders das Auffinden des magnetischen Nordpols. Das war, genau besehen, auch der einzige greifbare Erfolg, aber in erster Linie der seines Neffen. Wenn man es »Erfolg« nennen will, dann waren es die Energie und der unerschütterliche Wille von Ross, die Strapazen von vier Überwinterungen durchzustehen, und seine Männer mehr oder weniger heil nach Hause zu bringen. Aber auch dieser Verdienst steht in größerem Maße seinen Leuten zu, denen er viel Mühe und Anstrengungen hätte ersparen können und deren Durchhaltevermögen man nur bewundern kann. Das Hauptziel, die Passage, aber hatte Ross verfehlt, und das nicht ganz unschuldig.

Man sollte meinen, dass die Suche nach der Passage aufgegeben wurde. Weit gefehlt! Wider alle Vernunft wurde die nächste Expedition geplant. Sah man nicht, oder wollte man nicht einsehen, dass, sollte man die Passage finden, nie ein wirtschaftlicher Vorteil daraus zu ziehen war! England aber war nach dem Wiener Kongress im Jahr 1815 unbestrittene Weltmacht, Beherrscher der Meere, und dieser Tatsache (oder Verpflichtung?) wollte man gerecht werden.

Nach längerer Diskussion wegen seines fortgeschrittenen Alters von 59 Jahren ernannte die Admiralität **John Franklin** zum Leiter einer weiteren Expedition. Franklin schien der geeignetste Mann zu sein. Er kannte die astronomische Navigation, hatte an den Seeschlachten von Kopenhagen und Trafalgar teilgenommen und sich bewährt und hatte Erfahrungen in polaren Gegenden per Schiff und über Land gesammelt. Seinem Stellvertreter, James Fitzjames, allerdings und auch einem Teil der Mannschaft fehlten diese wichtigen Voraussetzungen.

Am 19. Mai 1845 verließ die Expedition die Themse mit drei Schiffen. Es waren die *Erebus* und *Terror* als eigentliche Expeditionsschiffe. Das dritte Schiff war ein Tender, der nur Ausrüstung und Verpflegung geladen hatte. Diese gab er unterwegs ab und segelte mit 5 Kranken nach Hause.

Die beiden Expeditionsschiffe waren als Bark getakelt, waren werftseitig gründlich überholt worden und hatten verstärkte Rümpfe. Beide verfügten über eine Dampfmaschine und hatten Schraubenantrieb. Die Schraube konnte bei Eisgang hochgeholt werden, um Beschädigungen zu vermeiden. *Erebus* war mit 372 Registertonnen, *Terror* mit 325 vermessen. Insgesamt waren 129 Mann an Bord der beiden Schiffe. Die Admiralität und auch die Teilnehmer der Expedition vertrauten auf die fortgeschrittene Technik und Erfahrung und begannen die Reise voller Zuversicht.

Sir John Franklin um das Jahr 1830.

Zunächst war die Zuversicht berechtigt, denn ohne Zwischenfälle erreichten die Schiffe im Juli den Lancaster Sound. Ein später aufgefundenes Dokument sagte aus, dass man sich in der Barrow Strait nach Norden (!) in den Wellington Channel (77 Grad Nord) wandte und irgendwo auf eine Eisbarriere stieß. Auf der Westseite der Insel Cornwallis begab sich die Expedition nach Süden. Statt weiter nach Süden in den Peel Sound, segelte man nach Beechy Island, um dort zu Überwintern. Von da ab fehlt jede Spur der Expedition. Späteren Nachforschungen zufolge soll sie durch den Peel Sound weit nach Süden vorgestoßen sein, bevor sie nordwestlich von King William Island im Eis fest saß und nicht mehr frei kam.

Das Jahr 1846 verging ohne ein Lebenszeichen. Man war noch nicht verunsichert, denn die Schiffe waren gut ausgerüstet und hatten Lebensmittel für fünf Jahre an Bord. (Andere Quellen sprechen von 3 Jahren, was glaubwürdiger erscheint). Als man auch im folgenden Jahr, 1847, kein Lebenszeichen erhielt, ging man auf die Suche. Das machte man gründlich, sowohl vom Pazifik aus, als auch auf der üblichen Route durch den Lancaster Sound. Daran beteiligte sich auch John Ross. Die Schiffe froren ein. Zu Fuß, mit Schlitten und überall suchend, hoffte man, Spuren zu finden. Wieder wurden Fehler gemacht, die man längst überwunden zu haben glaubte. Wie schon früher lagen die Fehler bei der nicht zu Ende gedachten Planung. Es kam, wie es kommen musste: Wieder forderte der Skorbut seine Opfer, und alle Bemühungen blieben erfolglos. Keine, nicht die geringste Spur von Franklin und seinen Männern, war zu finden.

In die Konstruktion der Viermastbark *Pamir* flossen alle schiffbautechnischen Erkenntnisse der Zeit ein. Der »Flying P-Liner« lief 1905 in Hamburg bei Blohm und Voss vom Stapel.

Folgende Doppelseite:
Drachenboote im Narvikfjord.

Die *Halve Maen* (»Halbmond«), 1609: Eine dreimastige Karavelle mit dem für diese Zeit typischen Lateinsegel am Besanmast.

An Bord der *Jagt Giöa* entdeckte Roald Amundsen 1905/06 die Nordwestpassage in den Pazifik.

Hommage an das berühmt gewordene Rennen der beiden englischen Teeklipper *Ariel* und *Taeping* im Jahre 1866. Beide haben eine gewaltige Pyramide aus weißen Segeln gesetzt. Markant sind die Leesegel, die vor dem Wind noch ein paar Knoten Fahrt zusätzlich brachten.

Modell des Vollschiffes *Pass of Balmaha*, des späteren Hilfskreuzers *Seeadler*. Dieses Schiff wurde im Ersten Weltkrieg unter Felix Graf Luckner weltberühmt.

Oben: Viermastbark in schwerer See (Gemälde von Johannes Holst).

Unten: Schlicht und einfach: Die Kapitänskajüte auf der *Pommern*. Sie kann heute noch im Originalzustand besichtigt werden.

Links: Das Oberdeck der Viermastbark *Pommern*, Baujahr 1903. Sie war der letzte Windjammer in der Frachtfahrt und wurde erst 1952 stillgelegt. Das heutige Museumsschiff kann im Westhafen von Mariehamn, auf den Åland-Inseln, besichtigt werden.

Übernächste Seite: Die *Flying Cloud* war einer der schnellsten amerikanischen Klipper.

Die *Potosi* in der Elbmündung auf Höhe des Feuerschiffs *Elbe 2* (Gemälde von Alfred Jensen).

Das »Tor zur Welt«: der Hamburger Hafen um das Jahr 1900.

Eine ganze Flotte, es sollen 10 Schiffe gewesen sein, wurde nun auf die Reise geschickt. Die Admiralität stand unter Druck, denn nicht jeder erachtete die kostspieligen Aufwendungen für eine nutzlose Passage noch für sinnvoll. Auch die Presse stellte kritische und unangenehme Fragen.

Endlich fand man Spuren auf Beechy Island. Es waren die Gräber von drei Toten, aber keine Nachricht, wie sie die Vorgänger immer unter Steinhaufen hinterlassen hatten. Wo war Franklin? Wo waren seine Männer? Wohin haben sie sich von Beechy Island aus begeben? Fragen über Fragen, aber keine Antwort. Es rächte sich bitter, dass Franklin nicht, wie vorgesehen, hinterlassen hatte, wohin er von Beechy Island aus gegangen, bzw. gesegelt war. Im Frühjahr 1850 versuchten zwei Schiffe vom Pazifik aus dem Verbleib der Franklin-Expedition auf die Spur zu kommen. Die Schiffe kamen außer Sicht, und die *Investigator* unter Kapitän McClure kam durch die Beringstraße weit nach Osten voran. Unter Schwierigkeiten und behindert durch viel Treibeis gelangte sie Anfang September bis zum Kap Perry. Dort fror das Schiff ein. McClure machte sich mit sieben Mann zu Fuß auf den Weg und erreichte die Nordküste von Banks Island gegen Ende Oktober. Vor sich sah er Land. Es war Melville Island, wo Parry bereits im Jahr 1819 gewesen war. Damit war »im Prinzip« die Nordwestpassage gefunden. Der Versuch McClures, mit seinem Schiff zur Barrow Strait vorzustoßen, misslang. So, wie Parry undurchdringliches Packeis vorfand, so war es auch bei McClure. Die Passage schien ganzjährig unpassierbar. Es wurde Juni 1851, sechs Jahre nach Franklins Aufbruch. Die Chancen, noch Lebende zu finden waren gleich Null, es sei denn bei den Inuits. Im Sommer brach das Eis auf, und die *Investigator*, zu deren Besatzung auch der deutsche »Inuitexperte« J. A. Miertsching gehörte, kam frei. McClure versuchte doch noch den Durchbruch nach Norden, aber er scheiterte. Auch in der Gegenrichtung hatte er keinen Erfolg. Er fand an der Nordostküste von Banks Island eine Bucht für den Winter, die er voreilig »Merci Bay« tauft. Er ahnte nicht, dass er dort einen zweiten Winter überstehen musste, weil das Eis ihn festhielt. McClures Situation wurde bedenklich. Die Lebensmittel wurden knapp, was die Gesundheit seiner Leute deutlich verschlechterte. Von der Suche nach Franklin konnte keine Rede mehr sein. Rundum undurchdringliches Eis. Es sah so aus, als sei eine dritte Überwinterung, die eine Katastrophe geworden wäre, unvermeidlich. Als es kritisch wurde, kam die Rettung von der *Resolute*. Die sitzt zwar auf Dealy Island auch im Eis fest, hatte aber noch genügend Lebensmittel, um helfen zu können. Die *Investigator* wurde aufgegeben, und mit vieler Mühe brachte man auch die Kranken auf das andere Schiff. Auch die *Resolute* musste nach der vierten Überwinterung aufgegeben werden. Mit Schlitten erreichten schließlich die Männer beider Schiffe das rettende Beechy Island. Inzwischen hatten auch weitere vier Schiffe der Suchflotte keine Chance mehr und mussten ebenfalls aufgegeben werden. Die alleinige Hoffnung lag jetzt bei der *North Star*. Es bestand die berechtigte Hoffnung, im Sommer durch den Lancaster Sound freies Wasser zu erreichen. Diese letzte Hoffnung erfüllte sich im August 1853. Die Männer konnten einen Kanal in das Eis sägen und das Schiff in freies Wasser ziehen. Sie segelten zurück nach England, wo sie im September 1854 eintrafen.

Die Bilanz war erschreckend: 32 Tote und sechs verlorene Schiffe bei der Suchflotte. Zusammen mit der unglücklichen Franklin-Expedition addierten sich die Verluste auf 166 Tote und acht verlorene Schiffe. Auf der Habenseite stand die Entdeckung einer unbrauchbaren Passage. Abgesehen von den Gräbern auf Beechy Island, gab es keine, auch nicht die geringste Spur vom Verbleib der verschollenen Expedition. Der einzige Gewinner war McClure, der 10.000 Pfund erhielt und in den Adelsstand erhoben wurde.

John Franklins Witwe war nicht zufrieden. Sie wandte sich an Kapitän McClintock, einen Offizier, der über ein hohes Maß an Erfahrung im Polargebiet verfügte. Auf ihn konzentrierte sich ihre ganze Hoffnung. Im Jahr 1857 brach McClintock mit der Dampfyacht *Fox*, die auch über einen Schraubenantrieb verfügte, auf. Zunächst hatte er wenig Glück. Schon vor dem Lancaster Sound saß er im Eis fest. Die *Fox* driftete während des Winters fast unglaubliche 1000 Meilen mit dem Eis nach Süden, bevor sie unbeschädigt freikam. Im August war McClintock in Beechy Island und erreichte im gleichen Monat noch die Bellot Strait. Dort überwinterte er zum zweiten Mal. Die Zeit des Winters nutzte er aber und suchte mit Schlitten nach Spuren. Er traf auf Inuits und erhielt dabei den entscheidenden Hinweis. Einer der Inuits zeigte ihm einen Knopf, der eindeutig ein englischer Marineknopf war. McClintock blieb bei den Inuits. Am nächsten Tag kamen viele Eingeborene mit Frauen und wollten tauschen. Alle hatten Gegenstände von der verschollenen Expedition dabei. Uniformknöpfe, silberne Besteckteile und vieles andere mehr. McClintock erfuhr dabei, dass ein Schiff bei King Williams Island durch Eispressung gesunken sei, die Leute aber sich retten konnten. Einer der Inuits wusste auch noch, wo das passiert war. McClintock war klar, wo er suchen musste. Im darauffolgenden Frühjahr machte er sich mit zwei Schlitten, die getrennt suchen sollten, auf den Weg. Leutnant Hobson mit dem zweiten Schlitten fand endlich die lang gesuchte Botschaft. Demnach hatte die Expedition 1846/47 im Nordwesten von King Williams Island überwintert. Im April 47 mussten die Schiffe aufgegeben werden, und die Männer versuchten, sich nach Süden zum Backs Fish River durchzuschlagen. Das Ziel wurde nie erreicht.

John Franklin, so besagt die Botschaft, starb am 11. Juni 1847. Die wahren Gründe, warum keiner der Männer überlebt hat, sind naheliegend, aber im Einzelnen unbekannt. Es waren mehrere: Kälte, Hunger, Skorbut und Erschöpfung. Sie mussten ihre Boote mitnehmen, denn King Williams Island ist eine Insel. Damit waren sie zu langsam, und der Transport der Boote über Land überstieg ihre Kräfte. Keiner überlebte.

Geschockt von den hohen Verlusten an Menschen und Material und sicher auch mit Rücksicht auf die immer lauter werdende öffentliche Meinung dürfte die Admiralität wenig Neigung gezeigt haben, weitere Opfer zu bringen, nur um eine nutzlose Passage zu finden. 40 Jahre lang schien die Nordwestpassage vergessen zu sein.

Der Drang nach den Polen und die Verbesserung der Schiffe und deren Ausrüstung, kurz die Möglichkeiten, doch noch und ohne Verluste die Passage zu finden, waren deutlich gestiegen. Damit war auch der Wunsch, diese Passage, um die sich so viele Kapitäne und Forscher erfolglos bemüht hatten, zu entdecken, nicht gestorben.

In der Nacht vom 16. auf den 17. Juni 1903 verließ der Norweger **Roald Amundsen** den Hafen von Kristiana, dem heutigen Oslo. Sein Ziel, nun endlich diese verdammte Nordwestpassage zu finden. Seine Voraussetzungen waren, im Vergleich zu allen vorangegangenen, am besten. Amundsen stand im Alter von 31 Jahren. Er hatte an einer Südpolexpedition teilgenommen, hatte sich körperlich gut vorbereitet, hatte alle nur zugängliche Literatur studiert und hatte ein zwar kleines, aber sehr stabiles und gut ausgerüstetes Schiff. Was Amundsen auszeichnete, waren sein überdurchschnittlicher Ehrgeiz, sowie seine Zielstrebigkeit.

Seine Reise ging durch das Skagerrak zur Südspitze Grönlands, weiter über die Baffin Bay zum Lancaster Sound. Amundsen segelte nicht in den Prince Regent Inlet, sondern umfuhr Somerset Island und wandte sich erst dann nach Süden. Ihm war sicher die Erfahrung von Ross

Roald Amundsen: Er war seines Ehrgeizes wegen nicht ganz unumstritten. Sein Erfolg aber gab ihm letztendlich recht.

bekannt, und dass er sonst in eine Sackgasse gesegelt wäre. Die Passage durch die Bellot Strait war ihm voraussichtlich zu unsicher. Ohne größere Schwierigkeiten - er hatte das große Glück ein eisarmes Jahr zu erwischen - kam er bis zur Südküste von King William Island. Er fand dort eine gut geschützte Bucht, die er nach seinem Schiff Gjöahafen nannte und blieb dort, um sich auf die Suche nach dem magnetischen Nordpol zu begeben. Mit dem Erdmagnetismus hatte er sich schon vor seiner Reise befasst und sich bei Kapazitäten, darunter auch in Deutschland, Informationen geholt. Amundsen war mit einem Meteorologen fast zwei Monate unterwegs, aber die Messungen blieben ohne greifbares Ergebnis. Bis King William Island war der Weg bereits bekannt. Von dort aus war es Neuland. Erst im Sommer 1905 setzte Amundsen seine Reise fort. Sie verlief über den Queen Maud Golf, durch die heutige Dease Strait. Von dort aus überquerte Amundsen den Coronation Gulf. Es ist nichts darüber bekannt, dass er wesentliche Schwierigkeiten mit Treib- oder Packeis hatte. Er folgte der Rinne, in der im Jahr 1850 der Engländer Richard Collison, vom Pazifik kommend, eine nicht unerhebliche Strecke nach Osten vorgestoßen war. Bereits südlich von Banks Island sichtete Amundsen am 26. Au-

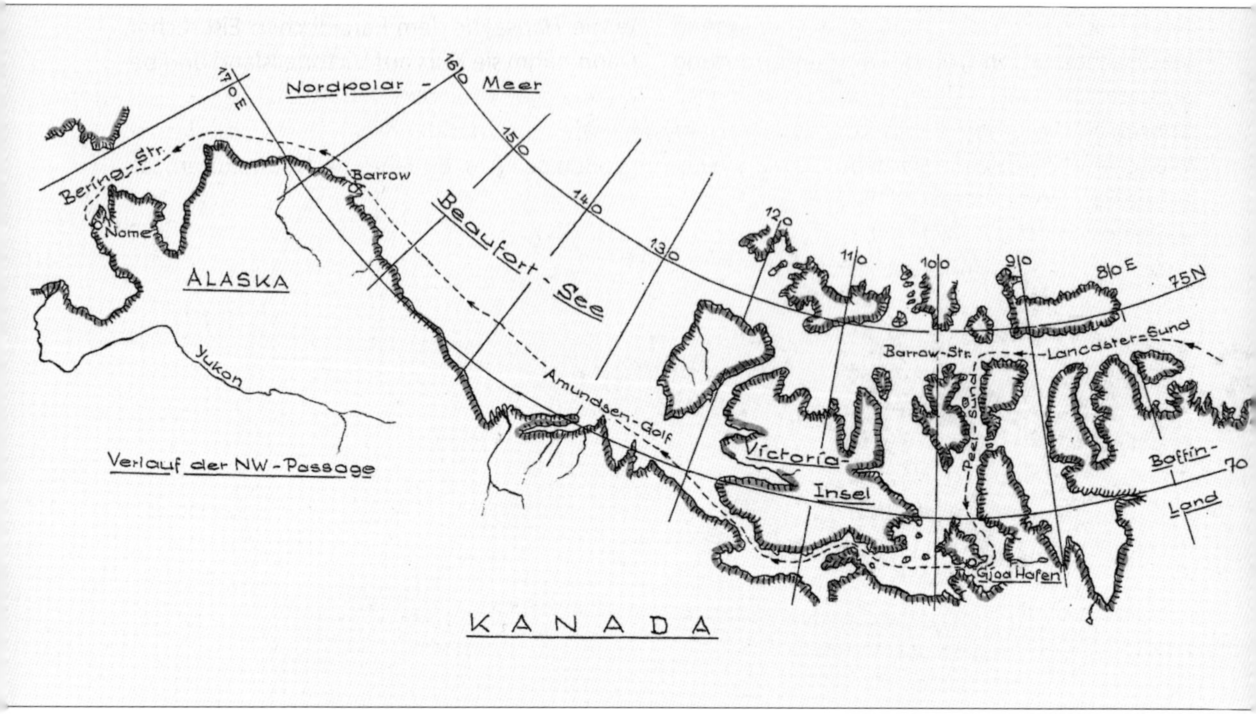

Die von Roald Amundsen erschlossene Nordwestpassage.

gust 1905 vor Nelson Head ein Segel. Damit lag die Nordwestpassage so gut wie hinter ihm, obwohl bis zu einem schiffbaren Hafen im Pazifik noch eine große Strecke zurückzulegen war. Der Segler, der ihm entgegengekommen war, war die *Charles Hansson* aus San Francisco unter Kapitän James McKenna.

Gezwungen durch Packeis mussten Amundsen und seine sieben Begleiter noch eine dritte Überwinterung bei King Point hinnehmen. Das war eine lästige Verzögerung, aber man war zuversichtlich, auch noch den Rest der Strecke hinter sich bringen zu können. Erst im Juli 1906 wurde die *Gjöa*, die sich vorzüglich bewährt hatte, vom Eis frei gegeben. Um den Norden von Alaska herum segelte Amundsen nach Nome, wo er am 18. August 1906 eintraf. Damit war die Nordwestpassage zum ersten Mal durchquert worden.

Wie ist diese Reise zu beurteilen? Sie war sicher eine hervorragende menschliche und nautische Leistung des Kapitäns Amundsen. Das insbesondere, als er nur mit einem, und dazu noch kleinen Schiff die Reise bewältigte. Wie bereits erwähnt, waren aber seine Voraussetzungen sehr günstig. John Ross und insbesondere William Parry hatten schon gute Vorarbeit geleistet. Das Wetter und die Eisverhältnisse spielten mit, aber das schmälert nicht die Leistung Amundsens und seiner Crew.

Im Jahr 1905 hatte Amundsen die Nordwestpassage überwunden. 89 Jahre später folgte ein Passagierschiff, die *Hanseatic*, seinen Spuren. Am 22. August 1994 erreichte sie Beechy Island. Die dort begrabenen Toten der Franklin-Expedition waren 1984 exhumiert worden. Amerikanische Untersuchungen waren zu dem Schluss gekommen, dass eine Bleivergiftung ihren Tod ganz, oder zumindest vorwiegend verursachte. Schon früher war die Vermutung aufgetaucht, dass mitgeführte Lebensmittelkonserven die Ursache sein könnten. Auf der Weiterfahrt machte die *Hanseatic* Station in Resolute Bay. Dort gibt es seit 1947 eine meteorologische Station, die sich mit den Jahren zum Ausgangs- und Mittelpunkt arktischer Unternehmungen entwickelte.

Durch die Barrow Strait und den Peel Sound ging die Fahrt weiter. Der Abstecher in die Bellot Strait war durch massives Packeis schnell beendet. Auf dem weiteren Weg nach Süden wurde das Eis so kompakt, dass die *Hanseatic* nur noch einen Knoten Fahrt machen konnte. Sie musste aus Zeitgründen die Hilfe eines Eisbrechers in Anspruch nehmen. Das war nahe der Position, wo 1992 die *Frontier Spirit* (später *Bremen*) festsaß, und das zusammen mit zwei Eisbrechern. Bis zum Erreichen freien Wassers folgte die *Hanseatic* dem kanadischen Eisbrecher. Dann nahm sie Kurs auf Victoria Island und beendete die Durchfahrt in Barrow.

Die Schwierigkeiten dieses modernen großen Schiffes, 89 Jahre nach Amundsen, lassen ahnen, was die Kapitäne und Mannschaften in der Anfangszeit der Bemühungen um die Nordwestpassage geleistet haben.

Eine Schlussbetrachtung sei erlaubt: Ein ungeheuerer Aufwand war getrieben, ein fast unerträgliches Maß an Strapazen, Leid und Sterben war in Kauf genommen worden, nur um einen »kurzen Seeweg« nach China bzw. Cathay, später schlicht eine Nordwestpassage zu finden. Was man schließlich fand, und das war vorauszusehen, war eine völlig nutzlose Passage, die auch heute noch für moderne Kreuzfahrtschiffe zur Gefahr werden kann. Es ist inzwischen ruhig um sie geworden.

Die Kapitäne der Klipper

In den vergangenen Jahrhunderten gab es immer wieder Perioden, in denen Menschen in großer Zahl, aus welchen Gründen auch immer, ihren bisherigen Wohnsitz verließen, um ihre Lebensbedingungen zu verbessern. So in der Zeit der Auswanderer im 19. Jahrhundert, wo Tausende Deutsche und Engländer die Reise über den »großen Teich« ins Land der »unbegrenzten Möglichkeiten« wagten. Sie glaubten, dort bessere Möglichkeiten zu haben und den ersehnten Wohlstand zu erreichen. Viele Schiffe waren nötig, um der großen Nachfrage Genüge zu leisten, was sowohl den Reedern als auch dem Schiffbau zugute kam. Was sich aber etwa in der gleichen Zeit in Amerika ereignete, übertraf alle Erwartungen um ein Vielfaches. Im Jahr 1848 wurde in Kalifornien ein großes Goldvorkommen entdeckt. Ein Ansturm setzte ein, der kaum zu bewältigen war. Abertausende glaubten, dort in Kürze reich zu werden. Die Frage aber war, wie dorthin, in den Norden der Westküste, kommen. Von der Ostküste über Land? Das erschien bei den damaligen Gegebenheiten so gut wie aussichtslos. Was blieb, war der Seeweg, aber der war auch nicht gerade verlockend. Er führte über rund 13.000 Seemeilen um das berüchtigte Kap Hoorn und im Pazifik nach Nordnordost meist nach San Francisco. Der Panama-Kanal existierte damals noch nicht, und so blieb keine andere Wahl. Aber nicht nur die Goldgräber benötigten Schiffe. Auch der Schmuggel hatte eine Blütezeit und mit seinen »lahmen, dickbauchigen Enten« hatte der Zoll nicht die geringste Chance. Auch hier waren schnelle Schiffe gefragt. Auch der Handel mit China erforderte viele und schnelle Segler, denn die Nachfrage nach Tee stieg in Amerika ständig. Das war die Stunde der guten Schiffbauer in New York und Boston.

Nathaniel B. Palmer

Es war ein langer Weg vom Einbaum der frühen Jungsteinzeit bis zur »Königin der Meere«, dem Fünfmastvollschiff *Preußen*. Sicher in die Tausende geht die Zahl der Konstrukteure, Kapitäne, Steuer- und Bootsleute, die mit ihren Ideen zur Entwicklung und Verbesserung der Schiffe beigetragen haben. Kein Konstrukteur hat je ein Schiff entworfen, das nicht in dem einen oder anderen Punkt hätte verbessert werden können. Auch die Klipper waren nicht einfach da, sondern wurden Schritt für Schritt verbessert. Einer, der

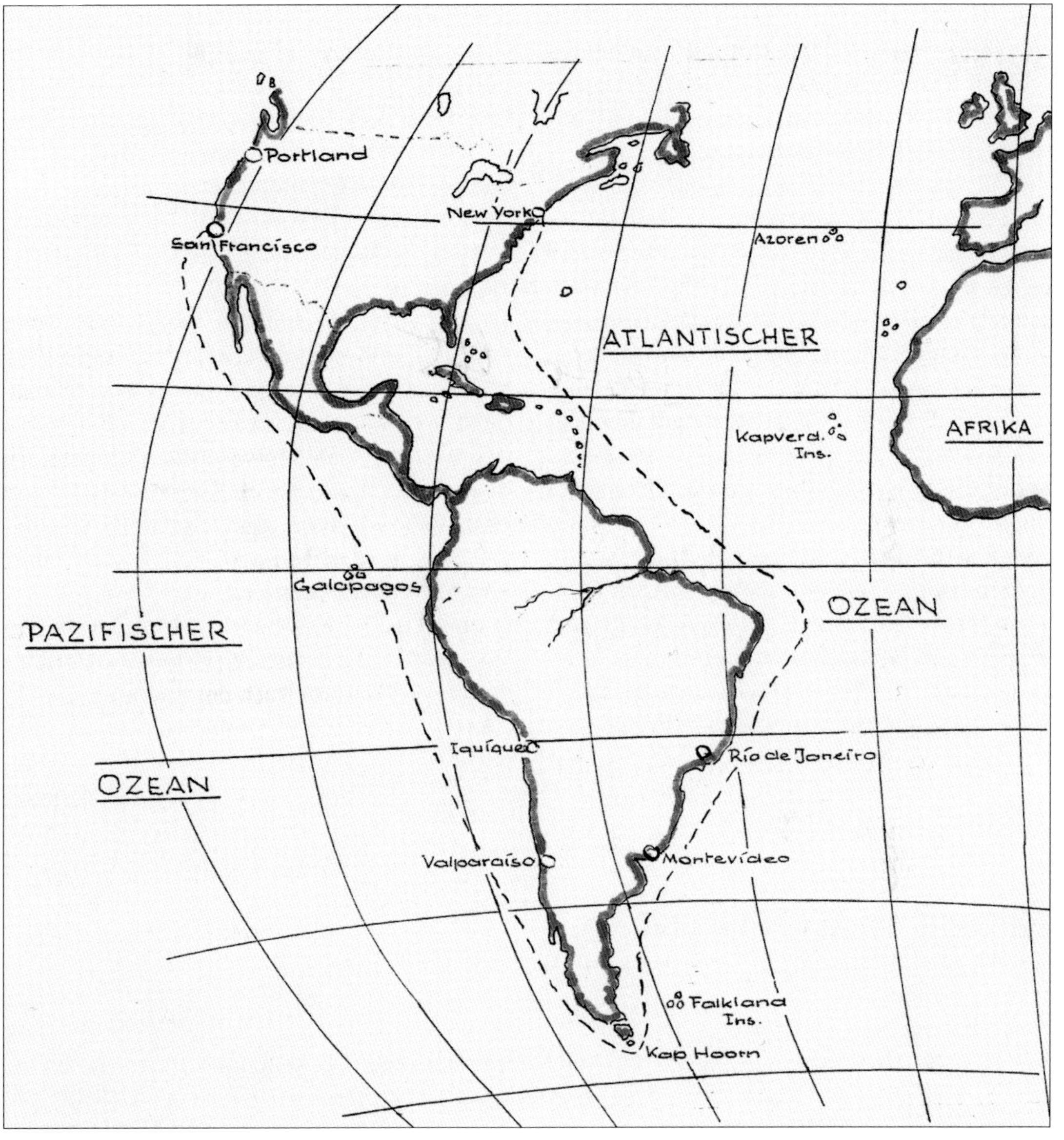

13.000 Seemeilen: New York – Kap Hoorn – San Francisco. Die von den Klippern meist befahrene Route. Der kürzere Landweg war viel gefährlicher.

sich darum verdient gemacht hat, war Kapitän Palmer, ein engagierter Wegbereiter der Klipper.

Seine Voraussetzungen waren gut, denn sein Vater hatte eine Werft in Stonington (Connecticut), wo er sich als Kind gerne aufhielt. Folgerichtig fing er bald an, selbst auf einem Catboot zu segeln. Bereits mit 14 Jahren ging der Junge zur See. Es war im Jahr 1812, im verlustreichen Krieg gegen England, und Palmer fuhr auf einem Blockadebrecher. Mit 19 Jahren heuerte er auf einem Robbenfänger an, und mit 21 hatte er in der Robbenjagd bereits das Kommando auf einem kleinen einmastigen Segler. In der küstennahen Schifffahrt holte er sich als Kapitän viel Erfahrung, bis er 1843 als Kapitän auf der Chinaroute fuhr. Palmer befehligte ein Postschiff der alten Bauart, die *Paul Jones*. Missmutig musste er zusehen, wie mühsam sich das Schiff durch die Wellen quälte. Kapitän Palmer war kein Mann der hochgeschraubten Theorie, er war Praktiker mit Erfahrung und überlegte, wie er sein Schiff schneller machen könne. Ein scharfer Bug schwebte ihm vor, und die größte Breite des Schiffes sollte mehr nach achtern verlegt werden. Entsprechend dem Revier, das er befahren hatte, sollte das Schiff einen flachen Boden haben. Den richtigen Mann hatte er an Bord, und dieser Mann ließ sich von den Ideen Kapitän Palmers überzeugen. Von der Reise zurück wurde die Werft Brown und Bell mit dem Bau des Schiffes nach den Plänen Palmers beauftragt. Am 3. Mai 1844 lief es vom Stapel und entsprach voll Palmers Vorstellungen. Die erste Reise führte nach Kanton, das er nach 95 Tagen erreichte. Um ganze 16 Tage war die Reise schneller als mit seiner müden *Paul Jones*. Auf der Rückfahrt konnte er das Ergebnis noch verbessern. Mit einer Reisezeit von 88 Tagen sparte er volle 23 Tage ein. Ein beachtenswerter Erfolg.

Sein Schiff, die *Houqua*, war schnell, hatte einen schlanken Rumpf, einen scharfen Bug, aber ein Klipper im engeren Sinne war sie noch nicht, wenngleich sie nahe daran war. Die *Sea Witch* unter Kapitän Waterman schaffte die gleiche Strecke im Jahr 1849, also etwa fünf Jahre später in 74 Tagen, das waren doch beachtliche zwei Wochen weniger. Vermerkt sei noch, dass auch dieses Schiff, es hatte hohe Masten, in einem außergewöhnlich starken Sturm den Großmast und den oberen Teil des Kreuzmastes verlor. Wir werden noch von mehreren ähnlichen Havarien hören.

Robert W. Waterman

Robert W. Waterman wurde im März 1808 geboren. Er war 12 Jahre alt, als er mit einem Segler die Route nach China befuhr. Mit 21 Jahren wurde er 1. Offizier auf dem Postschiff *Britannia*, und wenig später war er Kapitän. Sein nächstes Schiff war die *Natchez*. Trotz seiner Jugend wurde ihm dieses Schiff anvertraut, und da er es nicht dabei beließ, das Schiff so zu übernehmen, wie es war, machte er sich an die Arbeit. Die *Natchez* sollte schneller werden. Waterman hatte ein feines Gespür für Schiffbau und speziell für Segel und das optimale Rigg. Er veränderte das Rigg völlig nach seinen Vorstellungen und sorgte für aerodynamisch bessere und wirksamere Segel. Die *Natchez* bekam höhere Masten als üblich, und sie konnte Leesegel fahren, die bei Vorwindkursen für deutlich schnellere Fahrt sorgten. Der Erfolg blieb nicht aus. Mit dem neu getakelten Schiff legte er die Strecke von Macao nach New York in einer bis dahin nicht erreichten Rekordzeit von 77 Tagen zurück.

Die *Natchez* war nicht mehr die Jüngste und ihr Rumpf nach den neuen Erkenntnissen nicht optimal. Howland & Aspinwall, die ehrgeizigen Reeder, planten daher einen Neubau. Der Konstrukteur, die Werft und der Kapitän sollten in Teamarbeit einen superschnellen Klipper konzipieren und bauen. Das Ergebnis war die *Sea Witch*.

Die *Sea Witch* hatte eine »Länge über Alles« (Lüa) von 51,90 Meter und war 10,34 Meter breit bei einem Tiefgang von 5,80 Meter. Ihre Ladekapazität betrug 1100 t. Gebaut wurde sie bei Smith & Dimon in New York. Der Konstrukteur war John W. Griffith, ein außerordentlich begabter Mann am Reißbrett, der es zu hohem Ansehen brachte. Die neue, schnittige Rumpfform mit V-förmigem Unterwasserschiff zusammen mit einem verbesserten Rigg brachte nicht nur eine höhere Geschwindigkeit, sondern das Schiff konnte auch höher an den Wind gehen. Das war eine spürbare Verbesserung, sollte man gezwungen sein, gegen den Wind aufzukreuzen.

Die *Sea Witch* und ihr Kapitän wurden schnell berühmt, und das kam so: Es war Sonntag, der 25. März 1849, als der Blick des Ausguckpostens auf Sandy Hook an einem besonderen Segel weit am Horizont hängen blieb. Es wehte ein frischer Südostwind, und dieses Segel wurde erstaunlich schnell größer. Waren es zuerst die Skysegel, so folgten rasch die Royals und die Bramsegel. Bald war das ganze Schiff sichtbar. Das kann nur ein Klipper sein, dachte der Posten. Kein Schiff der alten plumpen Bauart konnte so schnell aufkommen. Aber ein Teeklipper? Nein, zu dieser Zeit war noch kein Teeklipper zu erwarten. Zaubern kann keiner, die Teeklipper mussten alle noch auf See sein. Und doch, mit seinem Fernrohr konnte er das Schiff klar erkennen, es war die *Sea Witch*, die »Seehexe«. Sie hatte ihren Namen sicher zu Recht, denn eine Reisezeit von nur 74 Tagen von Hongkong nach New York, das war Hexerei. Damals rechnete man mit vier bis sechs Monaten. Kapitän der *Sea Witch* war Robert H. Waterman. Drei Faktoren waren ausschlaggebend für diese seemännische Bravourleistung. Erstens, Waterman war ein hervorragender Kapitän, und zweitens, sein Schiff war einer der schnellsten Klipper. Der dritte »Faktor« war ein fast unscheinbarer Mann, Leutnant der amerikanischen Marine, Matthew Fountaine Maury. Durch Unfall zum Innendienst gezwungen, entdeckte er im Keller seines Amtes eine Unzahl verstaubter Logbücher, um die sich niemand gekümmert hatte. Er holte sie in sein Büro und las sie mit zunehmendem Interesse, weil er sehr rasch ihren Wert erkannte. In mühsamer Arbeit studierte er sie eingehend und wertete sie aus. Das Ergebnis waren Seekarten, in die Maury Passatwinde, Flautenzonen und Wind- und Meeresströmungen sorgfältig eingetragen hatte. Für die Kapitäne hat er die daraus resultierende günstigste Route errechnet und damit der Schifffahrt einen nicht hoch genug einzuschätzenden Dienst erwiesen. Kapitäne, und zu diesen gehörte natürlich auch Waterman, konnten mit Maurys Karten ihre Reisezeiten erheblich, in einigen Fällen sogar um die Hälfte verkürzen. Maury hatte mit Hilfe der Logbücher nachgewiesen, dass der direkte Weg keineswegs auch immer der günstigste und schnellste ist.

Nicht zuletzt durch Maury hatte die *Sea Witch* in den neun Jahren, die sie die Weltmeere durchfuhr, der Reederei ein Vermögen eingebracht und Rekorde aufgestellt, die nie wieder gebrochen wurden.

Hongkong_New York wurde eine viel befahrene Route. Der Teehandel mit China war ein einträgliches Geschäft. Dazu kam aber ein noch viel einträglicheres, aber sehr fragwürdiges Geschäft, das mit Rauschgift nach dem schmutzigsten aller Kriege, dem »Opiumkrieg« im Jahr 1842.

Nach der *Sea Witch* bekam Waterman das Kommando über ein neues Schiff, dessen Name schon besagte, was von ihm erwartet wurde. Das Schiff hieß *Challenge*, das heißt »Herausforderung«. Mit über 2000 t Ladefähigkeit war sie, soweit bekannt, das größte Handelsschiff. Der Konstrukteur hatte ihrem Rumpf eine schöne, ästhetische und schnelle Form gegeben, die beste Voraussetzung für eine erfolgreiche Zukunft des Schiffes. Kapitän Waterman sollte mit diesem Schiff einen Rekord aufstellen, und die Strecke New York nach San Francisco um das Kap Hoorn herum in weniger als 89 Tagen zurücklegen. Damit sollte die Zeit der *Flying Cloud* unter Kapitän Creesy aus dem Jahr 1852/53 unterboten werden. Daraus wurde jedoch nichts. Die Reise sollte im negativen Sinn berühmt werden. Waterman hatte Pech mit seiner Mannschaft, die zum großen Teil in finsteren Hafenkneipen »shanghait« worden war. Ein Teil seiner Leute hatte noch nie ein Schiff betreten und wollte nur schnell und billig zu den Goldwäschern an der Westküste. Ausgelöst durch den Boom im Schiffbau waren gute, erfahrene Matrosen Mangelware und kaum zu bekommen. Keine gute Voraussetzung für die erwartete schnelle Reise, die Waterman seinem Ruf schuldig zu sein glaubte. Die Folge war abzusehen. Die *Challenge* geriet in schlechtes Wetter, und Waterman musste seine Leute mit harten Maßnahmen zur Arbeit zwingen. Als Reparaturen im Rigg nötig waren, kam es zu Verweigerungen und schließlich zur Meuterei. Waterman und vor allem sein 1. Offizier schlugen sie brutal nieder. Als die *Challenge* nach 108 Tagen in San Francisco festmachte, waren drei Mann in den Stürmen um Kap Hoorn über Bord gegangen, ein Teil lag mit Ruhr, Gelbsucht und Skorbut in der Koje und nur ein kümmerlicher Rest der Mannschaft war noch einsatzbereit.

Da der Anführer der Meuterei durch das Eingreifen des Kapitäns zu Tode gekommen war, wurde Anklage erhoben und es kam zu einer Gerichtsverhandlung. Ob es zu einer Verurteilung des Kapitäns oder des 1. Offiziers kam, ist ungeklärt, zumal die wenigen ausgebildeten Matrosen bestätigten, dass die Meuterer durch passiven Widerstand und Befehlsverweigerung die disziplinären Maßnahmen selbst herausgefordert hätten. An Kapitän Waterman und seinem 1. Offizier blieb aber der Vorwurf haften, überzogen hart gegenüber der Mannschaft reagiert zu haben. Der Verlauf der Reise warf auf Waterman, der sicher ein hervorragender Seemann und Kapitän war, einen trüben Schatten. Das mag der Grund gewesen sein, warum Waterman sich nach dieser Reise zur Ruhe setzte. An der *Challenge* aber blieb der Makel, ein »Höllenschiff« zu sein, hängen.

Die Vorgänge auf der *Challenge* sind typisch für amerikanische Verhältnisse im 18. und 19. Jahrhundert. Sie waren vorauszusehen. In den 10 Jahren zwischen 1840 und 1850 war die Gesamttonnage der amerikanischen Handelssegler von 900.000 auf 1,5 Millionen Tonnen gestiegen. Allein auf der berühmten Werft von McKay liefen zwischen 1850 bis 1869 nicht weniger als 32 Klipper vom Stapel. Woher sollte man die Seeleute nehmen? Zu allem Übel stieg die Tonnage der Dampfer in der gleichen Zeit rasant von Null auf 45.000. Dabei ist die Marine und deren Bedarf noch gar nicht mit einbezogen. Ein unlösbares Problem, das nur gemildert werden konnte, wenn man jeden nur erreichbaren Mann auf meist nicht sehr feine Art auf das Schiff brachte. Das ging am besten, wenn man ihn mit einem Fusel total besoffen machte. Kam er nach Stunden zu sich, war er bereits mit dem Schiff auf See und musste sich mit seinem Schicksal abfinden. Besonders hervorgetan hat sich dabei nicht nur die amerikanische, auch die englische Marine war »gezwungen«, auf diese Weise ihren Bedarf an Seeleuten zu decken. Ob diese Leute Verbrecher waren oder verkommenes Gesindel oder, wie in manchen Fällen, normale Bürger, durfte keine Rolle spielen. Ausgebildete Seeleute waren so gut wie nicht zu bekommen.

Und die Kapitäne? Sie standen unter dem Erfolgsdruck der Reeder und mussten mit den meist »shanghaiten« und widerspenstigen Mannschaften zurechtkommen. Manche kamen zurecht, andere waren zwar gute Kapitäne, aber alles andere als kluge Pädagogen. Wenn sie der Belastung nicht gewachsen, nicht in der Lage waren, geschickt aus dem bunt zusammengewürfelten Volk tüchtige Matrosen zu machen (zugegeben, keine leichte Aufgabe), drehten sie durch, wie Waterman und sein 1. Offizier, und wurden so zu brutalen Despoten.

Josiah P. Creesy

In East Boston gab es um die Mitte des 19. Jahrhunderts eine Werft, die in weniger, als einem Jahrzehnt Weltruhm erreichte. Es war die Werft von Donald McKay, einem begnadeten Schiffbauer und Konstrukteur. Kein Schiff kam bei ihm auf den Helgen, bei dem er nicht etwas gegenüber dem Vorgänger verbesserte. Er verband eine visuelle Vorstellung von seinen Schiffen mit einem ausgeprägten Sinn für das Praktische.

Zwischen den Jahren 1850 und 1869, also in nur 19 Jahren, liefen dort, wie schon erwähnt, 32 Segelschiffe vom Stapel. Dieser rasante Schiffbau war nötig, um dem Ansturm von Goldsuchern gerecht zu werden, die von der Ostküste Amerikas nach Kalifornien wollten. Stets aufgeschlossen Verbesserungen gegenüber, lernbereit und mit einem sicheren Gefühl für Erwartungen, die sich mit guten Schiffen verbinden, wurde McKay sehr bald bescheinigt, die besten Klipper zu bauen. Im Jahr 1851 hatte er ein besonderes Schiff auf dem Helgen. Es war sein zweiter Klipper, die spätere *Flying Cloud*, die »Fliegende Wolke«. Nicht nur die ausgeglichene Form begeisterte die Werftbesucher, es war vor allem die, nach damaligen Begriffen, beachtliche Größe. Bei einer Länge von 69,80 Meter, einer Breite von 12,50 m wurde sie nach der Fertigstellung das größte Handelsschiff. Sie konnte 1783 t laden und damit fast das Doppelte wie die schnelle *Sea Witch*. Die Behauptung, die *Flying Cloud* würde »ein neues Zeitalter im Schiffbau« einläuten, ist sehr anspruchsvoll im Hinblick auf die vorangegangene Entwicklung, aber von ihr ging sicher ein deutlicher Impuls aus.

Unter unwahrscheinlich hoher Begeisterung und Anteilnahme der Bevölkerung von Boston fand am 15. April 1851 der Stapellauf statt. Er verlief ohne Zwischenfall, und die Takler und Ausrüster gingen an die Arbeit. Am 2. Juni des gleichen Jahres um 14.00 Uhr legte die *Flying Cloud* zu ihrer Jungfernfahrt ab. Ihr Kapitän war Josiah P. Creesy. Eine gute Wahl! Creesy stammte aus Neu England und war in Marblehead aufgewachsen. Schon in früher Jugend ging er zur See und war mit 23 Jahren bereits Kapitän. Als er das Kommando über die *Flying Cloud* übernahm, war er 37 Jahre alt und hatte reichlich Erfahrung u.a. auch in der Chinafahrt.

Nahe Sandy Hook kam frischer Westwind auf, und eine Riesenwolke von Segeln wurde gesetzt. Das Ziel der *Flying Cloud* war San Francisco, das Golden Gate. Es braucht nicht eigens erwähnt zu werden, dass Creesy den Auftrag hatte, die bisherige Bestzeit des Klippers *Surprise* von 96 Tagen zu unterbieten. Die Voraussetzungen waren gut, aber die Aufgabe nicht gerade leicht. Das sollten Creesy und seine Mannschaft auch bald feststellen. Am 3. Tag der Reise herrschten laut Logbuch noch »gute Brise« und schönes Wetter. Das änderte sich bald

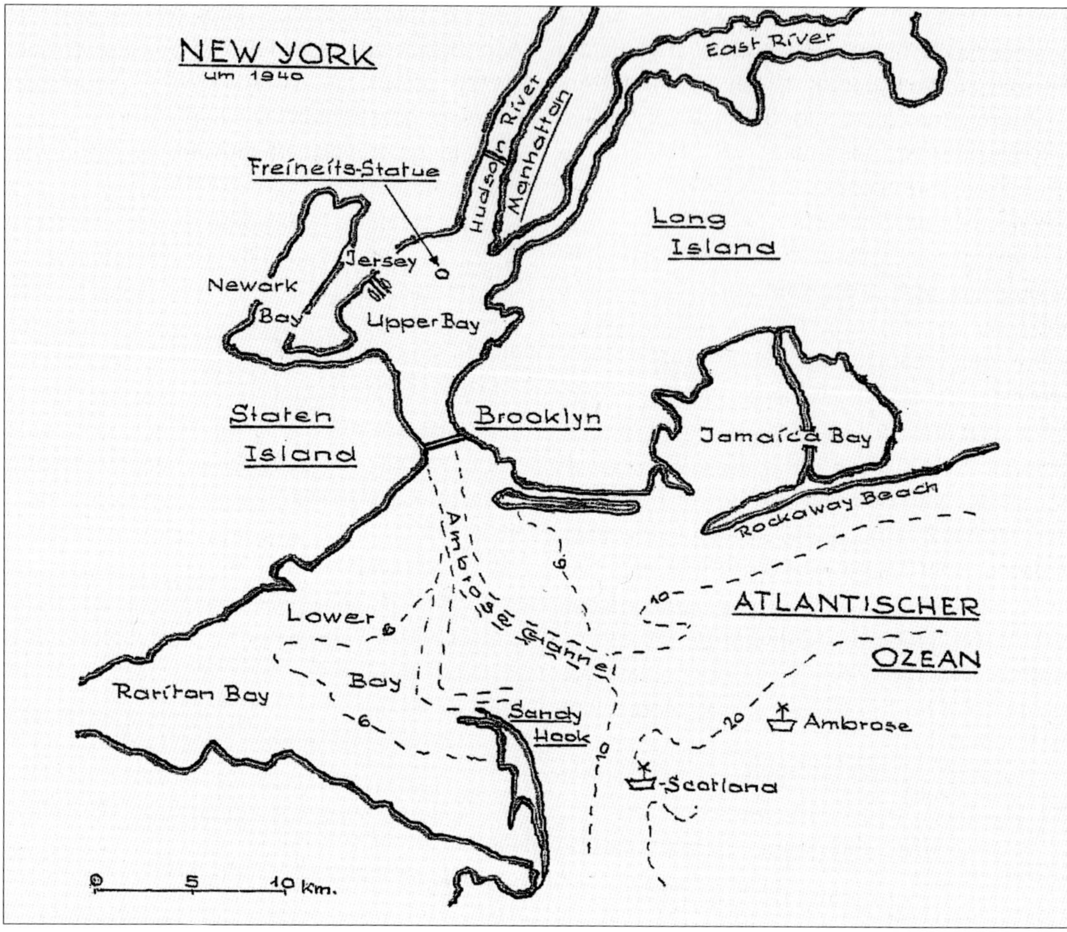

Der Hafen von New York: Das Feuerschiff *Ambrose* und die Untiefe Sandy Hook sind zwei besonders markante Punkte für die Schifffahrt.

in Starkwind, und schließlich wurde ein handfester Sturm daraus. Beim Anblick der Takelage, der Großmast war immerhin 61 Meter hoch, hatte man den Eindruck einer gigantischen Pyramide aus Masten, Tauwerk und weißen Segeln.

Es kam, wie es kommen musste. Das Tauwerk, das die obere Takelage hielt, gab dem ungeheueren Druck nach: Stengen, Rahen, Segel und Blöcke, kamen, auch Teile des Kreuzmastes mitreißend, von oben, schlugen an Deck auf oder gingen über Bord. Hier ist ein Vergleich mit der späteren *Preußen* interessant und lehrreich:

- *Preußen*: 124 m Länge, 8000 t Tragkraft, 68 Meter Großmast
- *Flying Cloud*: 69 m Länge, 1783 t Tragkraft, 61 Meter Großmast.

Der Großmast der *Flying Cloud* war also nur sieben Meter kürzer als der der *Preußen*! Das Gravierendste aber: Die Masten der *Preußen* waren mit fast reckfreiem (dehnungsarmem) Drahttauwerk solide abgestützt, die Masten der *Flying Cloud* mit stark der Dehnung unterworfenem Hanftauwerk. Hierin ist der Grund zu suchen, warum so viele Klipper der damaligen Zeit Schwierigkeiten mit dem Rigg hatten.

Zurück zur *Flying Cloud*. An Deck lag ein Trümmerhaufen, das Chaos war perfekt. Und das alles während eines Sturmes mit starkem Seegang! Trotz einbrechender Dunkelheit arbeitete die Mannschaft fieberhaft bis zur Erschöpfung. Trotzdem, volle zwei Tage waren nötig, um den Schaden zu beheben. Für einen erfahrenen Seemann wäre nach einem kräftigen Schluck Rum die Angelegenheit schnell erledigt worden. Nicht so für Creesys Mannschaft! Es waren vor allem die, die nur angeheuert hatten, um schnell und billig zu den Goldfeldern Kaliforniens zu kommen. Die meisten hatten vor dieser Reise noch nie ein Schiff betreten. Die blanke Angst stand ihnen ins Gesicht geschrieben. Es war daher kein Wunder, wenn diese Leute versuchten, so schnell wie möglich von Bord zu kommen. Wie sollte das erst vor Kap Hoorn werden, wovon sie von den älteren Seeleuten schon die schlimmsten »Schauermärchen« gehört hatten? Die Reparatur war noch nicht lange erledigt, da musste man schon wieder eine kaum weniger gefährliche Arbeit in Angriff nehmen. Eine beschädigte Stelle am Großmast hatte man in der Hektik der vergangenen Tage übersehen. Creesy sah sich die Schwachstelle an. Er hatte zwar Bedenken, entschloss sich aber, durch frühzeitiges Reffen den Mast zu entlasten und ließ die Stelle provisorisch reparieren. Die *Flying Cloud* lief in die Kalmen ein. Kalmen bedeutet, wenn überhaupt Wind, dann schwach und unbeständig, meist aber Flaute. Die Kalmenzone ist aber nicht überall gleich breit. Creesy hatte einen zu dieser Zeit recht ungewöhnlichen Helfer an Bord, es war seine Frau Eleanor. Sie war nicht Smut und auch nicht Fahrgast, sondern der verantwortli-

Der von Donald McKay 1854 gebaute Klipper *James Baines*.

che Navigator. Und auch Mrs. Creesy hatte einen wertvollen Helfer, der allerdings gar nicht an Bord war. Es war M. F. Maury. Seine Navigationsempfehlungen lagen auf dem Kartentisch, und Mrs. Creesy befolgte sie konsequent. Vier Tage später hatte die *Flying Cloud* bereits wieder eine leichte Brise und machte gute Fahrt. Zum Ärger und Entsetzen besonders der unerfahrenen Mannschaft lief Creesy an Rio de Janeiro vorbei, ohne dort die erwartete Reparatur des Großmastes vornehmen zu lassen. Creesy wusste warum, er fürchtete, sicher nicht zu Unrecht, dass ein Teil der Matrosen versuchen würde, dort zu desertieren. Es dauerte nicht lange, da schickte das Kap seine Vorboten voraus. Ein heftiger Sturm fegte über das Schiff hinweg, aber Creesy war vorbereitet und hatte die oberen Segel bereits weggenommen, um die Masten nicht noch einmal einem mörderischen Druck auszusetzen. Trotzdem, der Sturm war so stark, dass er zwei Stagsegel verlor, die mit lautem Knall aus den Lieken flogen und die Ängstlichen noch mehr demoralisierten. Überkommende Seen, Gischt und die kochende See taten ihr Übriges.

Creesy kam nicht zur Ruhe. Der Sturm war noch nicht abgeflaut, da wurde ihm gemeldet, dass das Schiff Wasser mache. Im Mannschaftslogis stünde bereits Wasser. Auch das noch! Creesy besprach sich mit dem Schiffszimmermann, der sich auf die Suche nach der Ursache machte. Den Grund hatte er bald gefunden. Das Wasser lief nicht über die Speigatten ab, sondern durch ein großes Loch, das offensichtlich mit Absicht unter einer Koje gebohrt worden war. Das Wasser gurgelte somit munter in die Laderäume. Das war eindeutig Sabotage. Das Loch wurde eiligst abgedichtet, und jetzt musste nur noch der Schuldige gefunden werden. Das war auch nicht schwer, denn der hatte es zusammen mit einem Komplizen unter seiner eigenen Koje gebohrt. Schlau war er also nicht! Die zwei wurden kurzerhand in Ketten gelegt, um Zeit zu haben, über die Folgen ihrer Wahnsinnstat nachzudenken. Die *Flying Cloud* näherte sich dem Kap San Diego, aber Schneestürme machten die Sicht so miserabel, dass man Land nicht rechtzeitig hätte erkennen können. Creesy verließ sich auf die Erfahrung seiner Frau. Und gerade noch rechtzeitig klarte es auf. Man war genau vor der Einfahrt in die Le-Maire-Straße. Eine Meisterleistung von Mrs. Creesy! Die Straße wurde problemlos passiert, was keineswegs allen Schiffen vergönnt ist. Nicht wenige Kapitäne meiden die Straße und lassen die Straße und die Insel Staten Island an Steuerbord. Auch um das Kap Hoorn herum hatte die *Flying Cloud* günstige Winde und konnte dank der sorgfältigen Navigation von Mrs. Creesy das Kap auf einer nördlicheren Route umsegeln als üblich. Dabei hatte aber das Wetter, das es ausnahmsweise gut mit Creesy meinte, erheblich mitgespielt. Wieder kam Sturm auf, und Creesy wagte es. die Besegelung nur wenig zu kürzen. Das Ergebnis: Ein sagenhaftes Etmal von 325 Seemeilen und eine Durchschnittsgeschwindigkeit von 18,5 Knoten. Das war ein absoluter Geschwindigkeitsrekord! Wenn auch dieses Etmal angesichts der damaligen Möglichkeiten der Geschwindigkeitsmessung umstritten ist, so bleibt es doch unter Berücksichtigung des geschwächten Riggs eine respektable Leistung. Sie ist besonders zu würdigen, wenn man hört, dass fast 25 Jahre vergingen, bis ein Dampfer diese Geschwindigkeit erreichte. Nicht nur beim Kapitän, auch bei der Mannschaft erwachte jetzt ein »sportlicher Ehrgeiz«. Günstige, aber auch quälend unstete Winde wechselten sich ab, doch die Chance, den Rekord der *Surprise* einzustellen, war gegeben. Am 31. August machte die *Flying Cloud* in San Francisco fest.

Um fast eine Woche war die Reisezeit der *Surprise* unterboten. Nach kurzem Aufenthalt zum Löschen und zum Verkauf der Ladung ging Creesy wieder in See. Er überquerte den Pazifik, lief Kanton an und übernahm dort eine Ladung

Tee. Über das Kap der guten Hoffnung nahm er Kurs direkt nach New York. Dort wurden er und seine Frau Eleanor begeistert empfangen. Auch die Mannschaft, jetzt stolz auf ihren Erfolg, wurde nicht vergessen.

Was typisch war für diese Zeit: Auch Creesy, dem von keiner Seite vorgeworfen wurde, ein brutaler Leuteschinder zu sein, hatte Schwierigkeiten mit seiner Mannschaft. Jeder Kapitän musste nehmen, was er bekam, und das war sicher nicht die erste Wahl. Das war nicht neu. Schon ein Jahrhundert vor Creesy hatten englische Kapitäne bereits die gleichen Schwierigkeiten gehabt. Das galt besonders für die Marine.

Manche, selbst aus der finstersten Kaschemme Geköderte, wurden in den Wochen und Monaten auf See zu tüchtigen Matrosen, aber das war sicher nicht die Mehrzahl. Mancher Kapitän war schlicht überfordert, den richtigen Weg zwischen gerechter Strenge und sinnloser Brutalität zu finden, um Disziplin und Gehorsam an Bord zu erreichen, die unabdingbare Grundbedingung für eine erfolgreiche auch die Mannschaft zufriedenstellende Reise.

Während Amerika, als Folge der Bürgerkriege, in wirtschaftliche Schwierigkeiten geriet, wurden die Klipper in England zu Spitzenprodukten entwickelt. Der immer empfindlichere Mangel an gutem Schiffbauholz und die, wegen der extremen Beanspruchung, kurze Lebenszeit der hölzernen Klipperrümpfe führten um die Mitte des 19. Jahrhunderts zu Verstärkungen der am meisten beanspruchten Rumpfverbindungen durch Eisenknie und Eisenbänder. Man erkannte bald die konstruktiven Vorteile der neuen Bauweise und entwickelte sie konsequent weiter. Das Ergebnis waren die sogenannten »Komposit-Klipper«. Die Außenhaut bestand weiterhin aus Holz, das man mit Kupferblech wirksam gegen Bewuchs schützen konnte. Eisen für den Rumpf konnte man vorerst nicht verwenden, da es keinen wirksamen Anstrich gab. Den Eisenrumpf mit Kupfer zu beschlagen, war wegen der galvanischen Korrosion nicht möglich. Also blieb es für die Rümpfe bei Holz. Zwei der berühmtesten Klipper, die *Cutty Sark* und die *Thermopylae* waren Komposit-Klipper und haben sich bewährt.

George Moodie

Am 22. November 1869, 18 Jahre nach der spektakulären Reise der *Flying Cloud*, lief der bekannteste englische Klipper von Stapel, die *Cutty Sark*. Sie war, wie auch die *Sea Witch*, ein Produkt der intensiven Zusammenarbeit des Konstrukteurs Herkules Linton mit dem Reeder Jock Willis und dem ersten Kapitän der *Cutty Sark* George Moodie. Alle drei waren schottischer Herkunft. Die wirtschaftlichen Verhältnisse unter denen die *Cutty Sark* ihre Reisen beginnen sollte, waren nicht vielversprechend. Noch bevor das Schiff vom Stapel lief, wurde der Suezkanal eröffnet, der die Distanz von China nach Europa für Dampfer um volle 3400 Seemeilen verkürzte. Damit waren die Dampfer mit der wertvollen Teeladung deutlich schneller am Ziel, als je ein Klipper sein konnte. Kapitän Moodie, der die *Cutty Sark* als erster führen sollte, wurde von seinem Reeder nach Dumbarton geschickt, um den Bau zu beaufsichtigen. Moodie hatte dieses Vertrauen, da er schon mehrere Jahre als 1. Offizier auf der *Tweed* seines Arbeitgebers gefahren war und sich dort hervorragend bewährt hatte.

Im Februar 1870 warf die *Cutty Sark* zum ersten Mal die Leinen los. Bestimmungsort war China, dort sollte sie Tee holen. Moodie war klar: Wenn das Schiff die hohen Erwartungen, die in es gesetzt waren, erfüllen sollte, mussten die Segel sorgfältig getrimmt werden, was bei jedem neuen Schiff erforderlich ist, wenn man schnelle Reisen anstrebt. Das Trimmen ist eine zeitraubende und mühsame Arbeit bei soviel möglichen Varianten von Windstärke und Kurs zum Wind. Moodie merkte, es steckte viel Geschwindigkeitspotenzial in dem Schiff, aber es reagierte empfindlich und feinfühlig auf jede kleine Änderung der Segelstellung. Immerhin brachte Moodie die *Cutty Sark* auf ihrer Jungfernfahrt in 104 Tagen nach Schanghai. Das war nicht schlecht, aber für den ehrgeizigen Kapitän nicht zufriedenstellend. Ein zweites nicht minder schwieriges Problem beschäftigte Moodie. Es war der Wettbewerb der Dampfer, die durch ihre erheblich höhere Ladefähigkeit die Frachtraten fast halbierten. Dazu machte sich der kürzere Weg durch den Suezkanal deutlich bei den Kosten bemerkbar. Und noch etwas beschäftigte Moodie. Es war die *Thermopylae* des Reeders George Thompson. Dieses Schiff hatte für die Rückreise von Hongkong volle fünf Tage weniger benötigt. Das war ärgerlich, da die ersten Schiffe mit der neuen Teeernte bessere Preise für die Ladung erzielten als die nachkommenden. Damals segelte die *Thermopylae* allerdings vier Wochen nach der »Cutty«, so dass ein direkter Vergleich nicht möglich war. Trotz aller Bemühungen war die *Thermopylae* auf der zweiten Reise nicht zu schlagen. Was Moodie und sein Schiff in England berühmt machte, war die dritte Reise.

Im Juni 1872 verließen die *Thermopylae* und die *Cutty Sark* gleichzeitig Schanghai. Nun war die Gelegenheit gegeben zu zeigen, wer der beiden Kapitäne das schnellere Schiff hatte, vielleicht auch, wer der bessere Kapitän war, oder nicht zuletzt, wer die bessere Mannschaft hatte. Moodie setzte auch noch den letzten »Fetzen« Tuch und holte aus seinem »Sorgenkind« heraus, was heraus zu holen war. Es hatte sich gelohnt, denn schon nach zwei Wochen hatte er einen Vorsprung von einem satten Etmal Davon wusste er damals nichts, doch es konnte später anhand der Logbücher festgestellt werden.

Im Indischen Ozean geriet Moodie aber mit der *Cutty* in einen längeren handfesten Sturm. Sein Pech: eine besonders harte Bö fiel ein. Um das Schiff auf Kurs zu halten, musste hart gegengesteuert werden. Das Ruder konnte den gewaltigen Druck nicht aushalten, brach und versank sofort. In dieser Situation hätten die meisten Kapitäne die Reise abgebrochen, um den nächstgelegenen Nothafen anzusteuern. Darauf bestand auch der Bruder des Reeders, immerhin eine einflussreiche Persönlichkeit. Es kam zu einer unerfreulichen Auseinandersetzung, denn Moodie dachte nicht an einen Nothafen, er wollte nach Rücksprache mit seinem Zimmermann auf See den Schaden beheben. Moodie bestand auf seinem alleinigen Entscheidungsrecht als Kapitän und begann unverzüglich mit dem Bau eines Ersatzruders. Der Schiffszimmermann und der Schmied arbeiteten zusammen mit ein paar erfahrenen Matrosen vier volle Tage zäh und verbissen, ungeachtet der Rückschläge durch überkommende Brecher und durch die raue See. Dann war das Behelfsruder fertig, und die Fahrt konnte wieder aufgenommen werden. Das für unmöglich gehaltene Kunststück, das Ruder fest und dauerhaft am Heck des Schiffes anzuschlagen, war gelungen. 122 Tage nach der Abreise in Schanghai, nur sieben Tage nach der *Thermopylae* machte die *Cutty Sark* in London fest. Das Schiff hatte mit dem Behelfsruder die Strecke vom Indischen Ozean nach Hause, fast 7000

Seemeilen, mit einem Schnitt von 11,6 Knoten zurückgelegt. Eine wahrhaft bewundernswerte Leistung. Moodie und die *Cutty Sark* waren das Tagesgespräch in London. Für die Kapitänskollegen aber zählte das Anfertigen und besonders das Anbringen eines so stabilen Behelfsruders im Sturm noch mehr als der letzte Abschnitt der Reise unter erschwerten Bedingungen.

Es gab noch ein Nachspiel. Moodie hatte die Auseinandersetzung mit dem Bruder seines Reeders weder vergessen noch überwunden. Er fühlte sich in seiner Ehre als Kapitän angegriffen und kündigte seine Dienste auf der *Cutty Sark*. Alle Bemühungen seines Reeders »Old Jock«, der seinen verdienten Kapitän behalten wollte, waren vergebens. Moodie ging.

Richard Woodget

Kein Aufsehen erregte die *Cutty Sark* in der Folgezeit. Reeder Jock Willis hatte wenig Glück mit seinen Kapitänen und musste häufig wechseln. Ein Grund war auch, dass viele begabte Kapitäne in der Segelschifffahrt keine Zukunft mehr sahen und zu den Dampfern wechselten. Hatte Willis einen guten bekommen, dann hatte dieser Pech mit den Offizieren. Dass das Schiff unter diesen Umständen litt und in einem schlechten Zustand war, ist verständlich. Das einträgliche Teegeschäft war auf die Dampfer übergegangen, und die *Cutty Sark* musste sich ihre Frachten mühsam suchen. Sie beförderte Kohle und andere Güter, die sie bekommen konnte. Damit hielt sie sich gerade noch »über Wasser«. Anfang der 80er Jahre eröffnete sich eine neue Chance für die Klipper, das Wollgeschäft mit Australien.

Kapitän Woodget übernahm im Frühjahr 1885 das Kommando auf der *Cutty Sark*. Ein Glücksfall für den Reeder und das Schiff. Richard Woodget war bereits 40 Jahre alt, als er das Schiff übernahm. Im Alter von 16 Jahren war er schon zur See gefahren und hatte so das Handwerk von Grund auf mit allen dazu gehörigen Tätigkeiten gelernt. Rigg und Segel interessierten ihn besonders, weil er dort Möglichkeiten sah die Leistung eines Schiffes zu verbessern. Daher erlernte er auch das Segelmacherhandwerk. Als Woodget die *Cutty Sark* übernahm, konnte er sich daher auf eine langjährige solide Ausbildung und Erfahrung stützen. Reeder Willis sah auf Grund dessen in Woodget auch den richtigen Mann, obwohl dieser bisher nur eine Reise in seinem Auftrag gefahren war. Kapitän Woodget war ein Kapitän besonderer Art. Er sah sich die vernachlässigte *Cutty* eingehend an und begann unverzüglich mit einschneidenden Maßnahmen. Dass er sich zuerst das Rigg vornahm, wundert nicht. Überall wo es sinnvoll erschien, ersetzte er das alte Hanftauwerk durch Draht. Was war das für ein Kapitän, der in seinem Alter noch im Rigg und auf den Rahen auftauchte, da und dort noch Anweisungen zur Verbesserung gab und die Arbeit auch noch selbst kontrollierte, statt dies seinen Offizieren zu überlassen. Auch an Deck gab es viel zu tun. Er ließ Trommelwinden für die Brassen und Schoten montieren, um die Arbeit der Matrosen zu erleichtern und effektiver zu machen. Seine Verbesserungen waren wegweisend für die weitere Entwicklung der Rahsegler.

Sein Reeder Willis sah die Geschäftigkeit seines Kapitäns mit Wohlwollen, hatte er doch endlich einen Kapitän gefunden, der außerordentliches Interesse am guten Zustand seines Schiffes zeigte. Das alles ließ in Zukunft wieder auf schnelle und gewinnbringende Reisen hoffen. Die Kosten übernahm Willis gerne. Endlich, nach arbeitsintensiven Monaten, war Woodget mit den Überholungsarbeiten zufrieden.

Am 1. April 1885 warf er die Leinen im East-India-Dock los und segelte nach Australien, nicht ohne dem Schiff unterwegs höchstpersönlich noch den letzten Schliff zu geben.

Woodget war in allen Dingen Perfektionist. Das galt für ihn selbst, das galt für das Schiff und auch für die Mannschaft. Er forderte hohe Einsatzbereitschaft und absoluten Gehorsam. Die moralische Berechtigung dazu gab ihm sein eigenes vorbildliches Verhalten und sein überlegenes Können und Wissen. Die 13 200 Seemeilen nach Sydney legte das Schiff in 78 Tagen zurück, das ist ein Etmal von etwa 170 Meilen.

Die *Cutty Sark* lud Baumwolle. Sie war nicht das einzige Schiff in Sydney. Ein Großteil der in diesem Geschäft tätigen englischen Klipper war auch dort, und so kam, was kommen musste. Die Rückreise der Schiffe wurde zu einer spannenden Wettfahrt großen Stils, wenngleich sie zu verschiedenen Zeiten starteten. Der Kurs ging, wie bei der Heimreise üblich, über den Pazifik, rund Kap Hoorn und über den Atlantik zurück nach England. Im Oktober 1885 legten an verschiedenen Tagen neun schnelle Klipper zur Heimreise ab. Der *Cutty Sark* gab man nicht allzu viel Chancen. Kapitän Woodget war mit den Verhältnissen am Kap nicht vertraut, aber bei Woodget war man sich seiner Sache nicht so sicher. Die *Cutty* verließ Sydney zwei Tage vor ihrer schärfsten Konkurrentin, der *Thermopylae*. Die *Cutty Sark* war noch nicht lange unterwegs, da hatte sie bei Sturm und einem außergewöhnlich hohen Seegang Gelegenheit zu beweisen, ob sie sich bei schwerer achterlicher See bewährte. Kapitän Woodget konnte zufrieden sein. Konstrukteur H. Linton hatte dem Schiff ein optimales Heck gegeben, so dass man der bevorstehenden Generalprobe bei Kap Hoorn ruhig entgegensehen konnte. Kälte und Schnee forderten mit der Annäherung an das Kap das Durchhaltevermögen aller zunehmend heraus. Ein Schiff bei achterlichem Wind auf Kurs zu halten, erfordert einen erfahrenen, voll konzentrierten Rudergänger, oft auch zwei und mehr. Hatte der Rudergänger einen Moment nicht aufgepasst? War er bei der Kälte überfordert? War der Ruderdruck nicht ausreichend? Einer der gefürchteten »Kaventsmänner« schlug die *Cutty Sark* quer. Das ist die wohl gefährlichste Situation, in die ein Schiff geraten kann und die nicht selten mit seinem Untergang endet. Die *Cutty* krängte stark. Zu ihrem Glück zerrissen nur einige Segel, das Schiff richtete sich wieder auf und konnte auf Kurs gebracht werden. Vielen und sicher auch dem Kapitän fiel, wie man so schön sagt »ein Stein vom Herzen«. Woodget ließ trotz Sturm die zerrissenen Segel auswechseln und die Schäden reparieren. Eine unter den gegebenen Umständen harte und gefahrvolle Aufgabe. Noch war aber diese berüchtigte Ecke, wo so viele Schiffe auf den Grund des Meeres geschickt oder zum Wrack wurden, nicht überwunden. Auch mit Eisbergen wurde die *Cutty Sark* konfrontiert. Wie nahe sich Woodget an diese heranwagte, dokumentieren Aufnahmen, die er selbst auf dieser Reise machte. Eine bereits beruhigte See kam ihm dabei zu gute. Nach 23 Tagen lag die »Horrorregion« des Kaps hinter ihm.

Jetzt musste das Schiff zeigen, wie hoch es an den Wind gehen konnte, denn es herrschten Winde aus Nord bis Nordost, die es auszusegeln galt. Wie von Woodget nicht anders zu erwarten, war er hier in seinem Element. Er forderte

Im Frühjahr 1885 übernahm Woodget das Kommando auf der *Cutty Sark*.

Kapitän Richard Woodget war bei seinen Männern als Perfektionist gefürchtet aber als Schiffsführer geachtet.

dabei viel Einsatzfreudigkeit von seiner Mannschaft, aber weil er sich selbst nicht schonte und mit gutem Beispiel voran ging, machte sie mit. Die *Cutty* machte gute Fahrt, und das Wetter spielte auch mit. So war das Schiff gegen Ende Dezember bereits in der Biskaya. Eine beachtenswert schnelle Reise! Im Kanal aber ließ Rasmus die *Cutty Sark* schmählich im Stich. Flauten und widrige Winde ließen die Etmale unter 60 Seemeilen sinken. Eine Nervenanspannung für den Kapitän und die Mannschaft, deren Ehrgeiz auch geweckt war. Endlich, nachdem noch ein harter Schneesturm zu überstehen war, fiel der Anker am 28. Dezember 1885 in den Downs von London.

Wo waren die anderen Schiffe? Wo war die *Thermopylae*? Zwei Tage voller Ungewissheit und Bangen mussten Kapitän Woodget und seine Leute noch ausharren, dann stand fest: Die *Cutty Sark* war das schnellste Schiff und war mit 73 Tagen Reisezeit der unumstrittene Sieger. Die gefürchtete Konkurrentin *Thermopylae* kam erst eine volle Woche später an. Der Rest benötigte noch bis zu zwei Wochen mehr. Kapitän Woodget und sein Schiff waren in aller Munde, berühmt und lange noch das Gesprächsthema Nummer 1 in der Fachwelt.

Vier Jahre nach dieser denkwürdigen Regatta brachte Woodget mit der schnellen *Cutty* noch ein weiteres Husarenstück fertig. Vor der Küste von Australien überholte ihn am 25. Juli 1889 der neue Postdampfer *Britannia* bei leichtem Wind. Woodget wurde bei seiner Ehre gepackt. Er hoffte auf mehr Wind und ließ vorsorglich jeden nur verfügbaren Fetzen Segel setzen. Tatsächlich frischte der Wind in der Nacht auf und es gelang ihm, ungesehen an dem Postdampfer vorbeizuziehen. Das war, wie man später nachvollziehen konnte, nur mit einer Geschwindigkeit von 17 Knoten möglich, und die musste die *Cutty Sark* dann wohl gesegelt sein. Am nächsten Tag, als der Postdampfer in Sydney einlief, lag die *Cutty Sark* dort schon vor Anker.

Im Jahr 1895 machte Woodget seine letzte Reise mit dem geliebten Schiff. Zehn Jahre hatte die *Cutty* unter seinem Kommando Hervorragendes geleistet. Woodget, inzwischen im Alter von 50 Jahren, setzte sich zur verdienten Ruhe. 32 Jahre waren ihm noch vergönnt, bis er die »Reise ohne Wiederkehr« antreten musste.

Trotz aller Anstrengungen der Reeder und Kapitäne, ließ sich die Zeit jedoch nicht aufhalten, sie war für die Klipper vorbei. Kaum mehr als ein Menschenalter war vergangen, da war auch schon der letzte Klipper von den Weltmeeren verschwunden. Es war ein bemerkenswerter Abschnitt in der Entwicklung der Seefahrt. Er war getragen vom Können, von der Begeisterung und der Willenskraft weniger Männer, die ihr Leben nur einem Ziel gewidmet hatten, der Entwicklung, dem Bau und dem Führen schneller Schiffe, die man zurecht die »Windhunde des Meeres« genannt hat.

Die *Cutty Sark* ist der einzige Zeuge dieser glanzvollen Epoche des Schiffbaus. Nach über 50 Jahren auf den Weltmeeren kam sie im Jahr 1954 als Museumsschiff nach Greenwich ins Trockendock, um das Andenken an die legendären Klipper der Nachwelt zu bewahren.

Was machte die Klipper so schnell? Worin bestand die gravierende Verbesserung? Lange war man der Meinung, der Rumpf eines Schiffes müsse vorne vollbauchig und rund sein und zum Heck hin schmal auslaufend. Einen jungen Konstrukteur Namens Griffiths interessierte aber nicht nur das Überkommene, sondern auch physikalische Gesetze. Er fand heraus, dass die bisherige Form der Schiffsrümpfe nicht optimal war. Der runde völlige Bug bot dem Wasser zuviel Widerstand. Dadurch wurden die Schiffe langsam. Noch stärker wirkte sich der volle Bug bei Seegang aus. Der Bug wurde, bedingt durch seinen hohen Auftrieb, ruckartig hochgeschleudert, um dann mit voller Wucht in das Wellental zu fallen. Das kostete enorm viel Fahrt und beanspruchte den Rumpf und das Rigg erheblich und dabei auch noch unnötig. Also gab Griffiths seinem Entwurf einen scharfen Bug. Da ihm bereits ein geeignetes Wasserbecken zur Verfügung stand, machte er auch Schleppversuche. Er kam zu einer weiteren Erkenntnis. Das bisherige Verhältnis, Länge zur Breite des Rumpfes sollte auch geändert werden. Bisher baute man so, dass das Schiff viermal so lang war wie breit. Er änderte sein Modell in 5 zu 1, also fünf mal so lang und erzielte bessere Ergebnisse. Das ist bis in unsere Zeit erhalten geblieben in dem Spruch: »Länge läuft«.

Nicht nur den Rumpf wollte man in Zukunft ändern, sondern auch das bisherige Rigg. Also nahm man die Masten einschließlich der Segel unter die Lupe. Die Masten wurden höher. Damit bekamen die oberen Segel noch Wind, wenn das Schiff in einem Wellental war. Für schnelle Reisen war das gut, aber die Kapitäne mussten erst Erfahrungen mit dem neuen Rigg ersegeln, und das ging selten ohne Havarie ab. Stengen und Rahen kamen von oben und man musste erkennen, dass der erreichte Vorteil auch erhebliche und zudem äußerst gefährliche Risiken für Schiff und Besatzung in sich barg. Bedingt durch die ständige Forderung an die Kapitäne, aus ihrem Schiff herauszuholen, was herauszuholen war, waren die Verbände des Rumpfes enorm beansprucht, was sich negativ auf die Lebensdauer der Klipper auswirkte. Sie betrug meist nicht mehr als acht bis zehn Jahre. Erst die Verstärkung durch Eisenwinkel und Bänder konnte diesen Mangel beheben. Auch der scharfe Bug brachte Nachteile mit sich. Im Gegensatz zu den alten Schiffen war der Bug bei Seegang ständig überspült, was die Arbeit an Deck nicht leichter machte.

Man fragt sich zu Recht, warum die Epoche der Klipper so kurz war, angesichts der enormen Geschwindigkeit, die von den Dampfern erst kurz vor dem Ende der Klipperzeit erreicht wurde. Es gibt dafür drei Gründe. Der erste Grund heißt: Suez-Kanal. Er verkürzte den Weg von Fernost für Dampfer erheblich, denn die Segler mussten den Riesenumweg über das Kap der guten Hoffnung nehmen. Der zweite Grund betrifft die Ladekapazität. Die Dampfer konnten erheblich mehr laden, was die Frachtkosten deutlich senkte. Der dritte Grund hat auch mit der Wirtschaftlichkeit zu tun, dem Verhältnis: Hohe Mannschaftsstärke zu einer bescheidenen Ladekapazität. Die *Preussen* zum Beispiel konnte 8000 Tonnen laden und benötigte etwas über 40 Mann. Die Klipper luden 1000 bis etwa 1700 Tonnen und benötigten etwa 50 Mann. Rein rechnerisch beförderte ein Mann der *Preussen* 170 Tonnen, ein Mann auf einem Klipper dagegen nur 20 bis 34 Tonnen. Ein eklatantes Missverhältnis. Konsequenterweise wurden daher die Klipper von den großen Windjammern abgelöst. Diese konnten sich noch bis in das 20. Jahrhundert, zuletzt in der Weizenfahrt, halten. Was nur wenige wissen: Noch im Jahr 1939 brachten 13 Frachtsegler Weizen von Australien nach Europa.

Adolf Erik von Nordenskiöld und die Nordostpassage

Wenn es von Ost nach West nicht geht, dann könnte man es doch von West nach Ost versuchen. Ein absolut naheliegender Gedanke. Die ersten Versuche sind auch schon sehr früh unternommen worden. Im Jahr 875 soll der Normanne Othere über das Nordkap hinaus bis in die Nähe der Dwina-Mündung ins Weiße Meer vorgestoßen sein. Er hat sicher nicht die Absicht gehabt, den kurzen Weg nach China zu suchen, aber wir wissen, dass zu dieser Zeit die Wikinger schon über die Nordsee nach Westen vorgedrungen sind und sich keineswegs mit der Entdeckung der Shetland-Inseln zufrieden gaben. Die norwegische Küste ist durch viele vorgelagerte Inseln weitgehend geschützt, so dass der Vorstoß Otheres durchaus glaubwürdig erscheint, zumal der Golfstrom auch über das Nordkap hinaus für eisfreies Wasser sorgt.

Erst im 15. und 16. Jahrhundert wurden weiter nach Osten reichende, aber sehr ungenaue Skizzen des Küstenverlaufes bekannt. Zwischen den Jahren 875 und 1432, wo erstmals die Möglichkeit einer Durchfahrt erwähnt wird, sind sicher Fahrten entlang der Nordküste Asiens unternommen worden, aber über deren Erfolg oder Misserfolg ist nichts bekannt bzw. nichts überliefert worden.

Im 15. Jahrhundert war die Macht des Papstes so allumfassend, dass er auch als Schiedsrichter in weltlichen Dingen anerkannt wurde. Um territoriale Streitigkeiten zwischen Spanien und Portugal zu vermeiden, teilte er im Jahr 1494 durch den Vertrag von Tordesillas die Welt in zwei Hälften auf, in eine spanische und eine portugiesische. Mit einer geradezu unbekümmerten Selbstverständlichkeit und Selbstherrlichkeit (heute würde man sagen Anmaßung und Überheblichkeit) wurden die übrigen Seefahrernationen England, Frankreich und die Niederlande ausgeschlossen, als existierten sie nicht. Nicht nur heftige Proteste waren die Folge, der unselige Vertrag hatte auch Auswirkungen im Norden. Die versperrte Zufahrt zu den Gewürzländern im Fernen Osten aktivierte wieder das Interesse an den nördlichen Passagen.

John Cabots Sohn Sebastian gründete in englischen Diensten stehend die »Merchant Adventurers«, einen Zusammenschluss risikofreudiger Kaufleute. Diese Gesellschaft, vorerst nur an der Nordwestpassage interessiert, was aus englischer Sicht auch naheliegend war, zeigte sich aber durchaus aufgeschlossen, auch in östlicher Richtung zu forschen.

Unter der Leitung von Sir Hugh Willoughby verließen am 10. Mai 1553 drei Schiffe unter Hurrarufen und Hüteschwenken der Bevölkerung London Themse abwärts. Man war voller Zuversicht, wurde aber bitter enttäuscht. Schon in der Nordsee, bei den Lofoten, wurden die Schiffe durch einen Sturm getrennt. Die *Edward Bonaventure* unter Kapitän Richard Chancellor erreichte das Weiße Meer und die Mündung der Dwina. Die anderen beiden Schiffe unter Willoughby kamen bis zur Murmanküste, (Halbinsel Kola). Dort musste die 50 Mann starke Besatzung überwintern, was keiner überlebte. Niemand der Expedition hatte Erfahrung mit dem arktischen Winter. Dementsprechend war auch die Ausrüstung schlecht und für die Verhältnisse nicht geeignet.

Zwei Jahre später, also im Jahr 1555, segelte Stephen Burroughs auf der gleichen Route um das Kap herum. Er kam, vermutlich wegen günstiger Eisverhältnisse bis nach Nowaja Semlja. Andere Quellen sprechen von der Karasee. Burroughs soll dort viele Russen getroffen haben, die sich mit Fischfang beschäftigten. Ob Handelsbeziehungen geknüpft wurden, ist unbekannt, aber Fischfang allein war für die Engländer sicher uninteressant. Noch einmal, im Jahr 1580, suchten zwei englische Seefahrer diese Gegend auf. Arthur Pet und Charles Jackman. Auch ihnen gelang es, bis zur Karasee zu kommen, aber wichtige Ergebnisse dieser Reise sind nicht bekannt. Dann aber hatten die Engländer offensichtlich ihr Interesse an dieser wenig entwickelten kalten Gegend verloren. Von einzelnen Ausnahmen abgesehen, versprach man sich vermutlich wenig vom Kontakt mit der dortigen Bevölkerung. Sicher spielte auch der lebhafte Handel mit Island eine Rolle. Von dort holte man Felle und den viel begehrten Stockfisch. Das kaufmännische Interesse wog mehr, als die mögliche Entdeckung unwirtlicher Gegenden. Ein weiterer Grund mag gewesen sein, dass man sich viel von der Nordwestpassage versprach. Martin Frobisher war bereits auf der Suche danach. Auch das mag eine Rolle gespielt haben. Die Niederländer traten an die Stelle der Engländer. Im Norden der Niederlande blühte der Schiffbau auf, und man war bestrebt, ebenfalls einen Zugang zu den Gewürzinseln zu bekommen. Der Golfstrom war ihnen bekannt, auch dass die norwegische Küste bis zum Nordkap frei war. Wie weit aber der Einfluss des Golfstroms nach Osten reichen würde, war noch nicht erforscht. Man war sehr optimistisch, weil in Korea ein Wal gefangen wurde, der sich nur leicht verletzt mit einer holländischen Harpune bis dorthin gerettet hatte. Man vermutete, dass er an der asiatischen Nordküste entlang nach Osten geschwommen sei. An die Wahrscheinlichkeit, dass der Wal um das Kap der guten Hoffnung gekommen sein könnte, dachte man wohl nicht. Im Jahr 1594 schickte man eine »Sondierungs-Expedition« bestehend aus vier Schiffen auf die Reise. Diese hatten Glück und kamen bis in die Karasee. Voller Optimismus kehrten die Schiffe zurück, und die Kapitäne berichteten. Es bestehe die berechtigte Hoffnung, auf diesem Wege den Pazifischen Ozean und damit Japan zu erreichen. Die Karasee, bis zu der sie vorgedrungen seien, wäre völlig eisfrei gewesen. Ein schwerwiegender Irrtum. Die Russen kannten als direkte Anlieger schon lange die dortigen Verhältnisse und bezeichneten die Karische See schlicht und nüchtern als »Eiskeller«. Die Karasee bildet wegen ihres geringen Salzgehaltes mit Beginn des Winters sehr rasch eine relativ dicke Eisdecke. Diese Eisschicht treibt häufig nach Westen und versperrt die schmalen Sunde bei Nowaja Semlja. Die Karasee selbst ist im Sommer oft eisfrei. Die holländische Erkundungs-Expedition muss also ein außerordentlich günstiges Jahr erwischt haben, in dem die Kara- oder die Jugor-Straße eisfrei war.

Voller Zuversicht ging man daran, eine kleine Flotte auszurüsten, und mit Tauschwaren wurde sie auf die Reise geschickt. Sie kam nicht weit, stieß sehr früh auf eine undurchdringliche Eisbarriere und musste enttäuscht in die Heimat zurücksegeln.

Einige private Kaufleute ließen sich dennoch nicht entmutigen. Immerhin war bei der ersten Expedition die See einschließlich der Karasee eisfrei. Man wollte also den Versuch wagen. Mit Willem Barents, der bei der ersten Expedition Kapitän eines der Schiffe gewesen war, war ein erfahrener Mann mit von der Partie. Man rüstete zwei Schiffe aus, die am 10. Mai 1596 Amsterdam verließen. Der Reiseweg der

Schiffe wich von dem direkten Weg, vielleicht unbeabsichtigt, erheblich nach Norden ab. Barents entdeckte dabei die Bäreninsel und auf dem weiteren Weg auch noch Spitzbergen, das, wie auch Grönland, nicht nur ein Mal »entdeckt« wurde. Auf dem weiteren Weg passierten die Schiffe ohne Schwierigkeiten die Barentssee. Man steuerte aber nicht den Süden, sondern den Norden von Nowaja Semlja an. Das tat man vermutlich in der Sorge, die südliche Durchfahrt könnte von Eis blockiert sein. Nördlich der Insel erhoffte man sich freie See. Der Plan ging nicht auf, und die Schiffe froren im Norden von Nowaja Semlja ein. Zu allem Unglück gingen sie auch durch Eispressung verloren. Die Boote, die ihre Rettung waren, und alles, was ihnen nützlich erschien, konnten sie an Land bringen.

Damit hatten sie einen langen, dunklen, arktischen Polarwinter vor sich, zu dieser Zeit nur mit einer geringen Chance zu überleben. Die Männer bauten - und das war das Wichtigste _ zunächst ein stabiles Haus, das sie vor Schneestürmen und Wind schützte. Auch für einen Ofen und für jeden eine Koje sorgten sie. Sie überlebten den Winter, wenn auch unter den schlimmsten Entbehrungen und fast zum Skelett abgemagert. Im Frühjahr, als das Eis es ermöglichte, gingen sie in die Boote und kamen wieder in die Heimat, wo niemand mehr mit ihnen gerechnet hatte. Kapitän Barents war jedoch so geschwächt, dass er unterwegs vermutlich an Skorbut verstarb. Jahre später fand man die Aufzeichnungen, die er während des Winters gemacht hatte, in der verlassenen Hütte unbeschädigt und noch leserlich vor.

Ungeachtet dessen hatte auch der Engländer Henry Hudson nicht weniger als drei Mal, 1607, 1608 und 1609, vergeblich versucht, das Eis zu überwinden oder ein günstiges Jahr zu erwischen. Über Nowaja Semlja kam er nicht hinaus.

Holländische Walfänger suchten in der Folgezeit die Barentssee häufiger auf, machten aber keinen Versuch, weiter nach Osten vorzudringen. Die irrige Meinung, der warme Golfstrom halte auch die Gewässer nordöstlich Nowaja Semlja noch eisfrei, führte nach fast 200-jähriger Pause im Jahr 1872 zu der österreichischen Expedition mit dem Forschungsschiff *Tegetthoff*. Zwar reichen die Ausläufer des Golfstromes noch bis in die Nähe von Spitzbergen und in die westliche Barentssee, aber ihr Einfluss wird rasch unbedeutend. Unerwartet fror das Schiff bereits in der Barentssee ein und driftete mit dem Eis nach Nordosten. Die Entdeckung von Franz-Josef-Land war die, allerdings nicht sehr ertragreiche Folge.

Adolf Erik von Nordenskiöld

Es ist sicher zum gründlichen Verständnis der Schwierigkeiten nötig, ausführlich über die extrem menschenfeindliche Arktis, über Schnee, Eis und grimmige Kälte zu sprechen. Ganz abgesehen von dem nicht enden wollenden Polarwinter mit seinen hohen Anforderungen an das Durchhaltevermögen. Es erscheint daher sinnvoll, sich bei der Schilderung der Reise Nordenskiölds weitgehend auf die Voraussetzungen, die für eine erfolgreiche Durchführung nötig waren, zu konzentrieren. Auf die beachtlichen wissenschaftlichen Er-

Adolf Erik von Nordenskiöld.

kenntnisse einzugehen, wäre zu umfangreich und ginge zudem am eigentlichen Thema des Buches vorbei.

Nordenskiöld erfüllte, wenn man sorgfältig die Berichte liest, die wichtigsten Voraussetzungen für sein Vorhaben. Er hatte sich im Laufe der Jahre die nötige Erfahrung in der Polargegend angeeignet und war körperlich den Anforderungen gewachsen. Nicht weniger als 20 Jahre war er in arktischen Gewässern unterwegs gewesen, bevor er den Versuch unternahm, die Nordostpassage zu bezwingen. Aber werfen wir kurz einen Blick auf seine ersten Jahre.

Adolf Erik von Nordenskiöld wurde als Sohn des bekannten Mineralogen Nils Gustav Nordenskiöld am 18. November 1832 in Helsingfors, dem heutigen Helsinki, geboren. Seine Familie stammte aus dem nordschwedischen Upland. In der Schule war der Junge zunächst ohne Auftrieb und Ansporn, ähnlich wie Joseph Conrad nach ihm. Sehr bald aber erwachte sein Ehrgeiz, und er wurde ein guter und interessierter Schüler. Im Jahr 1849 ging er auf die Universität in Helsingfors und machte 1855, wie sein Vater vor ihm, seine Doktorarbeit als Mineraloge.

Hier sollten wir einen kleinen Ausflug in die wechselhafte Geschichte Finnlands machen. Diese war stark geprägt durch die unmittelbare Nachbarschaft des russischen Riesenreiches. Finnland war lange Zeit politisch mit Schweden verbunden. Dem zur Ostsee strebenden Russland war das ein Dorn im Auge, und es übte Druck aus. Im Jahr 1721 musste Finnland Karelien, und 1743 einen weiteren Teil, an den großen östlichen Nachbarn Russland abtreten. Schließlich, im Jahr 1808/09, kam Finnland ganz unter russische Herrschaft. Anfangs gewährte man den Finnen Sonderrechte, aber das währte nicht lange. Gegen Ende des 19. Jahrhunderts versuchte Russland jedoch gegen den erbitterten Widerstand und Freiheitswillen der Finnen, die Sonderrechte zu annullieren. Die beabsichtigte Integration Finnlands gelang jedoch nur politisch. Erst nach der Abdankung von Zar Nikolaus II, am 6. Dezember 1917, wurde Finnland selbständig. Genau in die Zeit der stärksten Spannungen zwischen Russland und Finnland fiel die Jugend und Studienzeit Nordenskiölds. Aufgrund seiner wiederholten national-finnischen Äußerungen wurde Nordenskiöld der Boden unter den Füßen zu heiß. Um den in Strafsachen nicht gerade zimperlichen Russen zu entgehen, setzte er sich nach Schweden ab. Dort suchte er Kontakt zu Universitäten und zu Kollegen.

Otto Torell hieß der Mann, dessen Bekanntschaft er machte und der den weiteren Lebensweg Nordenskiölds entscheidend beeinflusste, oder besser gesagt, veränderte. Nordenskiöld begleitete Torell auf dessen Einladung hin im Juni 1858 auf einer Forschungsfahrt nach Spitzbergen.

Ihr Schiff war ein kleines Küstenfahrzeug, es leckte, war alt und hatte alle Eigenschaften eines »Seelenverkäufers«, aber das störte nicht. Bei dieser Reise, die knapp 3 Monate dauerte, infizierte sich Nordenskiöld mit dem »Virus arktikus«, der nach überwiegender Einschätzung in den meisten Fällen unheilbar ist. Bei Nordenskiöld war er es. Seine mineralogischen Ambitionen musste er dabei keineswegs aufgeben. Im Gegenteil, seine Reise nach Spitzbergen und besonders seine spätere Umsegelung von Europa und Asien boten ihm hervorragende Möglichkeiten, sich auf diesem Gebiet zu betätigen und waren sicher auch ein maßgeblicher Impuls.

Im Mai 1861 waren die beiden, Torell und Nordenskiöld, wieder unterwegs nach Spitzbergen, diesmal mit zwei Schiffen. An der Nordostecke der Insel aber froren die Schiffe ein. Eines ihrer Ziele, den Nordpol zu erreichen, war damit gestorben. Sie waren damals offensichtlich noch der Überzeugung, dies mit einem Schiff schaffen zu können. Als Ausgleich erkundeten die beiden drei Monate lang das Land und waren im September wieder zurück in Tromsö.

Im Jahr 1864 übernahm Nordenskiöld die Leitung einer staatlich geförderten Expedition, wieder nach Spitzbergen. Man besuchte zunächst die Bäreninsel. Als die Expedition sich anschickte, möglichst weit nach Norden vorzudringen, traf man auf schiffbrüchige Fischer, deren Schiffe durch Eispressung verloren gegangen waren. Ohne zu zögern brach Nordenskiöld die Expedition ab, um die völlig erschöpften und abgemagerten Fischer nach Tromsö zu bringen.

Oskar Dickson, ein Mäzen Nordenskiölds, unterstützte dessen weitere Pläne. Nordenskiöld liebäugelte mit einer Reise zum Nordpol. Man kam bis auf 81 Grad 42 Minuten Nord und zu der Erkenntnis, dass der Nordpol mit einem Schiff nicht zu erreichen ist. Also dann mit Schlitten, entschied Nordenskiöld, der seinen Plan nicht aufgeben wollte. Er brach 1872 von dem errichteten Basislager auf Spitzbergen auf. Das Schicksal aber hatte sich gegen ihn verschworen. Wieder trafen sie auf schiffbrüchige Fischer. Die gesamte Expedition musste zusätzlich auch noch unter den schwierigsten Bedingungen überwintern. Nicht weniger als 131 Mann waren eingeschlossen und mussten verpflegt werden. Eine fast unlösbar scheinende Aufgabe. Es war eine organisatorische Meisterleistung von Nordenskiöld, diesen Winter mit nur zwei Mann Verlust zu überstehen. Alles aber hätte nichts genutzt, wären die Männer nicht Mitte Juni von dem Engländer Leigh Smith mit seinem Schiff gefunden und vor dem Hungertod gerettet worden, der nicht lange hätte auf sich warten lassen.

Zum letzten Mal war Nordenskiöld im Jahr 1873 in Spitzbergen. Danach wandte er sich einem neuen Plan zu, der Bezwingung der Nordostpassage. Sein Interesse dabei lag allerdings auf wissenschaftlichem, und nicht auf wirtschaftlichem Gebiet. Es ist typisch für Nordenskiöld, dass er sich nicht sofort an diese Aufgabe machte, sondern erst Sondierungsfahrten unternahm, um die Verhältnisse und die Chancen seines Vorhabens zu erkunden. In den Jahren 1875 und 76 war er zweimal in das karische Meer bis zur Mündung des Jenissej gekommen.

Endlich, am 26. Januar 1877, wurde anlässlich eines Empfangs bei König Oskar II. der Versuch einer Umsegelung Asiens und Europas beschlossen, was die Durchsegelung der Nordostpassage automatisch mit einschloss. Damals galt Nordenskiöld in Fachkreisen als der beste Kenner arktischer Verhältnisse.

Am 22. Juni 1878 verließ Nordenskiölds Schiff *Vega* den schwedischen Ostseehafen Karlskrona, und am 21.Juli begann die eigentliche Expedition in Tromsö. Fünf Monate hatte Nordenskiöld also Zeit, das Unternehmen vorzubereiten, und er tat dies mit dem ihm eigenen Verantwortungsbewusstsein und mit akribischer Gründlichkeit. Beides kann man als die wichtigste Voraussetzung für das Gelingen jeglicher Expeditionen, egal wohin, betrachten.

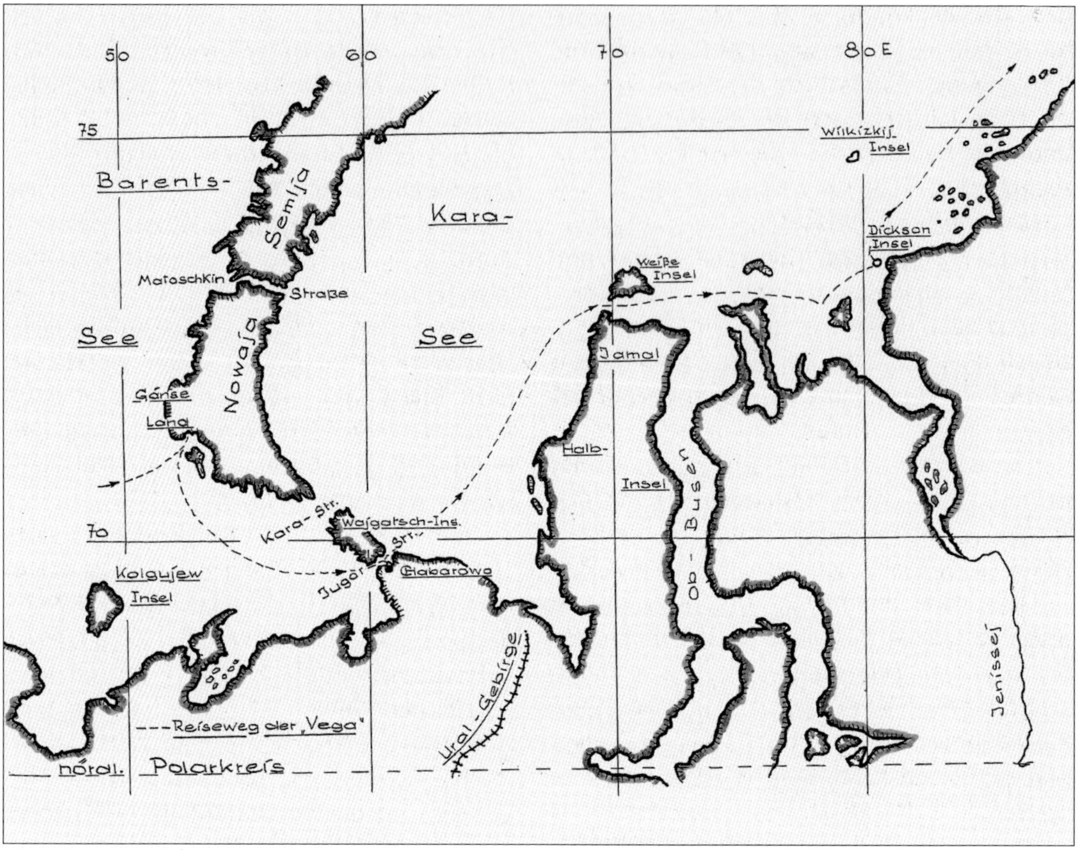

Nordenskiölds Route durch die Karasee.

Bei diesen Vorbereitungen spielt naturgemäß die Wahl des Schiffes eine herausragende, oder besser gesagt, die entscheidende Rolle. Sollte doch die ganze Strecke von über 22 000 Seemeilen und über viele Monate hinweg das Schiff ihr Zuhause sein. Zusammen mit seinem auch bereits erfahrenen Kapitän Palander fiel die Wahl auf die 357 t große Bark *Vega*. Das Schiff war in Bremerhaven schon für die Eismeerfahrt als Walfänger gebaut worden und besaß eine 60 PS starke Dampfmaschine. Sowohl der Rumpf, als auch die Spanten waren entsprechend dem vorgesehenen Einsatzgebiet verstärkt, um Eispressungen weitgehend Widerstand leisten zu können. 43 Meter lang war das Schiff über alles, der Tiefgang betrug fünf Meter. In der Marinewerft von Karlskrona war die Außenhaut nochmals deutlich verstärkt und das Schiff ausgerüstet worden. Die *Vega* verfügte über vier Walfangboote, eine kleine Dampfschaluppe sowie über ein Schlittenboot. Die Besatzung bestand aus 30 Mann, die alle freiwillig teilnahmen und von der schwedischen Marineleitung ausgesucht waren.

Da es für die *Vega* unmöglich war, die nötige Verpflegung für maximal zwei Jahre eingeplante Reisedauer einschließlich der Kohle mitzunehmen, sollten zwei Dampfer, die *Lena* unter Kapitän Johannesen, die *Fraser* unter Kapitän Nilson sowie der Segler *Expreß* (Name des

Kapitäns unbekannt), das Expeditionsschiff bis zur Mündung des Jenissej begleiten. Das war immerhin eine Strecke von rund 1510 Seemeilen, etwa 1/3 der Strecke bis zur Beringstraße. Und nach Hause wollten die Begleitschiffe ja auch wieder!

Wie Schiff und Verpflegung wurde auch die Winterbekleidung der Mannschaft nicht vernachlässigt. Dabei wurde berücksichtigt, dass - 40 Grad bei Windstille besser zu ertragen sind, als -30 oder -35 Grad bei Gegenwind. Sturm würde bei den genannten Temperaturen selbst einen nur kurzen Aufenthalt im Freien ohnedies ausschließen. Es entstünden an ungeschützten Hautstellen sehr rasch empfindliche Erfrierungen, ohne dass man durch besonderes Schmerzempfinden gewarnt würde. Außer dicker wollener Unterwäsche besaß jeder Mann eine Art Anorak aus derbem Segeltuch, der über der Seemannsjacke getragen wurde. Dazu für Schlittenfahrten gegen extreme Kälte ein sogenanntes »Päsk«, eine sehr warme, winddichte Fellbekleidung ähnlich der der Eingeborenen. Die Fuß-Überbekleidung bestand aus großen Segeltuchstiefeln mit einer dicken Ledersohle. Darunter trug man Wollsocken mit Fußlappen aus Filz. Auf dem Kopf trugen die Leute eine normale Mütze, dazu aber eine gut und warm gefütterte Kapuze mit langem Schal. Wo es nötig war, trug man Handschuhe aus Seehundsfell, mit Schaffell gefüttert und mit langen Stulpen, ansonsten normale wollene Handschuhe. Um der gefürchteten Schneeblindheit vorzubeugen, wurden Schneebrillen ausgegeben. Die Expedition war also nicht nur gut vorbereitet, sondern auch bestens ausgerüstet. Das Gleiche gilt für die medizinische Versorgung. Ein Arzt war an Bord.

Zurück zur Reise. Wie bereits erwähnt, hatte man am 21. Juli in Tromsö die Leinen losgeworfen. Nach sieben Tagen Reisezeit, also am 28. Juli, kam Land in Sicht, und die Schiffe konnten sich, mit Ausnahme der *Lena* vor Chabarowa, damals ein kleines Dorf, versammeln. Unter »Dorf« sind dabei ein paar flache Häuser und einige Zelte zu verstehen. Auch eine Kirche war vorhanden, die sich aber von den armseligen Häusern nur durch ein Holzkreuz unterschied. Nordenskiöld und seine Leute wurden freundlich empfangen, und bald entwickelte sich ein lebhafter Tauschhandel.

Nach einem kurzen Abstecher zur Waigatsch-Insel, die Nordenskiöld als Mineraloge und Forscher interessierte, setzten die Schiffe, nachdem auch die *Lena* eingetroffen war, die Reise fort. Es ging in den »Eiskeller« Sibiriens, in das Karische Meer oder auch Karasee genannt. Der »Jugor Schar«, die schmale Jugor-Straße war eisfrei. Bei schönem Wetter, aber schwachem Wind kamen die Schiffe nur langsam vorwärts. Am Nachmittag war die Karasee erreicht. Oft wird sie bezeichnet als »Mare inkognitum«, der Wendepunkt der meisten früheren Unternehmen. Die Küste liegt noch südlich der sommerlichen Packeisgrenze, so dass durchaus die Möglichkeit besteht, abgesehen von einigen unbedeutenden Eisansammlungen schiffbares Wasser anzutreffen. Erst weiter östlich, nahe der Mündung des Jenissej, kommt sie nahe an die Küste. Hier sorgt aber der Jenissej im Sommer meist für eine ungehinderte Schifffahrt. Nordenskiölds Expedition traf auf loses Alteis, das die Reise nur be-, aber nicht verhinderte. Sie traf aber, und das sollte die Kapitäne bei der Navigation noch öfter beeinträchtigen, Nebel von unterschiedlicher Dauer und Dichte an. Am 6. August war die kleine Flotte in Dicksons Hafen. Dieser »Hafen« wurde, wie bereits berichtet, 1875 von Nordenskiöld entdeckt und zu Ehren seines Mäzens »Dicksons Hafen« getauft. Diesen Namen hat der Hafen behalten. Nordenskiöld bezeichnet ihn als den besten an der gesamten Nordküste Asiens. Er liegt gut geschützt an der Dickson-Insel, die dem Festland vorgelagert ist. Die Bezeichnung »Hafen« ist aber nach heutigen Vorstellungen irreführend, da es sich hier, wie auch bei den »Häfen« der Nordwestpassage, nur um mehr oder weniger geschützte Buchten handelt.

Am Morgen des 10. August lichteten die *Vega* und die kleine *Lena* die Anker und segelten entlang der Küste nach Osten weiter, während die anderen beiden Schiffe den Jenissej aufwärts fuhren und an der Expedition nicht mehr teilnahmen. Ursprünglich sollte von Dicksons Hafen an die *Vega* die Reise allein fortsetzen. Der Plan wurde aber, vermutlich aus Gründen der Sicherheit, vielleicht auch weil ein Teil der Verpflegung noch nicht übernommen werden konnte, geändert.

Die *Vega* und die begleitende *Lena* trafen abwechselnd auf eisfreies Wasser, umfangreiches Treibeis und häufig auch auf dichten Nebel. Ständig musste, damals noch mit dem »Senkblei« (Handlot), die Wassertiefe gemessen werden, da man unbekannte Küstengewässer befuhr. Am 18. August passierten die Schiffe das heutige »Nordenskiöld-Archipel«, und nur einen Tag später kamen sie, wieder bei dichtem Nebel, zur Westseite der Tscheljuskin-Halbinsel und damit an den Eingang zur heutigen Wilkizkij-Straße. Der Nebel lichtete sich, und die beiden Schiffe ankerten am 19. August 1878 am nördlichsten Punkt des asiatischen Festlandes. Das Ereignis wurde gebührend mit Wein und Salutschüssen gefeiert. Die Landschaft aber bezeichnete Nordenskiöld als die ödeste, die er auf seiner Reise gesehen habe. Auf dem Landweg soll der russische Forscher Tscheljuskin im Jahr 1742 diesen Punkt bereits erreicht haben. Daher auch der Name der Halbinsel.

Am 26. August gingen die beiden Schiffe Anker auf und verließen diesen einsamen Ort, den man vielleicht als »Scheitelpunkt« ihrer Reise bezeichnen könnte. Ihr Ziel waren die Neu-Sibirischen Inseln. Das Eis nahm zu, und auch der Nebel behinderte die Fahrt so stark, dass man eine Sichtbesserung abwarten musste. Die währte nicht lange, und so hoffte man, in Küstennähe bessere Sichtverhältnisse zu finden. Das Anlaufen der Neu-Sibirischen Inseln wurde aufgegeben. Mit Kurs nach Süden stieß man auf die Insel Pestschanij Ostrow. Diese Insel liegt in einer großen Bucht zwischen der Halbinsel Tajmyr und dem Mündungsdelta der Lena. Nur kurz ging Nordenskiöld an Land. Die Zeit drängte und so nutzte man das einige Tage anhaltende schöne Wetter und das eisfreie Wasser, um voran zu kommen. In der Nacht vom 27. auf 28. August wurde die kleine *Lena* in die Heimat entlassen. Ziemlich spät, denn Kapitän Johannesen hatte fast 3000 Seemeilen bis Tromsö vor sich und das bei nicht vorhersehbaren Eisverhältnissen, die sich zu dieser Zeit nur verschlechtern konnten.

Die *Vega* wandte sich jetzt doch noch den Neu-Sibirischen Inseln zu, wo kurze Zeit nach Nordenskiölds Passage die »Jeanette-Expedition« gescheitert war. Die dort häufig vorkommenden Mammutfunde lockten den Forscher Nordenskiöld. Sein Kapitän wäre sicher lieber der Küste entlang weiter gesegelt, um vor dem Winter, der unmittelbar »vor der Türe« stand, noch durch die Beringstraße nach Süden schlüpfen zu können, aber davon wurde nichts berichtet. Es war Ende August, als die *Vega* eine der Liachow-Inseln südlich der Neu-Sibirischen Insel anlief. Es war vermutlich die große Liachow-Insel. Der beabsichtigte Landeplatz war aber so ungünstig und gefährlich, dass Nordenskiöld (auf Anraten seines Kapitäns?) es schweren Herzens vorzog, auf einen Besuch der Insel, die den Forscher und Mineralogen Nordenskiöld stark interessierte, zu verzichten. Die *Vega* segelte südwärts, um durch den berüchtigten Sund zwischen der südlichen Liachow-Insel und dem Festland (heute Dmitrij-Laptew-Straße) nach Osten zu kommen. Berüchtigt, weil bei Eisdrift durch Zusammenpressung der Eismassen Sunde naturgemäß am ehesten blockiert werden, was auch durch die Erfahrungen früherer Expeditionen belegt wird. Nordenskiöld hatte Glück. Das Wetter und die eisfreie See spielten »zunächst« mit, aber das

Der »Winterhafen« der *Vega* an der Nordküste Sibiriens bot keinen Schutz vor der gefährlichen Eispressung und Sturmwind. Dafür lag man nahe der Küste und konnte mit dort ansässigen Tschuktschen Handel treiben.

sollte sich bald ändern. Anfang September begann es zu schneien, dennoch erreichte die *Vega* noch unbehindert die Insel Medweschij-Ostrowa. Dann nahm das Eis zu. Eisberge aber sind nördlich Asien, im Gegensatz zu der Gegend um Grönland und Spitzbergen selten. Es währte nicht lange, dann kam die *Vega* auf dem direkten Kurs nicht mehr weiter. Nordenskiöld suchte wieder eine Rinne nahe der Küste, wobei ihm die Mündung des Flusses Kolyma zunächst weiter half. Es ging mühsam vorwärts, aber sie kamen doch in die Nähe von Kap Schelagskoj. Hier hatte Nordenskiöld die ersten Kontakte mit Tschuktschen, ohne zu ahnen, dass diese Kontakte einige Monate dauern würden. Unter wechselnden Eisverhältnissen, mal eisfrei, aber meist bei dichtem Treibeis, kam man immer auf der Suche nach dem besten Weg Ende September bis zur Koljutschin Baik (heute Koljutschinskij-Bai). Nordenskiöld war optimistisch und sicher, dass er noch vor dem endgültigen Winter den Pazifik erreichen und damit die Nordostpassage bezwungen haben würde. »Jedoch mit des Geschickes Mächten...« Am 28. September 1878 war für die *Vega*, bedingt durch einen plötzlichen Kälteeinbruch, Schluss. Das Schiff war eingefroren, und alle Bemühungen doch noch frei zu kommen, waren erfolglos. Einen Tag vorher hatte noch ein Walfänger dort, wo die *Vega* fest saß, bei offenem Wasser geankert. Und, Ironie des Schicksals, nicht weit von der eingeschlossenen *Vega* entfernt, war immer noch offenes Wasser fast bis zur wenige Meilen entfernten Beringstraße. Das Eis sollte die *Vega* bis zum 18. Juli des nächsten Jahres festhalten.

Der »Winterhafen« der *Vega*, sofern man davon sprechen konnte, war nicht ideal. Er bot keinen Schutz vor der gefürchteten Eispressung und war dem häufig stürmischen Wind voll ausgesetzt. Ein Vorteil: Man war nahe der Küste und hatte Verbindung mit der Bevölkerung, den Tschuktschen. Dadurch, und weil der Kontakt recht freundlich war, hatte man im Bezug auf Ernährung wenig Sorgen. Man bekam Frischfleisch und Fisch. Außerdem verfügte man selbst noch über eine ausreichende Menge an Proviant. Die *Vega* diente als Winterquartier. An Land wurde nur ein Observatorium für meteorologische Beobachtungen und Messungen errichtet. Nordenskiöld und seine Wissenschaftler nutzten die Gelegenheit reichlich, durch Landausflüge, die Bevölkerung und die Tier- und Pflanzenwelt zu studieren und mineralogische Erkundungen durchzuführen. Ein umfangreiches Arbeitsgebiet, das auch Messungen des Erdmagnetismus einschloss. Da die *Vega* allen winterlichen Angriffen unbeschädigt standhielt und auch die gefürchteten Eispressungen ausblieben, sah man keine Notwendigkeit, an Land eine feste Unterkunft zu bauen. Verpflegung und Heizmaterial hatten die Männer zwar nicht im Überfluss, aber doch ausreichend. So überstanden Schiff und Mannschaft die langen kalten Wintermonate im Gegensatz zu vielen anderen Expeditionen ohne Verluste. Selbst der Skorbut blieb aus.

Wie bereits erwähnt, konnte die *Vega* am 18. Juli 1879 ihre Reise fortsetzen. Nur Nebel beeinträchtigte die dringend nötige Sicht erheblich. Trotzdem war die Expedition am 19. Juli, also nach nur einem Tag, in der Mitte zwischen dem asiatischen und dem amerikanischen Festland. Die Nordostpassage lag hinter ihr. Es braucht nicht eigens erwähnt zu werden, dass dieser Erfolg der Erstdurchsegelung mit der entsprechenden Begeisterung gefeiert wurde.

Die Heimreise führte über Japan, Hongkong, Borneo, Ceylon, Aden, Neapel, Lissabon und Falmouth mit Abstecher über Paris nach Stockholm, wo am 24. April 1880 der Anker fiel. Damit vollendete Nordenskiöld die erste Umsegelung Europas und Asiens. Es war eine erfolgreiche Reise über 22.189 Seemeilen, die in Stockholm mit Jubel und Feuerwerk unter reichlicher Beteiligung der Bevölkerung gefeiert wurde.

Die Reise, der uneingeschränkte Anerkennung gezollt werden muss, bewies die Richtigkeit der eingangs erwähnten Voraussetzungen. Nordenskiöld hatte sich als ein ausgezeichneter Führer und guter Organisator der Expedition erwiesen. Die Überwinterung der *Vega* ohne Schaden für die Mannschaft ist ein eindrucksvoller Beweis. Es darf aber, und das mindert die Leistung Nordenskiölds keineswegs, nicht vergessen werden: Viele erfolglose Expeditionen vor Nordenskiöld bereiteten, ähnlich wie bei Amundsens Nordwestpassage, seinen Erfolg vor. Und da ist noch ein Faktor. Zum Gelingen einer Expedition, und daran besteht kein Zweifel, gehört auch Glück. Eine ganze Menge sogar. Was wäre gewesen, hätte Nordenskiöld ein schlechtes Jahr erwischt? Schon die Jugor-Straße, das Tor zur Karasee unpassierbar? Die Wilkizkij-Straße vor der Laptew-See hoffnungslos zu? Wie sehr »Fortuna« ein Wörtchen mitzureden hat, zeigte sich 40 Jahre später, als Amundsen, nicht gerade ein unerfahrener Mann (Südpol und Nordwestpassage), auf dieser Route nicht weniger als dreimal einfror und überwintern musste. (Die dritte Überwinterung ist nicht eindeutig erwiesen). Mehrere Wochen hielt ihn das Eis be-

Die Route der *Vega* entlang der Nordküste Sibiriens.

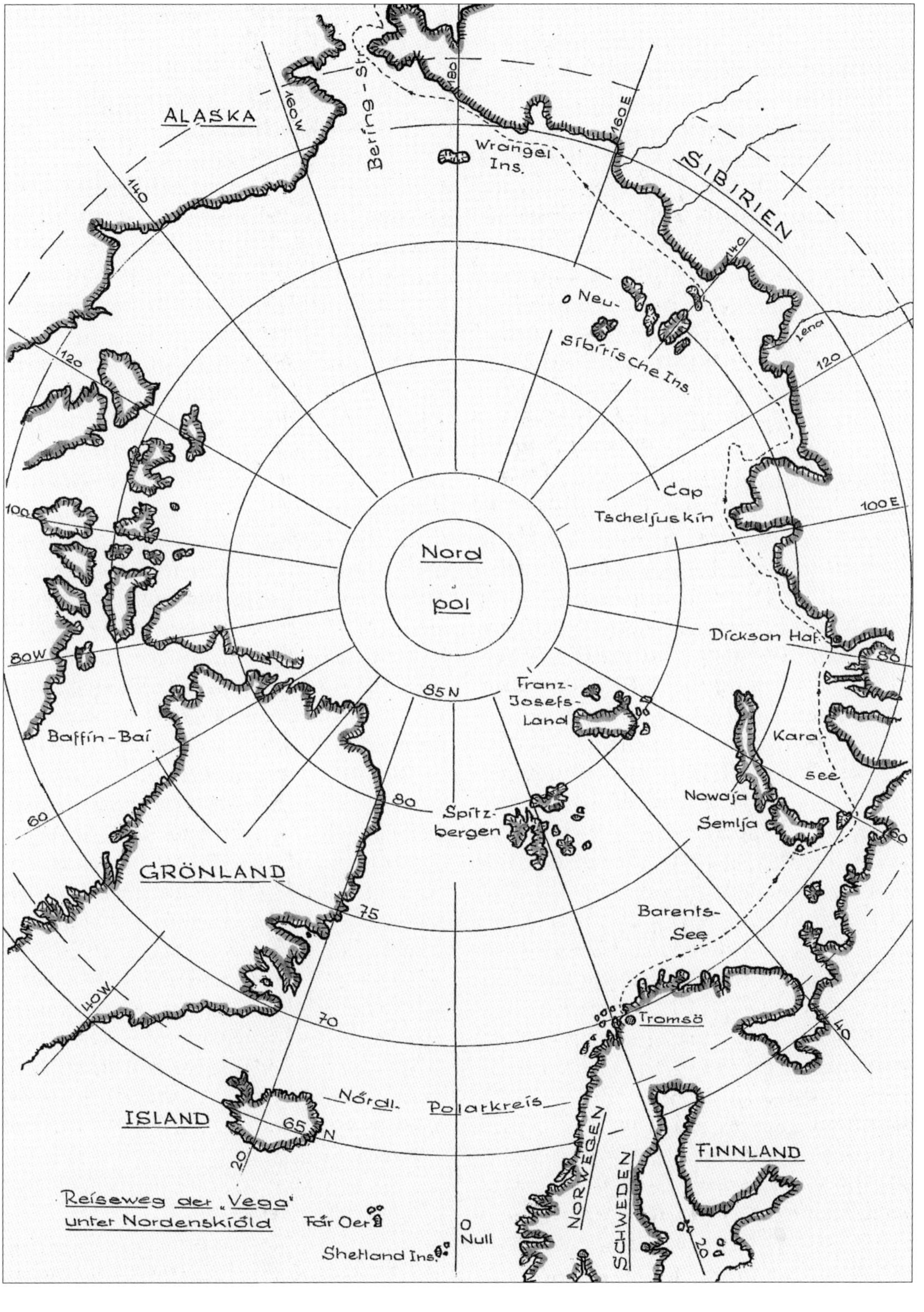
ALASKA
Bering - Str.
Wrangel Ins.
SIBIRIEN
Neu-sibirische Ins.
Lena
Cap Tscheljuskin
Nord pol
Dickson Haf
Franz-Josefs-Land
Kara-See
Nowaja Semlja
Spitzbergen
Baffin-Bai
GRÖNLAND
Barents-See
Tromsö
Nördl. Polarkreis
ISLAND
NORWEGEN
SCHWEDEN
FINNLAND
Reiseweg der „Vega" unter Nordenskiöld
Fär Oer
Shetland Ins.
0 Null
85 N
80
75
70
65 N
160 W
180
160 E
140
120
100
80 W
60
40 W
20
100 E
80
60
40
20

reits vor Chabarowo auf. Östlich von Kap Tscheljuskin war die erste Überwinterung und westlich der Aion-Insel die zweite.

Man wird, und das basiert auf vielen Erfahrungen, die Frage nicht los: Was kann der Kopf ausrichten, wenn die Arme nicht mitmachen? Die körperliche Belastung der Besatzung, die die Hauptlast zu tragen hat, wird selten gebührend gewürdigt. In welchen Büchern und Abhandlungen über Nordeskiölds Reise wird die Besatzung lobend erwähnt? Wo steht etwas über deren Leistung, über deren Durchhaltevermögen? Das trifft auch, und das scheint mir besonders eklatant, auf Nordenskiölds Kapitän Palander zu, der in Nordenskiölds Bericht nur am Anfang bei der Auswahl des Schiffes erwähnt wird. Nordenskiöld war Wissenschaftler, Forscher und Mineraloge. Er war verantwortlich für die Expedition und war ihr Leiter, aber er war kein Seemann. Für das Schiff und seine Führung aber lag die Verantwortung bei Kapitän Palander. Die große Richtung, wo man hin wollte, bestimmte zweifelsfrei Nordenskiöld. Auf welchem Weg man dahin fahren musste und ob man den Eisgang der *Vega* zumuten konnte oder nicht, darüber musste letztlich der Kapitän bestimmen. Hat nicht Kapitän Palander, der das Schiff ohne Grundberührung, ohne Schaden über eine Strecke von über 22.000 Seemeilen führte einen, und das ist nicht zuviel gesagt, »erheblichen« Anteil am Erfolg? Hierüber verliert die Literatur kein Wort, und vermutlich ist er auch in Stockholm bei der Ankunft wenig, zumindest nicht adäquat beachtet worden. Der große Held war Nordenskiöld, und Kapitän Palander und die anderen beteiligten Kapitäne waren »im Schatten stehende« Nebenfiguren. Was ist mit Kapitän Johannesen, der die *Lena* Ende August über 3000 Seemeilen nach Tromsö zurück brachte? Selbstverständliche, nicht erwähnenswerte Routine? Man kann und sollte darüber auch mal nachdenken, und das wird wohl erlaubt sein!

Schlussbetrachtung

Nordenskiöld schildert die Möglichkeiten für die Handelsschifffahrt sachlich und nüchtern. Vielleicht mit etwas Optimismus vermischt, denn sicher hätte seine Expedition auch einen erheblichen wirtschaftlichen Erfolg bedeutet, wäre die Nordostpassage im Sommer durchweg schiffbar gewesen. Damals aber, das bewies 40 Jahre nach Nordenskiöld noch die Reise Amundsens, war ein nur annähernd regelmäßiger Schiffsverkehr nicht möglich, auch wenn man nur die kurzen Sommermonate in Betracht zieht.

Heute, mehr als 100 Jahre nach Nordenskiöld, sieht man die Dinge nüchterner und durch moderne Verkehrsmittel überholt, auch wenn Schiffsverkehr mit Eisbrechern möglich ist. Eine nennenswerte wirtschaftliche Bedeutung für den internationalen Handel, Russland ausgenommen, hat die Nordostpassage nicht.

Wissbegier, Ehrgeiz, Ruhm, Habsucht und Streben nach Berühmtheit und Erstleistungen, das waren die Triebfedern für die vielen Expeditionen nach Nordwesten und Nordosten in die Arktis. Jahrhunderte lang standen sie im Mittelpunkt der Überlegungen. Menschen und Schiffe wurden einer Illusion geopfert und unendliches Leid verursacht und in Kauf genommen. Was dabei heraus kam: Außer wissenschaftlichen Erkenntnissen war es nicht mehr, als die Kenntnis der Passagen und die nüchterne Feststellung, dass sie, besonders die Nordwestpassage, handelspolitisch wertlos sind. Der »kurze Weg« nach Japan oder China, und das war das begehrte Ziel aller Unternehmungen, ist heute kein Thema mehr.

Die Kapitäne der Reederei Laeisz

Betrachtet man Bilder des 19. Jahrhunderts, sieht man die meisten Herren mit einem Zylinder ausgestattet. Das beschränkt sich keineswegs nur auf Europa und auf die »Biedermeierzeit« etwa von 1815 bis zum Jahr 1848. Ein typisches Beispiel bietet Amerika mit »Uncle Sam«, stets mit einem vornehmen zartgrauen Zylinder abgebildet. Ein Portrait, das um die Welt ging. Folglich musste die Herstellung solcher wichtiger Accessoires für die Herrenwelt ein gutes Geschäft sein. Wer etwas auf sich hielt, musste so ein Exemplar besitzen und auch zeigen. Das galt bis weit ins 20. Jahrhundert hinein.

Ein cleverer Wahlhamburger schwäbischer Abstammung namens Ferdinand Laeisz lernte das Hutmacherhandwerk und fing im März 1848 an, solche heute nur noch im Karneval (der Autor würde sagen »Fasching«) noch benutzte »Ungetüme« herzustellen. Sein Plus: Er kannte die Fertigung bereits aus seiner »Fahrenszeit« in Berlin. Was dabei am Ende herauskam, war eine der angesehensten und erfolgreichsten Reedereien in der Blütezeit der Rahsegler. Und das ist bis heute so geblieben, nur mussten die Rahsegler Containerschiffen weichen. Scheußliche Kästen im Vergleich mit dem stolzen Charme der Segler, aber daran führte kein Weg vorbei.

Zu der Zeit, als Ferdinand Laeisz mit seinen Hüten in Hamburg anfing, begannen sich Stadt und Hafen von den Wirren der vergangenen Jahrzehnte zu erholen. Bedarf lag vor, und so florierte das Geschäft mit den Hüten von Anfang an. Was lag näher, als Hüte zu exportieren. Es gab Rückschläge, aber die konnten Laeisz nicht bremsen. In der Anfangszeit musste Laeisz seine Hüte noch einer Reederei anvertrauen. Mit der Zunahme der Aufträge aus Übersee kam er aber auf den Gedanken, den Versand der Ware selbst zu übernehmen. Er erwarb 15 Jahre nach Beginn seines Hut-Unternehmens sein erstes Schiff. Es war eine kleine Brigg von 220 BRT. Das Schiff erhielt den Namen *Carl*. Aller Anfang ist schwer, aber der Weg war einmal eingeschlagen, und so verfolgte Ferdinand Laeisz ihn konsequent und beharrlich weiter. Auch die Blockade der Elbe durch die Dänen im Deutsch-Dänischen Krieg (1848/50 und 1864) änderte nichts daran. Als England im Jahr 1849 die unselige »Navigationsakte« (siehe Anmerkung am Schluss) aufhob, gab es Aufwind für die deutsche Seeschifffahrt. Als Folge davon wurde bei Laeisz aus dem *Carl* bald eine kleine, und später beachtliche Flotte stattlicher Segler. Parallel dazu, und das war ein wesentlicher Faktor seines Erfolges, schuf Laeisz eine straffe Organisation, bei der auch sein 1828 geborener Sohn Carl erfolgreich mitwirkte. Ganz entscheidend für die weitere positive Entwicklung der Laeiszschen Reederei war der Beginn der Reisen nach Chile im Jahr 1862. Verbunden damit war die Aufnahme geschäftlicher Kontakte, woraus sich später die regelmäßigen Salpeterfahrten entwickelten. Im Jahr 1870 bestand die Flotte der Reederei Laeisz bereits aus 16 Schiffen. Acht

Ferdinand Laeisz: Sein Unternehmergeist führte ihn vom Hutmacher zum bekanntesten Reeder Deutschlands.

Jahre später wurde der Liniendienst nach Chile aufgenommen.

Der Erfolg sprach sich herum. und bald musste die Reederei ihre Kapitäne und Mannschaften nicht mehr suchen, sondern konnte sich aus den Bewerbungen die Leute heraussuchen, die nach persönlicher Vorstellung den besten Eindruck machten und die besten Zeugnisse vorzuweisen hatten. In erster Linie galt das für die Offiziere. Es war ein Fähigkeitsnachweis, unter der FL-Flagge, (Ferdinand Laeisz) gesegelt zu sein. Je größer die Reederei wurde, desto wichtiger waren der Kontakt und die Zusammenarbeit zwischen der Reederei, den Werften und den Kapitänen. Alle Erfahrungen der Kapitäne auf ihren Reisen wurden genauestens in den Logbüchern festgehalten. Darin enthalten waren auch Angaben über Ströme, Wetter und sonstige Vorkommnisse und Feststellungen. Wann haben sie den Passat angetroffen? Wo? Wie stark war er? Wo hörte er auf? Nicht nur nautische und meteorologische Fragen waren zu beantworten, sondern auch wirtschaftliche. Welche Häfen sind empfehlenswert? Wie lange dauert die Abfertigung? Kann sie verbessert werden? Wenn ja, wie? Auch diese Fragen wurden peinlich genau ausgewertet. Die Ergebnisse waren im Rücklauf wiederum wertvolle Hinweise für die Kapitäne. Ihre Reisen wurden schneller, und darüber hinaus profitierte die Sicherheit der Besatzungen durch die Verbesserungen bei den Schiffen.

Noch ein ungenannter Mann im fernen Amerika trug zu dem Erfolg bei. Dieser Mann war Leutnant der amerikanischen Marine. Es war Matthew Fontaine Maury. Auch er beschäftigte sich hauptamtlich mit meteorologischen Vorgängen und Hydrographie. In seinem Werk »Wind and Current Charts« gab er wertvolle Empfehlungen, welche Route bei den verschiedenen Reisen die beste ist. Dabei wurde klar, dass der kürzeste Weg nicht immer der beste ist. Maurys Empfehlungen ergänzten die Kenntnisse der Laeiszschen Kapitäne sinnvoll, da sie sich oft auf noch unbefahrene Gebiete bezogen. Eine weitere, besonders wichtige Quelle in nautischer Hinsicht waren die »Nachrichten für Seefahrer« (NfS), die ab dem Jahr 1849 von der »Deutschen Seewarte« herausgegeben wurden.

Ferdinand Laeisz legte größten Wert darauf, dass seinen Kapitänen all diese Informationen zugänglich waren und dass sie auch beachtet wurden. Wie weitblickend und effektiv Laeisz seine Geschäfte führte, beweist die Tatsache, dass er an den wichtigsten chilenischen Ladehäfen Agenten angestellt hatte, die dafür sorgten, dass immer Ladung für seine Schiffe vorhanden war und der Ladevorgang so rasch und so perfekt wie möglich durchgeführt wurde. Das funktionierte, und kein Schiff hatte so kurze Ladezeiten wie die Schiffe von Laeisz. Diese perfekte Organisation führte dazu, dass ein »Könner« wie Kapitän Hilgendorf innerhalb eines Jahres statt der üblichen zwei, drei Reisen durchführen konnte, und die mit erstaunlicher Regelmäßigkeit. Es wäre ermüdend, würde man alle Reisen der Laeiszschen Kapitäne auflisten und beschreiben. Auch wenn man sich auf die Reisen der bekanntesten unter ihnen beschränkte. Deshalb ist es sicher angebracht, auf das Leben und die Reisen nur zweier Schiffsführer näher einzugehen. Es sind die Kapitäne Hilgendorf und Schlüter. Betrachten wir sie stellvertretend für viele andere, deren Reisen sicher auch hervorragend durchgeführt und interessant waren.

Die »Flying-P-Liner« wurden die Laeiszschen Segler international genannt. Eine Bewunderung? Auf jeden Fall eine Anerkennung für alle, die unter der FL-Flagge Hervorragendes geleistet haben.

Georg Schlüter

Es ist nicht leicht, die einzelnen Kapitäne in Bezug auf ihre Leistung zu vergleichen. Manche »Berühmtheit« ist darauf zurückzuführen, dass eine erbrachte Leistung in der Öffentlichkeit in gekonnter Weise publik gemacht wurde. Eine Vielzahl von Leistungen, die denen, die berühmt geworden sind, durchaus gleichzusetzen sind, wurden aber nur im unmittelbar betroffenen Kreis bekannt. Sie wurden aus Bescheidenheit als selbstverständ-

Georg Schlüter

lich betrachtet. Es ist auch zu kurz gegriffen, wenn man die Qualifikation eines Kapitäns, wie häufig geschehen, nur an der Zeit misst, die er für eine Reise benötigt hat. Sie könnte unter außergewöhnlich guten Bedingungen erfolgt sein. Viel wichtiger für die Beurteilung ist eine über Jahre hinweg gleichbleibend gute Leistung als Schiffsführer. Mehr sein als scheinen, das könnte Schlüters Wahlspruch gewesen sein. Dass er verdient hat, hervorgehoben zu werden, beweist das Mitteilungsblatt der Cap Horniers »Der Albatros«. In einem ausführlichen Bericht werden seine Leistungen als Schiffsführer besonders gewürdigt. Es gibt keine Institution, die berufener wäre, Verdienste auf dem Gebiet der Seefahrt sachlich richtig und gerecht zu beurteilen als die »Amicale Internationale des Capitaines au Long-Cours«, wie sich die Cap Horniers offiziell bezeichnen.

Schon die Vorfahren von Kapitän Schlüter waren Fischer und Seeleute, und so war die berufliche Richtung des kleinen Georg schon bei seiner Geburt am 25. Dezember 1850 in Altona vorgegeben. Auch seine eigenen Gedanken müssen in diese Richtung gegangen sein, denn mit 16 heuerte er als Schiffsjunge auf der Bark *Johannes* an, deren Reise ihn nach Fernost und Südamerika führte. Die erste Zeit als Schiffsjunge hat viele bereits abgeschreckt, denn auf einem Windjammer der damaligen Zeit war das Schiffsjungendasein alles andere als Zuckerlecken. Der junge Schlüter hielt durch und wurde »Jungmann« unter Kapitän Wiborg. Die *Johannes* wurde abgewrackt. Schlüters nächstes Schiff war die Hamburger Bark *Sophie*. Auf diesem Schiff fuhr Schlüter bereits als Matrose nach Buenos Aires und Ceara. Es war zu dieser Zeit keineswegs unüblich, häufiger das Schiff zu wechseln. Das verbesserte zumindest die Sprachkenntnisse und die Vertrautheit mit verschiedenen Takelungen. Die Bark *G. F. Vorwerk* segelte Schlüter nach Singapur und Bangkok. Die nächste Reise mit dem gleichen Schiff sollte nach Shanghai gehen. Dort kam das Schiff aber nicht an, weil es vor Saigon von den Franzosen aufgebracht wurde. Eine jähe Unterbrechung der bisher »nahtlos« verlaufenen Berufsausbildung. Schlüter wurde interniert. Das dauerte nicht lange, denn im Jahr 1871 war der Krieg zu Gunsten Deutschlands entschieden, und Schlüter kam im März dieses Jahres wieder frei. Ehe er wieder zurück nach Hamburg kam, segelte er auf dem Vollschiff *Herschel* zwei Reisen nach New York.

Georg Schlüter, sein voller Name war Georg Robert Emil Carl Schlüter, war jetzt 53 Monate zur See gefahren, das letzte Jahr als Matrose. Er war 21 Jahre alt und hatte fast alle Meere dieser Erde befahren. Grund genug, jetzt zur Navigationsschule zu gehen. Am 4. Juli 1871 legte er mit Erfolg die »Seesteuermannsprüfung« ab.

Zehn Tage später war Schlüter auf dem Vollschiff *Undine* wieder unterwegs nach Singapur.

Die heute noch gültige Einteilung der Fahrtgebiete

Definition

1. Küstenfahrt: *Küstennähe in Ost- und Nordsee*
2. Kleine Fahrt: *gesamte Ostsee und erweiterte Nordsee*
3. Mittlere Fahrt: *Mittelmeer, Schwarzmeer und teilw. Atlantikküste*
4. Große Fahrt: *sämtliche Fahrtgebiete weltweit.*
Genaue Grenzangaben in: »Seerechtliche Gesetze und Verordnungen«

Einteilung

1. *Küstenfahrt: Hier wird in der Verordnung von 1976 im Gegensatz zu früher von »Seeschiffer« gesprochen.*
2. *Kapitän auf kleiner Fahrt*
3. *Kapitän auf mittlerer Fahrt*
4. *Kapitän auf großer Fahrt (»Schiffer auf großer Fahrt« wird in den Seerechtlichen Gesetzen von 1976 nicht erwähnt).*

Die Rechte und Pflichten von Kapitän und Schiffer sind übrigens identisch.

Nach Rückkehr meldete sich Schlüter, wie damals üblich, als »Einjährig Freiwilliger« bei der Kaiserlichen Marine. Auf der Brigg *Rover* machte er eine Reise in die Vereinigten Staaten mit und wurde mit dem wunderschönen Dienstgrad »Unterleutnantsanwärter« entlassen. Seeleute der Handelsschifffahrt hatten es bei der Kaiserlichen Marine nicht leicht. Besonders deren Offiziere waren oft eingebildet (eine nicht sonderlich geschätzte Variante von »Bildung«) und glaubten, die besseren Seeleute zu sein. Auch erfahrenen Seeleuten der Handelsschifffahrt versuchte man, ein Gefühl der Minderwertigkeit zu vermitteln. Beförderungen, wie sie Schlüter und auch Hilgendorf zuteil wurden, galten daher als Ausnahme.

Es ist nicht eindeutig belegbar, aber sehr wahrscheinlich, dass sich Schlüter nach seiner Entlassung von der Marine bei Laeisz beworben hat. Bekannt ist aber, dass er zunächst als Zweiter, später als Erster Steuermann auf der Bark *Panama II* einem Laeisz-Schiff fuhr. Damals hieß es »Steuermann«, das war aber der gleiche Rang und auch die gleiche Funktion, wie sie die heutigen Offiziere ausüben. Im Jahr 1877 besuchte Schlüter die Navigationsschule in Hamburg. Das Zeugnis zum »Schiffer auf großer Fahrt«(siehe Kasten) bekam er am 10. November des gleichen Jahres.

Am 16. März 1879 heiratete Schlüter Johanna Lohmann in Hamburg. Am 8. Juni ging er als Steuermann auf die Bark *Henrique Theodoro*. Es sollen zwei Reisen auf diesem Schiff gewesen sein, und der Kapitän soll sich über seinen Steuermann sehr lobend geäußert haben. Als Schiffer auf großer Fahrt war Schlüter berechtigt, ein Schiff als Kapitän zu übernehmen. Im Juli 1881 war es so weit. Laeisz übertrug Georg Schlüter das Kommando auf der *Rosa y Isabel*. Das Schiff war eine hölzerne Bark von nur 407 NRT. Die erste Reise ging nach Valparaiso und Iquique. Es folgten zwei weitere Reisen an die Westküste von Mexiko. Kapitän Schlüter konnte jetzt beweisen, was in ihm als Schiffsführer steckte, und

Die Bark *»Rosa Y Isabel«*

er tat das in überzeugender Weise. Kap Hoorn rundete Schlüter mit der kleinen Bark in nur 10 Tagen, und in nur 98 Tagen kam er vom Kanal nach Mazatlan am Eingang des Golfs von Kalifornien. Das war eine Zeit, die vor und nach ihm keiner erreichte. Beteiligt waren seine beiden Steuerleute, die ebenfalls hervorragende Seeleute waren. Die Reederei Laeisz war mit ihrem neuen Kapitän sehr zufrieden.

Man wundert sich über den Namen *Rosa y Isabel*, weil zu dieser Zeit die Namen der Laeisz-Schiffe alle mit »P« anfingen. Laeisz hat den Namen des Schiffes, das er gekauft hatte belassen und ließ es unter chilenischer Flagge fahren, um einer eventuellen Beschlagnahme während des Deutsch-Dänischen Krieges zu entgehen. Auch Schlüters dritte Reise mit der *Rosa y Isabel* ist bemerkenswert und erforderte einen außergewöhnlich umsichtigen und erfahrenen Kapitän – und als solcher erwies sich Schlüter eindrucksvoll. Auf der Hinreise wurden mehrere Schiffe bei Madeira durch eine Flaute aufgehalten. Als der Wind die Weiterreise erlaubte, zeigte er einer wesentlich größeren Bark von 673 NRT das Heck und war sechs Tage früher in der Kap-Hoorn-Region. Dort erwarteten die Bark aber heftige Stürme. Im Logbuch war für den 18. August vermerkt: »Hart wehender Sturm, orkanartige Böen Stärke 11 mit Hagel und Regen, furchtbare See.« Das gefährlichste bei diesem Sturm aber war das »Umspringen« des Windes. Das ist eine Erscheinung, die besonders um steile Kaps herum häufig zu beobachten ist, und dort am Kap war Schlüter. Umspringen heißt, dass der Sturm mehr oder weniger plötzlich seine Richtung ändert und die Gefahr besteht, dass die Segel back schlagen. Mit die gefährlichste Situation, in die ein Schiff geraten kann. Oft ist es das Ende eines Schiffes. Wenn dabei »nur« Segel aus den Lieken fliegen, hat man noch Glück gehabt. Ein Höchstmaß an Geschick, Erfahrung und Konzentration ist nötig, um das Schiff auf Kurs zu halten, und dazu waren meist nur die besten Rudergänger fähig. Sowohl die Mannschaft, als auch das Schiff wurden über Gebühr beansprucht. Das Schiff durch die chaotische See, die Mannschaft durch häufige Manöver und Segelwechsel, sofern der Sturm das noch zuließ. Viele Segler, auch größere sind Opfer solcher extremer Verhältnisse geworden. Ein Schiff von der Größe der *Rosa y Isabel* benötigte daher einen außergewöhnlich erfahrenen und umsichtigen Kapitän, der aufmerksam jede sich anbahnende Windänderung frühzeitig zu deuten wusste und entsprechend handelte. Sein Platz war an Deck, und Schlaf gab es in einer solchen Situation nicht, oder beschränkte sich voll angezogen für kurze Zeit»auf« der Koje. Kapitän Schlüter musste weit nach Süden ablaufen, und seine Mannschaft hatte zunehmend mit Vereisung zu kämpfen. Auch die Offiziere und besonders der verstärkte Ausguck waren gefordert, denn die meist tödliche Gefahr, mit einem Eisberg zu kollidieren, nahm rasch zu. Endlich, nach 26 Tagen extremer körperlicher Belastung, hatten sie die Kap-Hoorn-Zone, die vom 50. Breitengrad Süd im Atlantik bis zum gleichen Breitengrad im Pazifik reicht, hinter sich gebracht. Bei dieser Umsegelung war es nicht um die Zeit gegangen, sondern um das nackte Überleben. Nach dieser Reise wurde die *Rosa y Isabel* verkauft. Kapitän Schlüter übernahm die gerade 4 NRT größere Bark *Panama*, ein stählernes Vollschiff mit schlankem Rumpf, der schnelle Reisen versprach. Auch dieses Schiff verstand Schlüter so gekonnt zu segeln, dass er auf der Rückreise von Südamerika auf der Strecke vom Kap bis zum Äquator um volle 12 Tage schneller war als eine fast doppelt so große Bark. Solche »Regatten« aus dem Stegreif waren zu dieser Zeit nicht selten. Zwischen den europäischen Häfen und Südamerika fand ein reger Schiffsverkehr statt. Schlüter vermerkte in seinem »Journal« (später Logbuch), dass zeitweise bis zu zehn Mitsegler in seiner Nähe gewesen seien, alle mit dem Ziel Südamerika, viele davon in der Salpeterfahrt. Was war an Salpeter so wichtig, dass ganze Flotten die südamerikanische Häfen anliefen um ihn nach Europa zu bringen? Salpeter kommt, noch verunreinigt, in großen Lagern in Nordchile vor und war lange Zeit der einzige Rohstoff zur Gewinnung von Anilinfarb- und Explosivstoffen. Auch als Düngemittel war Salpeter sehr gefragt.

Als die *Panama* verkauft wurde, hatte sich Schlüter durch seine umsichtige Schiffsführung so viel Vertrauen bei seinem Reeder erworben, dass ihm als nächstes Schiff ein Neubau, die stählerne Bark *Prompt* mit 1417 NRT anvertraut wurde. Ein schnelles Schiff, wie sich herausstellen sollte, ganz nach dem Geschmack von Schlüter. Die *Prompt* war aber nicht nur schnell, sie war auch sehr seetüchtig. Auf einer Rückreise von der »Westküste« (Südamerika), geriet sie in eine Flaute. Stark diesige Luft, unruhige See, rasch fallendes Barometer, alles deutete auf ein Unwetter hin. Als das Unwetter mit wütenden Böen über das Schiff herfiel, hatte Schlüter bereits alle nötigen Maßnahmen getroffen. Im Logbuch stand: »...Wüthender Sturm mit Blitzen und Hagel, Orkanböen. Schiff total unter Wasser, wild erregte See«. Nachdem das erste Inferno vorbei war, konnte Schlüter den Sturm, der zwei Tage andauerte, zu einer schnellen Reise nutzen. Volle vier Tage segelte er Etmale deutlich über 200 Seemeilen. Dazu ist zu sagen, dass mit zunehmender Größe und Seetauglichkeit der Schiffe Stürme bei den erfahrenen Kapitänen ihre Schrecken verloren hatten und meistens für schnelle Reisen sorgten. Es klingt merkwürdig, aber Flauten waren bei »Könnern« viel mehr gefürchtet als Stürme. Im Februar 1892 übernahm Schlüter von keinem geringeren als Kapitän Robert Hilgendorf, mit dem ihn ein freundschaftliches Verhältnis verband, das Vollschiff *Palmyra* und drei Jahre später, wieder von Hilgendorf, die Viermastbark

Pitlochry (Ort in Schottland). Die *Pitlochry* war ein außergewöhnlich erfolgreiches Schiff, mit 3111 BRT das zweitgrößte Schiff der Reederei. Ein Beweis des Vertrauens, das die Reederei in diesen qualifizierten Schiffsführer setzte. Mit diesem Schiff waren unter Schlüter Etmale von 300 Seemeilen keine Seltenheit. Im März 1898 legte Schlüter in Hamburg zu einer Weltreise ab. Sie führte über Philadelphia, Japan, Südamerika wieder zurück nach Hamburg. Die beiden Kapitäne Hilgendorf und Schlüter hatten ihre Söhne ausgetauscht. Hilgendorfs Sohn segelte bei Schlüter auf der *Pitlochry* mit, Schlüters Sohn bei Hilgendorf auf der *Potosi*. Schlüter hatte sich während seiner Fahrenszeit auch als pädagogisch begabter Kapitän mit Verständnis für seine Mannschaft erwiesen. Ein länger anhaltender schwerer Sturm machte dem Schiff und der Mannschaft schwer zu schaffen. Erst Anfang Mai lief die *Pitlochry* in Philadelphia ein. Dort desertierten 13 Mann. Für Kapitän Schlüter war das ein Novum. Desertionen kannte er bis dahin nicht. Die harten Anforderungen während des Sturmes waren wohl der Grund für die 13 Mann, den Seemannsberuf aufzugeben. Es war für diese Männer sicher auch die richtige Entscheidung. Seemann muss man ganz sein, oder gar nicht. Die See liebt keine Halbheiten.

Nach Ergänzung der Besatzung setzte Schlüter die Reise fort. Sie führte über Tristan da Cunha, die Sundastraße, nach Kobe in Japan. Welches Aufsehen die *Pitlochry* dort erregte, beweisen Porzellangeschirr und Wandteller, die an ihren Aufenthalt noch heute erinnern.

Am 24. Dezember verließ Schlüter Kobe. Ein steifer Nordostwind brachte den stolzen Viermaster mit Etmalen von 200 bis 280 Seemeilen zügig voran. Mitte März fiel der Anker vor Iquique. In Caleta Buena wurde noch eine Ladung Salpeter übernommen, und dann ging es auf der üblichen Route zurück in die Heimat. Nach 517 Tagen war das Schiff wieder in Hamburg fest. Danach machte Schlüter noch drei Reisen mit dem schönen, schnellen Schiff, dann gab er es ab. Das fiel ihm womöglich nicht allzu schwer, denn auf ihn wartete die legendäre *Potosi*. Kapitän Hilgendorf, der sie bisher geführt hatte, hatte seine seemännische Laufbahn beendet und war an Land geblieben. Zu dieser Zeit war Schlüter nach ihm der erfahrendste Kapitän der Reederei Laeisz, und daher war es eine Selbstverständlichkeit, dass Schlüter die *Potosi* übernahm. Schon am 8. Januar 1901 verließ die *Potosi* Hamburg. Bis zur Kap-Region verlief die Reise ohne besondere Ereignisse. Dann aber, mit den ersten schweren Stürmen, stand der Mannschaft eine Bewährungsprobe bevor. Schlüter vermerkte in seinem Journal einen Schaden am Ruder. Es ließ sich nur noch mit der Kraft von acht Mann bewegen. Damit war die *Potosi* manövrierunfähig, und das an einer der gefährlichsten Ecken der Welt, südlich von Kap Hoorn. Es blieb keine andere Wahl, als die unter den gegebenen Umständen äußerst schwierige Reparatur anzupacken. Das geschah unter erheblichem Zeitdruck, weil das Schiff auf Land zu trieb, und auch noch unter denkbar schlechten Wetterbedingungen. Unter Einsatz aller Kräfte der Besten unter seinen Leuten gelang die behelfsmäßige Reparatur in nur zwei Tagen. Unter den gegebenen Umständen an diesem Kap eine hervorragende Leistung. Zwei Tage waren verloren und dazu auch noch mühsam ersegelte Meilen. Mit dem behelfsmäßig reparierten Ruder machte sich die *Potosi* erneut an die Umsegelung des Kaps. Nach einer Reisezeit von 87 Tagen fiel der Anker vor Valparaiso. Das beschädigte und manövrierbehinderte Schiff ohne Verluste zum Reiseziel gebracht zu haben, verdient uneingeschränkte Anerkennung. Die zollte ihm auch die Reederei, die sich der Schwierigkeiten sehr wohl bewusst war.

Auf seiner letzten Reise mit der *Potosi* gelang Schlüter noch ein Kunststück, das man kaum für möglich gehalten hatte. Er überholte bei der Ausreise den englischen Wollklipper *Cimba*, der als besonders schnelles Schiff galt.

Zusammen mit der *Preußen* repräsentiert die Fünfmastbark *Potosi* den Höhepunkt nicht nur des deutschen Frachtseglerbaus.

Ein zusätzlicher Beweis für seine gekonnte Schiffsführung, aber auch für die Leistungsfähigkeit der *Potosi*, die unter erfahrener Führung für 17 Knoten Geschwindigkeit immerhin gut war. Nicht zuletzt war es auch ein schöner Abschluss für Schlüters aktive Zeit auf den stolzen Rahseglern.

Man schrieb das Jahr 1903, als Schlüter das Kommando auf der *Potosi* abgab. Er stand im 53. Lebensjahr und blieb an Land. Es ist nicht bekannt, ob Schlüter je einen Mann auf seinen Reisen verloren hat. Er hat viel von sich verlangt, auch von seiner Mannschaft und von seinen Schiffen. Er wusste die Risiken richtig einzuschätzen und verlor nie ein Schiff. Auf die Erfahrung und das Wissen eines so angesehenen Kapitäns wollte man in der damaligen Zeit nicht verzichten. Schlüter wurde zum »Schifferalter« gewählt und war auch als nautischer Sachverständiger tätig. Zu diesen Ämtern fehlten Schlüter, der ausschließlich Großsegler geführt hatte, die Kenntnisse im Umgang und in der Führung von Dampfern. Um diese Lücke zu schließen, bot ihm die HAPAG an, auf einigen ihrer Dampfer als »überzähliger 1. Offizier« mitzufahren. Schlüter nahm das Angebot dankend an und machte zwei Reisen nach New York. Er liebte Gründlichkeit, weshalb er anschließend selbst das Kommando auf zwei Dampfern übernahm, mit denen er nochmals die amerikanische Westküste anlief, die ihm so vertraut war.

Schlüter war 74 Jahre, als er nach einem arbeits- und erfolgreichen Leben als Kapitän alle seine Ämter niederlegte und sich zur Ruhe setzte. 40 Jahre lang hatte er auf Rahseglern die Ozeane befahren. Er hatte unkalkulierbare Risiken vermieden, und doch war er für schnelle und gute Reisen bekannt. Seine Reederei Laeisz hatte das zu schätzen gewusst. Schlüter starb am 9. Mai 1931 im Alter von 81 Jahren. Viele Freunde und Berufskollegen, darunter auch sein langjähriger Freund Hilgendorf, gaben diesem verdienten Mann das letzte Geleit.

Robert Hilgendorf

Robert Hilgendorf war ohne Zweifel einer der wahrhaft großen Segelschiffsführer, wenn nicht überhaupt einer der größten, von denen uns Berichte überkommen sind«. Ist das nicht etwas übertrieben, angesichts der vielen bewährten Kapitäne, über die im Laufe der Jahrhunderte berichtet wurde? Es war kein deutscher Seemann oder Schriftsteller, der diese lobenden und anerkennenden Worte über Kapitän Hilgendorf schrieb. Es war Alan Villiers, gebürtiger Australier, ein ausgezeichneter Kenner der Epoche der großen Rahsegler, Seemann, zeitweilig selbst Eigner der Bark *Joseph Conrad*, Ex-*Georg Stage*, mit der er auch Kap Hoorn umrundete, und anerkannter Autor mehrerer Fachbücher. Das Zitat ist seinem Buch »The way of a Ship« entnommen, das im Jahr 1955 in deutscher Sprache im Verlag Dulk in Hamburg erschien.

Was macht eigentlich einen guten Kapitän aus? Es gab und gibt viele, sehr viele gute Kapitäne, aber einige wenige heben sich doch aus der »Masse« heraus.

Großsegler, und besonders die, die lange Reisen nach Südamerika und Australien unternahmen, waren für Monate ausschließlich in der Hand ihres Führers, des Kapitäns. Er ganz allein bestimmte auf dem Schiff, autoritär, wie ein unbeschränkter Herrscher, »Next after God«. Sein Wort war Gesetz. Ein großes Risiko? Sicher, wie manche Fälle in der Vergangenheit beweisen. Aber diese Fälle blieben erfreulicherweise in der Minderzahl, wenn auch mancher Kinofilm das Gegenteil zu beweisen scheint. An Land hatten die Kapitäne Vorgesetzte, und das waren die Reeder, die aber ein verständliches Interesse daran hatten, ihre Schiffe nur seriösen und zuverlässigen Kapitänen anzuvertrauen. Das Schiff wurde, so kann man sagen, vom Kapitän »geprägt«. War er ein Zauderer, war das beste Schiff unter seinem Kommando eine »lahme Ente«. War er ein hitzköpfiger unüberlegter Draufgänger, musste die Reederei mit Havarien, überdurchschnittlichem Verlust von Segeln, wenn nicht gar mit dem Verlust des Schiffes rechnen. Verstand der Kapitän es nicht, seine Offiziere und Mannschaften richtig zu behandeln und darüber hinaus zu motivieren, waren Desertionen, passiver Widerstand bis zur Meuterei die Folge. Nicht nur nautisches Wissen und Seemannschaft waren gefragt, sondern auch Psychologie, Einfühlungsvermögen und Führungseigenschaften. All die vielen Anforderungen an den Kapitän mussten von ihm sinnvoll und überlegt in die Praxis umgesetzt werden. Keine leichte Aufgabe. Oft standen auch die Kapitäne vor einsamen, schwierigen Entscheidungen. Auf der einen Seite unvernünftige Reeder, die sie unter Druck setzten, auf der anderen Seite das Schiff und seine Mannschaft. Beide durfte der Kapitän nicht überfordern und für sie trug er die alleinige Verantwortung. Sorgfältig hatte er abzuwägen zwischen oft unausweichlicher,

Robert Hilgendorf: *primus inter pares* unter den Kapitänen der großen Rahsegler.

aber nötiger Härte und Konzessionen, die seine Führereigenschaften in Frage gestellt hätten. Auch sich selbst durfte er nicht schonen und nicht ausnehmen. Wenn es die Sicherheit erforderte, war sein Platz an Deck, auch wenn es lange dauern sollte. Über allem aber musste ein unverrückbarer, für alle geltender Gerechtigkeitssinn stehen. All diese Eigenschaften in einer Person zu vereinigen, das erscheint unmöglich, aber einige wenige kamen dem »idealen Kapitän« sehr nahe. Einer von diesen war Hilgendorf. Insofern trifft Alan Villiers Urteil über Kapitän Hilgendorf zu.

Schon Hilgendorfs Vater war ein angesehener, wenn auch nicht begüterter Schiffsführer, der mit kleinen Torfkuttern und Frachtseglern die Ostseehäfen bediente. Robert, sein Sohn, wurde im Juli 1852 in Schievelhorst am Stettiner Haff geboren. Schon als Kind durfte er in den Sommermonaten mit an Bord und lernte so die Seemannschaft von Kindesbeinen an. Was lag näher, als in die Fußstapfen des Vaters zu treten. Es wundert nicht, wenn er schon im Alter von 12 Jahren den Kutter seines Vaters selbständig unter den zufriedenen Augen des Schiffers führte.

Mit 15 Jahren ging Robert von zuhause weg und musterte auf einem Frachtsegler an, dessen Revier die Ost- und die raue Nordsee war. Man benötigt nicht viel Phantasie um zu ahnen, durch welch harte Schule man als Schiffsjunge gehen musste, wenn man weiß, wie die damalige Küstenschifffahrt ums Überleben kämpfte und wie primitiv die Lebensverhältnisse an Bord waren. Ganz zu schweigen von der Dauer der damaligen Wachen, bedingt durch stets zu kleine Besatzungen. Mit 17 wurde Hilgendorf bereits Vollmatrose. Das bedeutete, dass er alle auf einem Frachtsegler anfallenden Arbeiten beherrschen musste, einschließlich der anfallenden Reparaturarbeiten an Rumpf und Aufbauten. Auch Segel mussten in Eigenarbeit repariert werden, denn das Geld war immer knapp. Diese Zeit war eine sehr umfangreiche und gründliche Lehre für ihn.

Robert Hilgendorf meldete sich zum zweijährigen Dienst bei der Kaiserlichen Marine. Man erachtete es damals als selbstverständlich, dass jeder junge Mann entweder bei der Marine oder beim Heer seinen Dienst für das Vaterland ableistete. Während seiner Dienstzeit fuhr Hilgendorf auf der Segelkorvette *Arcona*. Als Korvette bezeichnete man damals ein kleines Kriegschiff. Hilgendorfs angeborene Eignung für alles, was mit Nautik zu tun hat, muss auch bei der Marine erkannt worden sein. Hilgendorf schied mit dem Dienstgrad »Bootsmannsmaat« aus. Eine außergewöhnliche Anerkennung und ungewöhnlich angesichts der damaligen Einstellung der Kaiserlichen Kriegsmarine zur Handelsschifffahrt.

Von achtern auflaufende See.

Wieder zurück in Altona war sein nächstes Ziel die Steuermannsprüfung. Er besuchte die renommierte Navigationsschule in Altona und legte die Prüfung mit Auszeichnung ab. Von der Theorie wieder in die Praxis, musterte Hilgendorf auf der Bark *Nautik* an. Dort konnte er sein Wissen und Können erweitern und wertvolle Erfahrung sammeln, weil er häufig auf sich selbst gestellt war. Sein damaliger Kapitän war oft krank und überließ Hilgendorf die Schiffsführung, weil er sich auf den Absolventen von Altona verlassen konnte. Zwei Jahre fuhr Hilgendorf auf der *Nautik*, dann machte er sich an die Prüfung als Kapitän auf großer Fahrt. Er bestand sie, wie nicht anders zu erwarten, mit Auszeichnung.

Hilgendorf stand jetzt im Alter von 27 Jahren und war ein erfahrener und gereifter Seemann. Dass er sich, es war 1879, bei der Reederei Laeisz bewarb, war nur konsequent und logisch. Dass Laeisz damals schon in Seefahrtskreisen und auch international bekannt war und sich eines hervorragenden Rufes erfreuen konnte, war Hilgendorf bekannt und er wusste auch, dass er fähigen Seeleuten außergewöhnlich gute Berufschancen bot. Robert Hilgendorf wurde bei Laeisz angenommen. Damit war der entscheidende Schritt zu seiner weiteren Karriere getan. Der ehrgeizige und zielstrebige Hilgendorf wurde zu einem der besten Schiffsführer seiner Zeit. Über die ersten beiden Jahre bei Laeisz ist nichts Näheres bekannt. Es ist anzunehmen, dass Hilgendorf als Steuermann tätig war. Sein erstes Schiff, das ihm als Kapitän anvertraut wurde, war die kleine hölzerne Bark *Parnass* von 646 BRT. Sein zweites Schiff war die

1080 t große Bark *Parsifal*. Mit diesem als schnell bekannten Schiff hatte Hilgendorf Pech. Südlich der Le-Maire-Straße, also in der Nähe von Kap Hoorn, ging die Ladung über. Um eine Kenterung zu vermeiden, ließ Hilgendorf die Masten kappen. Das Schiff selbst war nicht mehr zu retten. Durch umsichtiges Verhalten aber konnte Hilgendorf die gesamte Mannschaft an Land und in Sicherheit bringen, was ihm die Reederei hoch anrechnete. Das Übergehen der Ladung konnte Hilgendorf offensichtlich nicht zur Last gelegt werden.

Die *Professor* mit 536 t war sein nächstes Schiff. Dann kamen die *Pirat* mit 1059 t, die *Pergamon* mit 1447 t, die *Palmyra* mit 1797 t, die *Placilla* mit 2845 t, die *Pitlochry* mit 3088 t und schließlich, als Krönung seiner Laufbahn, die Fünfmastbark *Potosi* mit 4026 t, als neuntes und letztes Schiff. Nach fast 20 Jahren im Dienst der Reederei, im Alter von 50 Jahren, gab Hilgendorf die aktive Seefahrt auf. Er hatte nicht weniger als 66 Mal Kap Hoorn umrundet. Ein Angebot, den größten Laeisz-Segler, die *Preussen*, zu übernehmen, lehnte er ab. Das sollten jüngere Schiffsführer machen, die bei ihm als Offiziere gefahren waren und bereits auf ihre Chance warteten. An Land war Hilgendorf als Sachverständiger für Seeversicherungsgesellschaften tätig und als solcher, nicht zuletzt dank seiner absoluten Integrität hoch geschätzt.

Hilgendorf starb im Februar 1937.

Was war das Herausragende an diesem Mann? Eine kritische Betrachtung seiner Reisen gibt darüber Aufschluss. Sie sagt viel über die Person Hilgendorf, über seinen Charakter und seine unbestritten legendären Fähigkeiten als Kapitän und Navigator aus. »Der Teufel von Hamburg« wurde er von manchen genannt. Auf den ersten Blick ein vernichtendes Urteil. Dahinter steckt aber sein fast untrügliches Gefühl für meteorologische Vorgänge, Windveränderungen und alle Vorgänge, deren Ausnutzung zu schnellen Reisen führte. Man hat seinerzeit, unterstützt von seinen Neidern, gemunkelt, es könne vielleicht doch nicht alles »mit rechten Dingen« zugehen, aber das berührte Hilgendorf sicher wenig. Auch ein anderer Kapitän, der in finnischen Diensten stehende Belgier Rouben de Cloux, wie Hilgendorf ein hervorragender Kapitän, stand in dem gleichen Verdacht. Hilgendorf war gewiss ein kompromisslos harter Schiffsführer, der das Äußerste von seiner Mannschaft und vom Schiff forderte, aber im Gegensatz zu vielen anderen Kapitänen gab es bei ihm keine Deserteure und schon gar keine Meuterei. Mit der Besatzung, mit der er seine Reisen begann, kehrte er auch wieder zurück, und es fehlte kein Mann. Das war keinesfalls eine Selbstverständlichkeit. Warum diese Treue, wo er doch so ein Treiber und schwer zufrieden zu stellender Perfektionist war? Diese Treue ist nur dadurch zu erklären, dass seine Untergebenen ihn und sein unbestrittenes Können respektierten. Sie identifizierten sich mit seinen Erfolgen und denen seiner Schiffe und betrachteten sie, nicht ganz zu Unrecht, auch als ihre Erfolge, was sie wiederum anspornte und motivierte. Es ist nicht von der Hand zu weisen, dass auch nur die Matrosen und Offiziere bei ihm anheuerten, die glaubten, oder sicher waren, seinen Ansprüchen Genüge leisten zu können. Das waren bestimmt nicht die schlechtesten. Es macht mehr Spaß, wenn man von »Spaß« reden kann, bei einem Könner zu segeln und anderen Schiffen das Heck zu zeigen, als mit einem mittelmäßigen Kapitän auf einem müden Kahn hinterher zu schippern.

Charlie Müller, ein erfahrener alter »Salzbuckel«, der als junger Matrose auf Hilgendorfs *Potosi* angeheuert und später 9-mal »das Horn« umrundet hatte, sprach voller Respekt von Hilgendorf: »Wenn andere Kapitäne vor einem heraufziehenden Sturm ängstlich die Segel bargen, ließ er, in dem sicheren Gefühl, was auf ihn und das Schiff zukam, soviel Segel wie möglich stehen, jagte durch die See, hatte wenig Abdrift

Charlie Müller war einer der besten Bootsmänner seiner Zeit.

und machte damit schnelle Reisen.« Dennoch weisen Hilgendorfs Schiffstagebücher nach, dass er nicht mehr Segel verlor, als allgemein erwartet wurde. Auch, und das wurde ihm von seiner Mannschaft hoch angerechnet, wurde bei ihm nie die Freiwache an Deck gepurrt, auch nicht bei Sturm. Das zeugt von seinem sicheren Gefühl dafür, was man der Mannschaft, dem Schiff und seinen Segeln zutrauen konnte. Sehr schnell bekommt eine Crew ein Gefühl dafür, ob ein Schiffsführer die nötige Sicherheit und Souveränität in seinen Entscheidungen hat. In kritischen Situationen achtet die Mannschaft auf den Kapitän, um aus seinem Verhalten und aus seinen Befehlen Schlüsse auf seine Eignung als Kapitän und Menschenführer zu ziehen. Klare Befehle ohne Zögern sind erforderlich. Das wusste Hilgendorf und er handelte danach. Nicht etwa, weil er es für erforderlich hielt, sondern weil er seiner Sache sicher war und es in seiner Natur lag. Schiffsführer ist man nicht durch ein Patent in der Tasche, sondern erst dann, wenn man das Vertrauen der Mannschaft gewonnen hat und dieses Vertrauen auch in schwierigen Situationen durch Ruhe, Sicherheit, Können und Erfahrung rechtfertigt. Das konnte Hilgendorf in überzeugender Weise. Er hielt oft noch auf eine Küste zu, wo andere Kapitäne längst gewendet oder gehalst hätten, weil er sicher war, dass unter den gegebenen Verhältnissen der Wind unter der Küste zu seinen Gunsten drehen werde, und der tat das auch. Das ist nur ein Beispiel dafür, wie intensiv er sich mit meteorologischen Vorgängen auseinandergesetzt hat und wie sicher er in seiner Beurteilung war.

Schnelle und gute Reisen wurden von vielen Kapitänen durchgeführt. Was Hilgendorf auszeichnete, war die konstante Gleichmäßigkeit seiner Reisen. Hilgendorf erreichte in den 20 aktiven Jahren mit seinen Schiffen eine Durchschnittsgeschwindigkeit von 7,5 Knoten. Der damals übliche Trampdampfer brachte es gerade auf 6 Knoten. Nicht weniger als 25 Jahre dauerte es, bis die Masse der Dampfer den Durchschnitt von 7,5 Knoten halten konnte. Nicht nur die Gleichmäßigkeit zeichnete die Reisen Hilgendorfs aus, auch sonst wich er vom Beharren auf dem Althergebrachten ab. Er suchte den Wind und wusste, wo er ihn finden konnte. Auch Umwege riskierte er und war doch früher am Ziel seiner Reisen als andere. Das zermürbende Herumhängen im Kalmengürtel, den Rossbreiten oder Mallungen wusste er weitgehend zu vermeiden.

Noch einmal Charlie Müller: »Hilgendorf war nicht leicht zufrieden zu stellen, aber er war ein glänzender Kapitän und Navigator. Er wusste haargenau, wo der richtige Wind zu finden war. Er verstand es meisterhaft sein Schiff auf den Kurs zu legen, wo er den meisten Nutzen aus jedem Wind, ja sogar jeder Bö zog«. Eine Anerkennung ohne Wenn und Aber. Nur wenige Schiffsführer wurden von ihren Untergebenen so hervorragend beurteilt. Charlie Müller wusste, was er sagte, denn er hatte genügend Vergleichsmöglichkeit in der langen Zeit, während der er zur See fuhr. Hilgendorfs gründliche Ausbildung und seine angeborene Eignung zum Seemann waren die Basis. Seine Beobachtungsgabe, sein feines Gespür für Wind und meteorologische Vorgänge, die konsequente Ausschöpfung aller nautischen Möglichkeiten, all das machte ihn zu dem was er war: Primus inter Pares.

Zum Abschluss noch eine hübsche Geschichte über Kapitän Hilgendorf und seine *Potosi*, die man sich lange Zeit an der Küste erzählt hat und an deren Wahrheit nie gezweifelt wurde.

Auf einer Heimreise segelte die *Potosi* neben einem englischen Dampfer. Das Wetter war diesig, und so verlor man sich bald aus den Augen. Am Nachmittag des zweiten Tages übernahm der Dampfer in der Elbmündung den Lotsen. Der englische Kapitän erzählte, dass er die *Potosi* vor dem Kanal getroffen habe. »Sie ist ein schnelles Schiff«, meinte er, »und bei gutem Wind könne sie vielleicht heute Abend schon hier sein.« »Sie haben Recht, Sir,« antwortete der Lotse amüsiert, »sie ist ein schnelles Schiff und daher schon heute früh eingelaufen!«

In der Ahnengalerie des Reeders Erich Laeisz in Hamburg an der Trostbrücke 1 hängt gleich an erster Stelle das Photo eines Mannes, dessen Gesichtszüge auf einen ausgeprägten Charakter und starke Willenskraft schließen lassen. Es ist kein Familienbild von Ferdinand oder Carl Laeisz, es ist ein Photo von Kapitän Robert Hilgendorf. Deutlicher kann man seine Anerkennung für die Leistung dieses außerordentlichen Kapitäns nicht ausdrücken.

Boye Petersen

Der absolute Höhepunkt dieser perfekt eingespielten, von Carl Laeisz geführten Reederei war die Indienststellung des Fünfmast-Vollschiffes *Preussen* am 31. Juli 1902. Nur Laeisz konnte um diese Zeit noch den Neubau eines so großen Seglers riskieren, und tatsächlich hatte es die *Preussen* schwer, ausreisend die volle Fracht zu erhalten. Die *Preussen* war das Produkt jahrelanger Erfahrung der Werft von Joh. C. Tecklenborg in Geestemünde, dem heutigen Bremerhaven zusammen mit der Reederei und den Kapitänen. Bis zu 17 Knoten maximal erreichte das Schiff mit 8000 Tonnen Ladung, angetrieben von einer Segelfläche von 5560 Quadratmetern, die bei gutem Wind etwa 2000 PS abgaben. Eine gigantische Leistung, wenn man das Gesamtgewicht von 11.150 Tonnen berücksichtigt. Es bedarf keiner Frage, dass ein derartiges Schiff, das unbestritten eine absolute Spitzenleistung im Schiffbau darstellte, nur einem Kapitän anvertraut werden konnte, der über eine langjährige Erfahrung verfügte. Hilgendorf, dem die Führung dieses Schiffes zuerst anvertraut werden sollte, hatte aus Altersgründen abgelehnt.

Kapitän Boye Petersen.

Im Jahr 1869 auf der Hallig Langeneß geboren, war Boye Petersen der nächste Anwärter auf diesen verantwortungsvollen Posten. Petersen kannte die *Preussen*, wie kein anderer, weil er die Bauaufsicht für das Schiffes gehabt hatte. Außerdem war er zwei Jahre als »Erster« unter Hilgendorf gefahren. Anschließend führte er als Kapitän die Schiffe *Pestalozzi* mit 1065 t und die *Posen* mit 1761 t. Die *Preussen* war fünf Jahre bei Petersen in guter Hand. Unter den zehn Reisen, vorwiegend in der Salpeterfahrt, war zwar nur eine Rekordreise, aber »Rekorde« zählen im Endeffekt weniger als die Gleichmäßigkeit guter Reisen. Die Rekordreise war die zweite Reise der *Preussen*. Das Schiff legte die Strecke Lizard–Iquique in 58 Tagen zurück. Eine Zeit, die nie wieder erreicht wurde. Auch ein Frachtdampfer hätte damals die Zeit kaum unterboten. Für die *Preussen* und Kapitän Petersen sprach auch, dass die übrigen Reisen zeitlich alle weit unter dem Durchschnitt lagen. Für die Reederei war das ein wichtiger Aspekt.

Woher kam diese Gleichmäßigkeit der Reisen bei Hilgendorf und Petersen, wo doch Wind und Wetter alles andere als konstante Größen sind? Zwei Fakten waren dafür ausschlaggebend. Beide waren hervorragende Kapitäne

Die *Preußen*, ein Fünfmastvollschiff der Reederei F. Laeisz: Sie galt als die unbestrittene »Königin der Meere«.

mit viel Erfahrung und Gespür für Wetter, seine Entwicklung und seine Dauer. Der zweite Grund war bei den Schiffen zu suchen, die sie fuhren. Sowohl die *Preussen*, als auch die 1000 t kleinere *Potosi* waren ausgesprochene Schwerwetterschiffe und »zugeschnitten« auf die Verhältnisse um Kap Hoorn. Man musste nicht bis auf ein paar »Handtücher« reffen. Wenn es mit acht oder mehr pustete, konnte der Kapitän so viel Tuch stehen lassen, dass sie ohne große Abtrift ihren Kurs halten und auch schwere See sie nicht daran hindern, geschweige denn ernsthaft gefährden konnte. Während andere Kapitäne beidrehen mussten, weil ihr Schiff nicht mehr Tuch erlaubte und wertvolle Zeit und ersegelte Höhe verloren, preschten diese Schiffe nur mit dem nötigsten Reff durch die wild gewordene See.

Zehn gute Reisen machte die *Preussen* unter Kapitän Petersen in der Salpeterfahrt. Auf der 11. Reise lief das Schiff unter Charter. Nie hatte Petersen einen Mann verloren. Das spricht für ihn, aber besonders für eine tüchtige und gut ausgebildete Mannschaft.

Nach der 11. Reise gab Petersen das stolze Schiff an Kapitän Heinrich Nissen ab. Er selbst übernahm noch für kurze Zeit die Laeiszsche Viermastbark *Pinguin*. Anschließend war er an leitender Stelle für die Reederei an Land tätig.

Nach Kriegsende waren nicht weniger als neun Laeiszsche Frachtsegler in Südamerika. Um deren Rückführung nach Europa machte sich Petersen noch sehr verdient. Im Alter von 67 Jahren ging er in den Ruhestand, den er noch acht Jahre verdient genießen konnte. Im Jahr 1944 trat er seine letzte Reise an.

Joachim Hans Hinrich Nissen

Die *Preussen* hätte unter Kapitän Nissen sicher noch lang einen verdienten Kapitän gehabt, wäre sie nicht im Kanal mit einem englischen Fährschiff kollidiert.

Nissen, 1862 in Heiligenhafen geboren, begann seine Laufbahn bei Laeisz 1891 als Erster Offizier auf der 1268-Tonnen-Bark *Plus*. Nicht lange danach übernahm er als Kapitän die Schiffe *Parchim* mit 1808 t und die schnelle 3088 t große *Pitlochry*. Im Jahr 1903 bekam er das Kommando über die legendäre *Potosi*. Das war eine Auszeichnung und Anerkennung für Nissen, der auch für schnelle und harte Reisen bekannt wurde, die denen Hilgendorfs kaum nachstanden. Fünf erfolgreiche Jahre führte er »Hilgendorfs Schiff«, das auch gleichzeitig das Lieblingsschiff des Reeders Carl Laeisz war. Dass die *Potosi* auch unter Nissen bewundert wurde, erzählt der holländische Altlotse Hoedemaker, der die *Potosi* als Matrose auf einem amerikanischen Segler erlebte. Sein Schiff war auf der Rückreise von Iquique und wurde so hart gesegelt, dass es stark überholte und das halbe Deck voll Wasser stand. »Wir sahen die *Potosi* von der bekannten P-Line aus Hamburg ankommen. Sie kam unter Unterbramsegeln angejagt und ging dicht an uns vorbei. Die meisten Leute, die etwas davon verstanden, schätzten die Fahrt auf 17 Meilen (gemeint sind Knoten). Das war ein Anblick, wie wir ihn nie wieder gehabt haben.«

Im Jahr 1908 übernahm Kapitän Nissen als Krönung seiner Laufbahn die *Preussen*. Leider konnte er sich der unbestrittenen »Königin der Meere« nicht lange erfreuen. Am 5. November 1910 kollidierte das Schiff im Kanal mit einem englischen Fährschiff, das in grober Weise das Wegerecht der *Preussen* missachtete. Alle Bemühungen Nissens, das Schiff zu retten, waren vergeblich. Das Schicksal wollte es anders. Die *Preussen* strandete und ging verloren.

Nach dem Krieg war Nissen noch auf den Schiffen *Parma*, *Peking* und *Pamir* erfolgreich tätig, bevor er im Jahr 1926 in den Ruhestand ging. Nicht weniger als 68-mal hatte er Kap Hoorn umrundet. Zehn Jahre nach seiner Pensionierung verstarb der erfolgreiche und begabte Kapitän.

Die Kapitäne Jürs, Miethe und Piening

Eine vollzählige Auflistung aller Kapitäne dieser weltweit geachteten und anerkannten Reederei ist hier nicht möglich, aber drei sollen zum Abschluss noch kurz vorgestellt werden.

Jürgen Jürs umrundete 66-mal das gefürchtete Kap Hoorn und führte zuletzt die *Padua* in der Weizenfahrt nach Australien. Im Jahr 1881 in Elmshorn geboren, fuhr er 41 Jahre zur See auf 14 verschiedenen Laeisz-Schiffen, darunter die *Potosi*.

Robert Karl Miethe konnte, als er die Seefahrt aufgab, auf 42 Kap-Hoorn-Umrundungen und 30 Jahre aktive Seefahrt zurückblicken. Ab

Hermann Piening wurde einer der großen Kapitäne der »Flying-P-Line«.

1912 war er Kapitän der *Potosi* und mit ihr während des Ersten Weltkrieges in Chile interniert.

Hermann Piening nahm unter den Kapitänen der großen Rahsegler einen geachteten Platz ein. Er wurde im Jahr 1888 in Ottensen geboren. Nach Abschluss der Realschule ging er bereits zur See. Auf dem Segelschulschiff *Großherzogin Elisabeth* bekam er seine Ausbildung. Als Leichtmatrose an Bord des Vollschiffes *Susanne* unter Kapitän Jürgens erlebte er eine Umsegelung von Kap Hoorn, die er nicht vergessen konnte. Volle 99 Tage benötigte das Schiff für die Umrundung in dem schlimmen Winter des Jahres 1905. Er schreibt: »Das ist eine Zeit für die Umsegelung der Horn, die selbst für abgehärtete Gemüter ›etwas reichlich‹ war. Zum zweiten Mal wünsche ich mir eine derartige Reise nicht wieder.« Als Vollmatrose segelte er auf norwegischen, amerikanischen, australischen und englischen Seglern, bevor er als dritter Offizier bei Laeisz auf die Viermastbark *Pet-*

schili (3087 t) ging. Unter Pienings Kommando machte die Viermastbark *Padua* die beste Rundreise eines tief beladenen Seglers seit dem Ende des Ersten Weltkrieges. Am 13. April 1928 passierte das Schiff Kap Lizard, der Anker fiel 71 Tage später in Talcahuano in Südamerika. Voll mit Salpeter beladen, benötigte das Schiff von Mejillones im nördlichen Teil von Südamerika zum Kanal 69 Tage. Eine hervorragende Leistung.

Nach seiner aktiven Zeit als Kapitän wurde er nautischer Inspektor bei Laeisz. 1945 war Piening Einschiffungsleiter in Gotenhafen. Er erwarb sich dabei große Verdienste bei der dramatischen Rettung zehntausender Flüchtline aus dem Osten, insbesondere aus Ostpreussen. Im Jahr 1968 verstarb Kapitän Piening im Alter von 80 Jahren.

Die große Zeit der Fracht tragenden Großsegler ist vorbei, endgültig und unwiederbringlich. Es war eine Zeit, getragen von einem stolzen Gefühl der Leistung, aber auch geprägt von vielen Entbehrungen und körperlichem Einsatz, oft bis an die Grenzen der Leistungsfähigkeit. Viele berühmte Kapitäne sind als Schiffsjungen in eine harte Schule gegangen. Die See und der Einsatz auf Schiffen ließen sie zu erfahrenen angesehenen Männern reifen, die geprägt von ihren Erlebnissen mit Stolz auf ihre Zeit auf See zurückblicken konnten. Kapitän Piening, der ein langes erfolgreiches Leben auf See verbracht hat, schreibt dazu: »Über die gewiss recht schwere Arbeit des Großseglermannes kann ich mit bestem Gewissen nur eins sagen: Ich habe in meiner langen Fahrzeit keinen gesehen, dem sie geschadet hätte. Aber viele Dutzende von Jungens kamen blass und schmächtig zu mir an Bord, um zwei oder drei Jahre später breitschultrig und gebräunt wie junge Athleten wieder von Bord zu gehen. Und ich bin überzeugt, meine Kameraden können dieselben Erfahrungen berichten.«

Ob Kapitän, oder Matrose, es war ihr Schiff, das mit bretterharten Segeln die Ozeane durchpflügte, und jeder überstandene Sturm verband sie enger mit ihm. Die stolzen Segler waren nicht nur schön und eine majestätische Augenweide, sie weckten auch die Sehnsucht nach den weiten Ozeanen, bei denen der Blick in die Ferne keine Grenzen kennt.

Der schiffbautechnische Höhepunkt dieses Abschnittes der Seefahrtsgeschichte war der Bau der *Preussen*, obwohl sie nicht der letzte frachttragende Rahsegler war, der vom Stapel lief. In dem Bau der *Preussen*, für den die erfahrene Werft von Joh. C. Tecklenborg im damaligen Geestemünde (Bremerhaven) verantwortlich zeichnete, wurden die Erfahrungen von Generationen von Kapitänen und die jahrzehntelange Erfahrung der Werft verwirklicht. Das Schiff war eine Meisterleistung der Werft in Zusammenarbeit mit dem Konstrukteur Schiffsbaudirektor Georg W. Claussen.

In einem der besten Bücher über die Welt der großen Rahsegler, in Jochen Brenneckes Buch »Windjammer« liest man über die *Preussen*: »Die *x* war, wenn sie im Passat unter einem Dom weißer Segel durch die leuchtend blaue Atlantiksee pflügte, nicht nur schön, nicht nur ein Rausch aus Symmetrie und schwerelos scheinender Eleganz, sie war mehr, sie war majestätisch wie eine Königin. Wer sie sah, schwieg.«

Dem ist nichts mehr hinzuzufügen.

Joshua Slocum oder als Erster einhand um die Welt

Betrachtet man Fotos von ihm, vermutet man nicht, einen der erfahrensten Seeleute des vergangenen Jahrhunderts vor sich zu haben. Man sieht einen bescheidenen Mann im Straßenanzug, mit Weste und Hut, der wenig in das Klischee passt, das man sich von einem Kapitän alter Schule zu machen pflegt. »Mehr sein, als scheinen«, eine Devise, der er trotz seines Auftretens in der Öffentlichkeit und seiner Vorträge sicher gerecht wurde. Die Rede ist von Joshua Slocum. Wir lesen: »Um ein erfolgreicher Navigator oder Segler zu werden, braucht man sich nicht gerade einen Teerkübel um den Hals zu hängen. Andererseits machen auch tiefschürfende Betrachtungen über die passenden Messingknöpfe am Blazer ein Schiff nicht sicherer.« Diese wörtlich zitierte Stelle aus seiner Reiseschilderung »Allein um die Welt« sagt viel über seinen Charakter, seine Bescheidenheit sowie seine Sachlichkeit in Sachen Seefahrt aus. Man liest aber auch ein feines Gespür für Ironie und wohl dosierten Spott heraus, wenn man an die passenden Knöpfe am Blazer denkt.

Bekannt wurde Slocum als erster Mensch, der einhand um die Welt segelte. Das liest sich so leicht, aber die »einmalige« Leistung wird deutlich, wenn man sich die Voraussetzungen für eine solche Reise um das Ende des 19. Jahrhunderts vergegenwärtigt. Da ist die persönliche Sicherheit zu nennen. Außer einem Tampen um die Brust, wenn es dick kam, gab es noch nichts. Zu diesem Thema gehört auch die Tatsache, dass Slocum allein auf sich selbst gestellt war, egal was sich unterwegs ereignete. Hilfe konnte er nicht herbeirufen. Wie war das zu Slocums Zeiten mit der Navigation? Sie erforderte, in erheblichem Gegensatz zu heute, ein Höchstmaß an Seemannschaft, Erfahrung und Gewissenhaftigkeit. Aber davon später mehr.

Joshua Slocum wurde im Februar 1844 in Wilmot (Neuschottland) geboren. Sein Vater, John Slocombe, war Diakon. Eine Ausnahme, denn alle anderen Vorfahren Slocums sollen Seeleute gewesen sein. Die Familie stammte aus England und ist wahrscheinlich im Zuge der großen Auswanderungen nach Neuschottland gekommen.

Schon mit acht Jahren segelte Joshua mit anderen Jungen in der Fundy Bay, an deren Ufer die Familie wohnte. Dass er sich oft im nahen Hafen herumtrieb, welcher segelbegeisterte Junge hat das nicht getan! Schiffe hatten eine geradezu magische Anziehungskraft auf ihn. Schon bald aber wurde Joshua das Heimatrevier zu klein. Er heuerte bei einem Fischereischoner an. Offiziell als Koch, aber man kann davon ausgehen, dass das »Kochen« für die Besatzung ihn nicht voll beschäftigte. Es waren sicher keine Menüs mit mehreren Gängen, so dass er in der Praxis in erster Linie wohl Schiffsjunge war. Joshua war sechzehn Jahre alt, als er »vor dem Mast« auf einem Vollschiff von St. John's aus nach Dublin segelte. Der erste Schritt zum richtigen Seemann war getan. Von da an segelte Joshua, der übrigens seinen Familiennamen von Slocombe in Slocum änderte, auf verschiedenen Schiffen in die Südsee, lernte Kap Hoorn durch zweimalige Umrundung kennen und kletterte die seemännische Erfolgsleiter empor zum Kapitän. Mit 25 Jahren hatte er sein erstes Kommando auf einem Schoner, und mit 26 war er Kapitän auf der Bark *Washington*, die er in einem Sturm schuldlos wegen Slippen des Ankers verlor. Slocum bekam von seinen Reedern umgehend ein neues Schiff, die Barkentine *Constitution*. Auf ihr hatte er Gelegenheit, seine in der Zwischenzeit überdurchschnittliche seemännische Begabung unter Beweis zu stellen. Auf der Fahrt von Honolulu nach San Francisco zerbrach der Schiffschronometer, der zur genauen Berechnung des Schiffsortes nach Längengraden nötig ist. Ungeachtet dessen brach er die Reise nicht ab, wie man hätte erwarten können, sondern navigierte nach der alten Methode der Monddistanzen. Ein Methode, die längst der Vergangenheit angehörte, nicht zuletzt, weil sie eine mühsame, umfangreiche Berechnung erfordert und damit das »Einschleichen« eines Fehlers begünstigt. Slocum machte auch ohne Chronometer eine gute und schnelle Reise. Seine Reeder bedankten sich bei ihm mit einer goldenen Uhr.

Für Schiffbauarbeiten, Slocum hatte schon Dories und einen 35-Fuß- Walfänger gebaut, bekam er als Bezahlung einen Schoner, die *Pato*, mit dem er umfangreiche Fahrten, unter anderem zur Kamtschatka-Halbinsel und zur Kanadischen Westküste, durchführte. In Honolulu machte er durch ein Husarenstück von sich reden.

Das Postschiff hatte den Hafen bereits verlassen, als man feststellte, dass noch ein Sack Post auf dem Kai lag, der vergessen wurde. Slocum schnappte sich den Sack und segelte mit seinem Schiff hinterher. Das Postschiff war als guter und schneller Segler bekannt, und so glaubte niemand, dass Slocum ihn einholen könnte. Aber Slocum hatte die Situation richtig eingeschätzt, holte das Postschiff ein und übergab den Sack Post. Der Hafen hatte ein gutes Gesprächsthema.

Was Slocum bewegte, seine *Pato* zu verkaufen, ist nicht ganz nachvollziehbar, aber mit dem Erlös konnte er Anteilseigner der Bark *Amethyst* werden. Sein letztes Kommando hatte Slocum, der nach dem Tode seiner ersten Frau wieder geheiratet hatte, auf der Bark *Aquidneck*, die er erfolgreich über die Weltmeere segelte. Im Dezember 1887 strandete das Schiff, weil der Anker auf dem sandigen Grund slippte. Das Schiff wurde zum Wrack, das Slocum aber verkaufen konnte. Seine Matrosen suchten sich in Montevideo eine neue Heuer. Nicht so Slocum. Er wollte mit seiner Frau und den beiden Söhnen wieder zurück in die Heimat. Es gab kein Schiff, das dahin fuhr, und da er ohnehin die Mittel für diese lange Reise nicht aufbringen konnte, entschloss er sich, an Ort und Stelle ein kleines seetüchtiges Schiff zu bauen, das ihn und seine Familie zurück bringen sollte. Einige Wrackteile, ein paar Holzbohrer, zwei Sägen und eine Axt, eine Nähmaschine und ein Marlspieker, das war alles, was zur Verfügung stand. Reichlich wenig, um ein Schiff für die etwa 6000 Seemeilen lange Heimreise zu bauen. Slocum hatte aber noch etwas, was fast mehr wert war, er hatte den unbeugsamen Willen, es zu schaffen. Für die Heimreise hatte er so wichtige Dinge wie den Kompass, beschädigte, aber lesbare Seekarten und seinen Chronometer bergen können.

Slocum machte sich zusammen mit seinem Sohn Viktor an die fast hoffnungslos scheinende Arbeit. Das wichtigste Holz für den Bau des Rumpfes konnten sie der Fracht des Schiffes entnehmen, ansonsten war Wald genug in der Nähe. Bei den groben Arbeiten halfen Eingeborene; die Feinarbeit, das Anpassen der Planken machte Slocum mit seinem recht tüchtigen Sohn. Schwere Hölzer wurden für den Schiffsboden verwendet, leichtere für das Überwasserschiff. Beschläge konnten teilweise noch aus

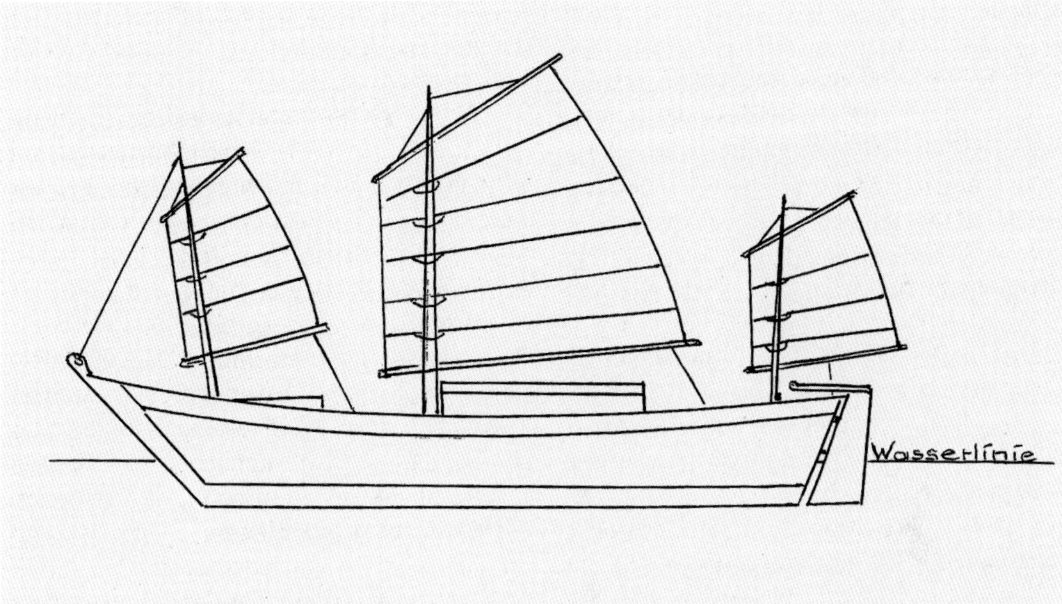

Grundriss der von Slocum selbst gebauten *Liberdade* (hier ohne Reffleinen). Sie war 10,6 m lang, 3,64 m breit und verdrängte 6 Tonnen.

dem Wrack geborgen werden, aber viel aus der schmalen Kasse musste für Bolzen, Schrauben und ähnliche Dinge ausgegeben werden. Das Klima machte Slocum schwer zu schaffen, und er hatte auch unter Fieber zu leiden, aber das fast Unmögliche wurde geschafft.

Am 13. Mai 1888 wurde das Schiff zu Wasser gebracht. Es war 35 Fuß (10,60 m) lang, sieben Fuß und 6 Zoll (3,64 m) breit. Die Rumpfform hatte Slocum aus dem Gedächtnis gestaltet. Sie erinnerte an Dories, wie sie Slocum schon früher gebaut hatte, zum Teil war sie auch japanischen Sampas nachgebaut. Auch das Rigg baute er den Sampas nach. Die Segel nähte seine Frau aus geretteten Segeln der *Aquidneck*. Das »Schiff«, Slocum bezeichnete es als »Kanu«, erhielt den Namen *Liberdade* (Freiheit).

Vor der Abreise packte Slocum noch einmal das Fieber, was bei den klimatischen Gegebenheiten nicht verwunderlich ist. Dazu kamen auch noch einige, damals typisch amtliche brasilianische Schwierigkeiten, die aber mit List und Diplomatie umgangen werden konnten. Zum Schluss wurde noch Proviant übernommen, der die ohnehin chronisch schwindsüchtige Bordkasse erheblich schmälerte. Das war tragbar in der Hoffnung, bald wieder Zuhause zu sein.

Am 24. Juni 1888 begann die lange Reise, nachdem sich das »Kanu« bei Probeschlägen gut bewährt hatte. Um die offene See zu erreichen, musste noch eine vorgelagerte Barre überwunden werden. Trotz der dort angetroffenen beachtlichen Grundseen kam die *Liberdade* unbeschadet in den Südatlantik. Etwas »Gewöhnung« benötigte es schon, mit einer »Nussschale« auf dem freien Ozean zu segeln, aber das Seeverhalten ihres »Untersatzes« ließ das anfangs ungute Gefühl bald verschwinden. Der erste Hafen der *Liberdade* war Rio, wo Slocum die fragwürdige Fischerlizenz in ein besseres Papier umtauschte. Etwa einen Monate später war die *Liberdade* wieder unterwegs, und die besten Wünsche der Behörden begleiteten sie. Man meinte, das sei dringend nötig. Wind und Strom waren dem »Kanu« nicht gut gesonnen, und so war es zunächst ein mühsames Segeln. 35 Seemeilen pro Tag waren ein nicht gerade berauschendes Ergebnis. Eine deutliche Warnung vor Walen und Schwertfischen hob die Stimmung auch nicht gerade.

Über Cabo Frio, Bahia, gelangte Slocum nach einer, auch mit unliebsamen Erlebnissen mit Einwohnern behafteten Reise nach Pernambuco. Passatwinde hatten mitgeholfen, obwohl das »Cabo de São Roque« wegen vieler Flauten besser großräumig umfahren werden sollte. Slocum zog bei seinem Kurs aus verständlichen Gründen die Küstennähe vor. Die Reise von Bahia nach Pernambuco hatte fünf Tage gedauert. Bei einer Distanz von 390 Seemeilen bedeutete das ein Etmal von 78 Seemeilen. Das hörte sich schon besser an. Was die Verpflegung anbelangt, so hatte man keine Sorgen, sie kam kostenlos, aber nicht ganz freiwillig in Form von fliegenden Fischen an Bord. Ein Vorteil des »Kanus« mit seinem niedrigen Deck.

Auf der Weiterreise, auf der die *Liberdade* ein Flach passieren musste, das wegen seiner Grundseen gefürchtet war, bewährte sich die solide Bauweise des kleinen »Schiffchens« bestens. Slocum und sein Sohn Viktor gewannen mehr und mehr Vertrauen zu dem »Kanu« und zu ihrer soliden Arbeit. Auch ein tropischer Sturm, in den sie geraten waren, konnte der *Liberdade* nichts anhaben. Anstrengend für die beiden Schiffer war allerdings die ermüdende Ruderwache. Ein fester Schlaf war der Freiwache kaum gegönnt.

Von den guten Eigenschaften ihres Schiffes verführt und berauscht von dem »Knochen im Maul«, d.h.: von der rauschenden Fahrt und der schäumenden See am Bug, machte Slocum den Fehler, dem Rigg zu viel Segel zuzumuten. Die Strafe folgte der Missetat auf dem Fuß. Der Großmast ging über Bord, und dabei nahm er den Fockmast gleich mit. Zum Glück konnte alles wieder an Bord geholt werden. Der Mast wurde geschient und beide Masten wieder aufgerichtet. Der »Schuss vor den Bug« wurde verstanden, und Slocum wurde vorsichtiger. Dennoch war Slocum 19 Tage nach der Abreise von Pernambuco in Barbados. Im Durchschnitt war es ein Etmal von über 100 Seemeilen. Das konnte sich angesichts der Panne mit dem Mastbruch sehen lassen. Einen erheblichen Teil der Reise, 2150 Seemeilen, hatte Slocum im Kielwasser. Kurz vor Ende der Hurrikansaison legte Slocum wieder ab und war nach fünf Tagen in Porto Rico. Dort ging er drei Tage an Land, um frischen Proviant zu übernehmen. Die Weiterreise war von Stürmen gekennzeichnet, was aber eher die Reisezeit verkürzte. Von Lenzen vor Top und Takel war nie die Rede. Ende Oktober sichtete man bei Cape Romain das amerikanische Festland. Vor der Küste ging Slocum vor Anker. Die Bilanz: Eine Reisezeit von 53 Tagen für 5500 zurückgelegte Seemeilen. Das durchschnittliche Etmal lag bei 103 Seemeilen. Eine erfolgreiche und auch bewundernswerte Reise. Das betrifft Slocum sowohl als Schiffbauer als auch als Seemann.

Die Weiterreise über Georgetown durch das Corn Cake Inlet, also weitgehend geschütztes Fahrwasser, nach Washington verlief ohne besondere Ereignisse. Am 27. Dezember 1888 war Slocum in Washington, wo das »Kanu« für den Winter vermurt wurde. Später wurde die *Liberdade* in der Smithsonian Institution in Washington ausgestellt. Slocum war mit seiner Familie wieder in der Heimat.

Was nun? Slocum suchte ein neues Kommando auf einem Frachtsegler, fand aber keines. Die Möglichkeiten waren bescheiden geworden. Das 19. Jahrhundert neigte sich dem Ende zu, und Amerika hatte sich von Frachtseglern abgewandt und setzte, wie England, auf Dampfschiffe. Vier Jahre vergingen, da wurde ihm ein Schiff angeboten, das zwar »betagt«, aber als Kutter zum Fischen geeignet wäre.

Slocum wollte sich dieses Schiff ansehen. In Fairhaven fand er eine Hulk, die ihre »besten Jahre« schon länger hinter sich gebracht hatte und seit sieben Jahren aufgebockt »vor sich hin verrottete«. Slocum schätzte das Alter der Hulk, die mehr einem Wrack glich als einem Schiff, auf 80 bis 90 Jahre. Die Linien des Rumpfes müssen ihm imponiert haben, und als gestandener Schiffbauer reifte in ihm der Plan, aus dem Wrack wieder ein Schiff zu machen. Als Fischkutter etwa, oder vielleicht ...? Er wusste es noch nicht so recht. Obwohl er sicher wusste, was an Arbeit auf ihn zukommen würde, reizte ihn die Sache. Er verhandelte mit dem Eigner der *Spray* (zu deutsch »Gischt«), und sie wurden sich einig. Der neue Eigner hieß Joshua Slocum.

Slocum ging an die Arbeit, aber wie immer, wenn man in die Ecken und Winkel schaut, merkt man, so auch Slocum, auf welch umfangreiche »Sanierung« man sich eingelassen hat. Zudem besuchten ihn jede Menge gutmeinender »Fachleute«, die ihm gewünscht oder ungewünscht Ratschläge gaben, die er nicht benötigte. 13 Monate arbeitete Slocum sorgfältig und zielbewusst auf ein außergewöhnlich stabiles und solid gebautes Schiff hin, dessen Planken und Verbände auch starken Belastungen gewachsen waren. Am Schluss wurde aus der Sanierung ein Neubau, bei dem nur die alte Rumpfform erhalten blieb.

Die neue *Spray* war 36 Fuß, 9 Zoll lang (13,00 m) vermutlich über alles, also auch einschließlich des Klüvers. Die Breite des Schiffes war 14 Fuß, 2 Zoll (4,75 m), und der Tiefgang betrug 4 Fuß, 2 Zoll, das sind 1,70 m. Die im Vergleich zur Länge große Breite machte das Schiff zwar sehr steif, aber es war nicht kentersicher und zudem angesichts eines fast überdimensionierten Großsegels auch unhandlich. Ein »Renner« war die *Spray* auf keinen Fall, und in engen Häfen benötigte sie einen Könner am Ruder, aber den sollte sie ja bekommen. Wie dem auch sei, die Jungfernfahrt, die gleichzeitig Probefahrt war, befriedigte Slocum. Zum Rigg ist zu sagen, dass auch dies stark dimensioniert war. Das Schiff war eindeutig ein Kutter, obwohl Slocum es als Slup bezeichnete.

Slocum versuchte es zunächst mit der Küstenfischerei, aber damit hatte er kein Glück. Vielleicht war ihm auch die Küste zu nah, man weiß es nicht. Jedenfalls reifte in ihm der Entschluss einer Erdumsegelung. Wie bei vielen anderen ist auch bei Slocum von einer Weltumsegelung die Rede, das ist aber genau betrachtet nicht korrekt, denn dazu müsste er die Erde verlassen, und das ist mit einem Schiff schlecht möglich. Aber das nur nebenbei.

Am 24. April 1895 holt Slocum im Hafen von Boston den Anker hoch und segelte nach Gloucester, um sein Schiff für das »verrückte« Vorhaben auszurüsten. Damals hielten selbst erfahrene Seeleute Slocums Vorhaben für gewagt, wenn nicht verrückt, und das nicht grundlos.

Am 7. Mai startete Slocum zu seiner großen Reise, auf der er als erster Mensch allein die Erde umrundete. Es sollte 26 Jahre dauern, bis der nächste Segler, der Amerikaner Harry Pidgeon, es ihm gleich tat. Slocums Reise führte ihn zunächst noch einmal nach Gloucester, wo er noch ein paar Kleinigkeiten besorgen wollte. Schon auf dieser Reise bewies die *Spray*, dass Slocum mit ihr keine schlechte Wahl getroffen hatte. Die See war alles andere als gemütlich. Allein bei Sturm einen Hafen mit einem nicht gerade manövrierfreudigen Schiff anzulaufen, erfordert einiges Geschick. Slocum schaffte es bravourös unter dem neidlosen Beifall der Fischer im Hafen.

Slocum hatte keine Eile. Nach zwei Wochen Aufenthalt, wobei er sich noch ein Beiboot besorgte, verließ er Gloucester bei schönem Wetter und segelte nach Westport auf Neuschottland (heute Nova Scotia). Dort hatte er als Junge acht Jahre verbracht, und das war wohl der

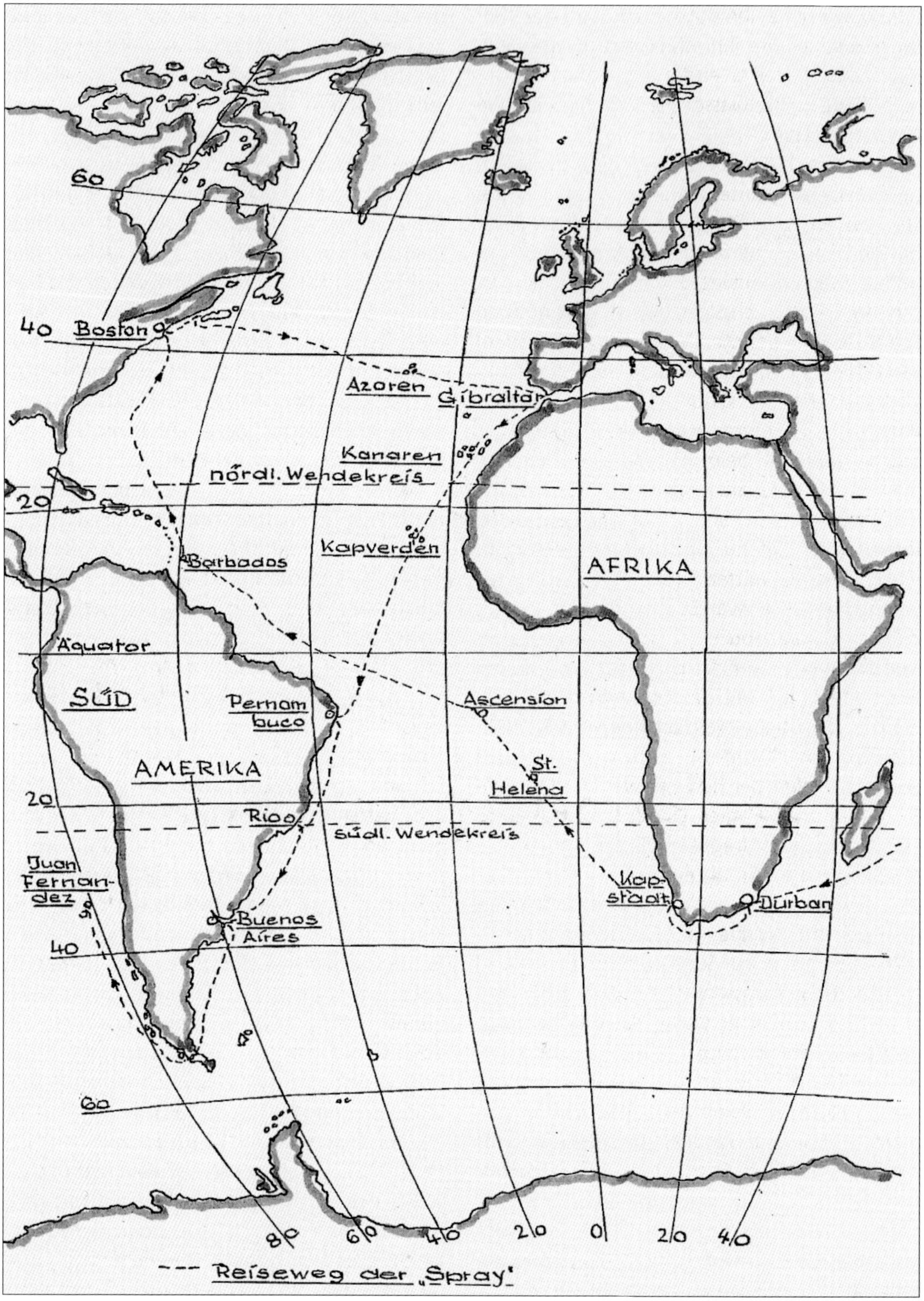
60
40 Boston
Azoren
Gibraltar
Kanaren
nördl. Wendekreis
20
Kapverden
Barbados
AFRIKA
Äquator
SÜD
Pernambuco
Ascension
AMERIKA
St. Helena
20
Rio
südl. Wendekreis
Juan Fernandez
Kapstadt
Durban
Buenos Aires
40
60
80
60
40
20
0
20
40
--- Reiseweg der „Spray"

Grund, warum es ihn dorthin zog. Auf der Weiterreise scheuchte ihn schlechtes Wetter nach Yarmouth, bevor er endgültig die amerikanische Küste im Kielwasser ließ und Kurs auf die Azoren absetzte.

Eine ausschlaggebend wichtige Eigenschaft musste die *Spray* unter anderen haben. Sie musste über mehrere Stunden, auch bei wechselhaften Winden, mit festgelaschtem Ruder Kurs halten. Diese Voraussetzung erfüllte sie hervorragend, so dass sich Slocum auch den nötigen Schlaf gönnen konnte. Was ihn, zumindest anfangs bedrückte, war ein gewisses Gefühl der Unsicherheit in Bezug auf das, was ihn erwarten würde, ja sogar Angst, wie Slocum freimütig zugab, zum Beispiel beim Herannahen einer drohenden pechschwarzen Sturmwand. Auch die völlige Einsamkeit, auf sich allein gestellt zu sein, setzte ihm zu. Die Angst verschwand meist, wenn er mitten in den brüllenden, tosenden Elementen war. Es klingt absurd, aber es war so. Er hatte buchstäblich keine Zeit zum Nachdenken, er war zu beschäftigt, zu konzentriert am Ruder. Mit der Einsamkeit fertig zu werden, benötigt etwas Zeit, und jeder Mensch reagiert darauf unterschiedlich. Es wundert auch nicht, dass bei Slocum Zweifel an seinem Unterfangen aufkamen.

Immer wieder fragte er sich, warum er sich freiwillig diesen Gefahren und Strapazen aussetzte. Handelte er vielleicht aus übertriebenem Ehrgeiz? War es der Drang nach unbegrenzter Freiheit auf See? Was hatte er in dieser chaotischen Wasserwüste zu suchen? Selbstbestätigung? War er vielleicht aber auch auf der Flucht? Doch wovor?

Der Sturm flaute ab, und mit ihm die kritischen Gedanken, Seine Gedanken wurden positiver, er empfand Genugtuung darüber, etwas geleistet zu haben. Er war stolz auf das Schiff, das sich in diesem Inferno so gut gehalten hatte. Der vage Gedanke, ob es nicht besser sei, wieder umzukehren, war verschwunden. Der Blick und der Sinn richtete sich wieder nach vorne.

18 Tage nach Verlassen des amerikanischen Kontinents, am 20. Juli, fiel der Anker vor Horta auf Faial, einer der Azoreninseln. Slocum war hoch zufrieden mit seiner Navigation und konnte es angesichts der bescheidenen Mittel, die zur Verfügung standen, auch sein. Er wurde mit großer Freundlichkeit aufgenommen und konnte sich vier Tage erholen, bevor er wieder Segel setzte und Kurs auf Gibraltar nahm.

Es würde den gesetzten Rahmen erheblich sprengen, die ganze Reise, die über drei Jahre dauerte, im Einzelnen zu beschreiben. Es ist daher sinnvoll nur markante Erlebnisse zu erwähnen, und davon gibt es genug. Schon kurz nach Verlassen von Horta ereignete sich etwas, was einerseits das Vertrauen Slocums in sein Schiff und seine Segeleigenschaften stärkte, andererseits aber auch die Problematik aller Einhandsegler erkennen lässt. Slocum hatte Horta zur Zeit der Obsternte angelaufen und war reichlich mit Pflaumen versorgt. Davon aß er reichlich und dazu, in Unkenntnis der Folgen, »Pico Weißkäse«. Eine handfeste Kolik war die Folge. Mit starken Schmerzen, verbunden mit Ohnmacht und fiebrigen Wahnvorstellungen, lag Slocum in seiner Kajüte, während die *Spray* mit zuviel Tuch in einen handfesten Sturm steuerte, dessen überkommende Seen »Tabula rasa« an Deck machten. Alles was nicht Niet- und Nagelfest war, ging über Bord. Zum Glück und dank seiner eisernen Gesundheit erholte sich Slocum bald, aber die *Spray* stürmte über viele Stunden unbeleuchtet und sich selbst überlassen durch eine rabenschwarze Nacht und aufgewühlte See. Slocum hatte unglaubliches Glück, dass er und sein Schiff die Nacht unbeschadet überstanden, aber noch unwahrscheinlicher klingt, dass die brave *Spray* am nächsten Morgen immer noch auf dem glei-

Joshua Slocum segelte als erster allein um die Welt: in drei Jahren und zwei Monaten.

chen Kurs lag wie am Abend zuvor. Viel Glück muss eben beim Einhandsegeln immer dabei sein. Allein auf See zu sein, birgt angesichts der vielen Risiken eine nicht von der Hand zu weisende Gefahr, wie die Erfahrung lehrt, und daher nachdenklich machen sollte.

Am Morgen des 4. August kam Land in Sicht, und bereits am Nachmittag ging Slocum in Gibraltar vor Anker. Er wurde freundlich empfangen und bekam einen sicheren Liegeplatz zugewiesen. Es folgten Tage mit Einladungen, und auch die *Spray* wurde besichtigt und begutachtet. Eine Einhandüberquerung des Atlantiks war eine neue Erfahrung und bot genügend Gesprächsstoff im Hafen und in der Stadt.

Fast drei Wochen blieb Slocum in Gibraltar, dann ging er wieder auf See, um den Atlantik zum zweiten Mal zu überqueren. Ursprünglich hatte er vor, durch das Mittelmeer, den Suezkanal nach Osten voran zu kommen, aber in Gibraltar wurde ihm wegen der vielen dort operierenden Piraten von dieser Route abgeraten. Kaum wieder auf See, änderte er aber nochmals seinen Kurs. Nicht wie geplant durch den Panamakanal, sondern nach Süden, um das Kap Hoorn, war jetzt seine Absicht, zu segeln. Wie es der Teufel will: Kaum lagen einige Meilen hinter ihm, verfolgte ihn ein schnelles Schiff , und es war nicht schwer festzustellen, dass es Piraten waren. Dabei hatte er gerade diese Route gewählt, um ihnen zu entgehen. Das Schiff kam rasch näher, aber vielleicht zu rasch, denn in der Eile hatten die Piraten zu viel Segel gesetzt. Sie waren schon verdammt nahe, da erwischte sie eine Bö, ihr Schiff schlug quer und der Mast ging über Bord. Das rettete Slocum vermutlich das Leben, aber dieselbe Bö erwischte auch ihn und brachte der *Spray* eine etwas heftige Patenthalse und den Bruch des Großbaumes ein. Das war sicher das kleinere Übel. Slocum laschte den Großbaum, und bei stürmischen Winden passierte er die Enge zwischen dem afrikanischen Festland und der Insel Fuerteventura, der östlichsten der Kanaren. In der ersten Woche im September kam er in die Passatzone und damit in ein »ruhigeres« Gewässer. Ende September wurde der Äquator passiert, und am 5. Oktober fiel der Anker in Pernambuco, das er von seinen früheren Reisen gut kannte. Alle Sorgen und Ängste, seine *Spray* könnte den harten Stürmen des Atlantiks nicht gewachsen sein, waren verschwunden. Fischschwärme, Haie und Delphine, hier und da auch eine Schildkröte zu beobachten oder zur Verbesserung des Speiseplans an Bord zu ziehen, sorgten für Abwechslung. Auch das Zubereiten der Mahlzeiten trug dazu bei. Slocum war, wie er selbst schreibt, rundum zufrieden.

Slocum versorgte sich in Pernambuco (heute Recife) mit frischem Proviant und verkürzte den notdürftig reparierten unhandlichen Großbaum. Ende Oktober verließ er Pernambuco und ging 12 Tage später nach einer problemlosen Reise in Rio de Janeiro vor Anker. Dort änderte er sein Rigg angesichts des zu erwartenden stürmischen Wetters in der Kap Hoorn Region wesentlich. Er teilte die große und schwer zu bedienende Fläche seines Großsegels auf und machte aus seiner Slup eine Yawl.

Mit ein paar nützlichen Geschenken versehen, machte sich Slocum an die Weiterreise. Wegen eines nach Norden setzenden Stromes, der sein Fortkommen deutlich behinderte, segelte Slocum in Küstennähe. Dabei machte er den verhängnisvollen Fehler, sich auf den Augenschein und die Farbe des Wassers zu verlassen, statt nach der Seekarte zu navigieren. Die Quittung bekam er auch sehr bald serviert. Die *Spray* lief auf Grund auf und saß südlich der Grenze zwischen Brasilien und Uruguay fest. Um das Schiff bei der nächsten Flut wieder flott zu bekommen, wollte Slocum mit dem Beiboot seinen schweren Anker mit Trosse ausbringen. Das gelang ihm auch, aber dabei kenterte sein kleines Beiboot, und Slocum wäre als Nichtschwimmer, wie übrigens viele Seeleute, beinahe ertrunken. Die ernsteste Situation in seinem Leben, wie er selbst gesteht. Ein von den Behör-

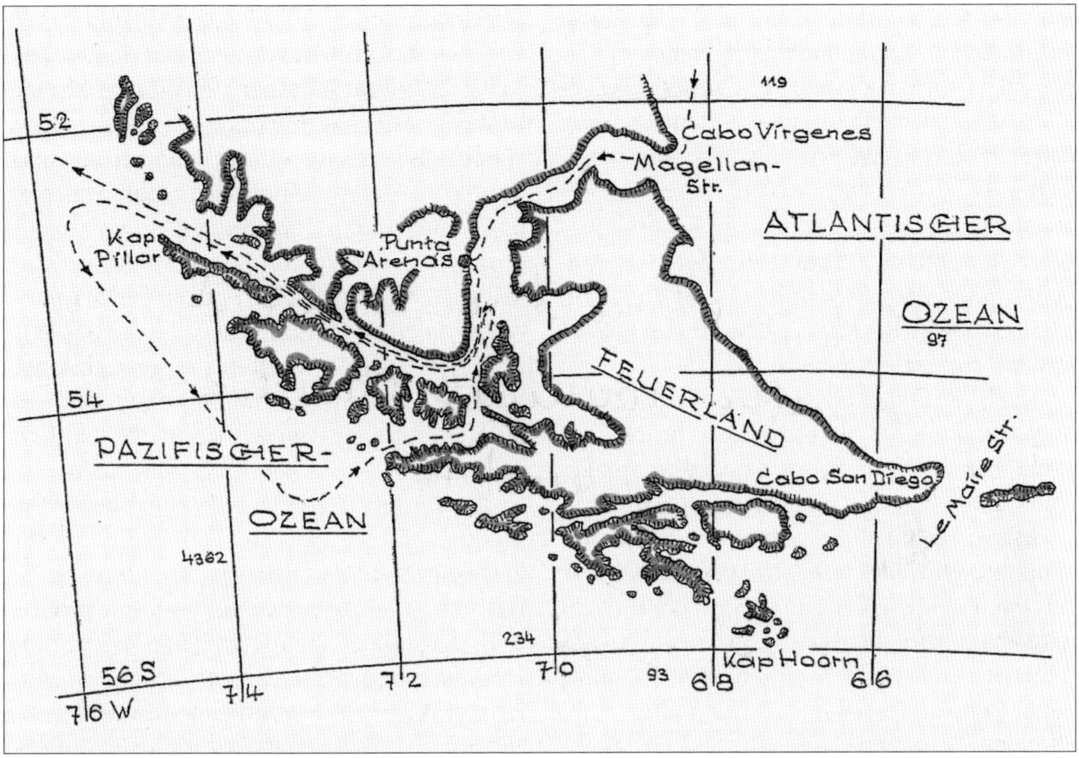

Weil der Panamakanal noch nicht geöffnet war, musste Slocum entweder das berüchtigte Kap Hoorn umrunden oder den Weg durch die Magellanstraße nehmen. Er entschied sich für Letzteres.

den versprochener Hochseeschlepper, der auch eintraf, musste aber nicht eingreifen. Mit Hilfe von ein paar Nichteinheimischen, seines ausgebrachten Ankers und der Flut kam die *Spray* wieder frei. Slocum lief Maldonado an. Das liegt nahe bei dem heute besser bekannten Punta del Este. Ein paar kleine Schäden wurden ausgebessert. Wenig später verholte Slocum die *Spray* nach Montevideo, wo sie von den Sirenen der Dampfer lautstark empfangen wurde. Slocums große Reise hatte sich offensichtlich bereits herumgesprochen. Die *Spray* wurde eingedockt und zur Freude Slocums kostenlos und gründlich überholt. Weihnachten 1895 war die *Spray* wieder seeklar.

Slocum segelte nach Buenos Aires, wo er Freunde hatte. Dort verkürzte er den Mast und auch das beängstigend lange Bugspriet, das nach der Kürzung um fünf Fuß (1,52 m) immer noch reichlich lang war. Vermutlich war es eine Vorsichtsmaßnahme im Hinblick auf Kap Hoorn. Sie hat sich später als sehr nützlich erwiesen.

Schiffer und Schiff waren in Topform, als die Reise am 26.Januar 1896 weiter ging. Slocum stand kurz vor Mitte Februar, also im dortigen Sommer, am Eingang zur Magellanstraße, die er durchsegeln wollte, um in den Pazifik zu kommen. Er wusste, dass ihm dort Fallböen und starker Strom das Durchkommen schwer machen würden, aber außen herum zu segeln, um das Kap, scheute er wohl noch mehr. Immerhin gibt es im Gegensatz zu der Tour um das Kap in der Magellanstraße doch auch ein paar ruhige

Buchten. Schon bei der Einfahrt in die Straße wurde Slocum von einem handfesten Sturm erwartet. Trotzdem fiel aber am 14. Februar vor Sandy Point, dem heutigen »Punta Arenas«, der Anker. Slocum wurde vor Angriffen der Fuego-Indianer gewarnt. Trotz Williwaws und Fuego-Indianern, die er sich mit List und seinem Karabiner vom Leib hielt, kam er gut durch die Magellanstraße. Bis dahin hatte er Glück gehabt, und ein chilenisches Kanonenboot hatte ihn mit Rat und Tat unterstützt.

Es war Anfang März, und die *Spray* steckt ihre Nase bei einem hilfreichen Nordostwind in den »Stillen Ozean«. Wenn Slocum glaubte, es sei ein friedlicher Ozean, hatte er sich gründlich getäuscht. Er war noch nicht ganz frei vom Land, als der Wind auf Sturmstärke aufbriste und nach Nordwest drehte. Es gab kein dagegen Ankommen, und Slocum musste vor Top und Takel in die Dunkelheit der Nacht ablaufen. Es blieb die vage Hoffnung, genügend Seeraum zu haben. Volle vier Tage dauerte der Sturm, und als er langsam abflaute, fand er sich im »Milky Way« nordwestlich des Kaps wieder. Diese vier Tage bezeichnete Slocum als das größte Seeabenteuer seines Lebens. Er wußte selbst nicht, wie er diesem Inferno aus Sturm, Schneeschauern und nackten drohenden Felsen entkam. Ein Schutzengel war zu wenig, es mussten viele gewesen sein.

In der »Thieves-Bucht« nahe dem Cockburn-Kanal passierte in der Nacht das, was in jeder Geschichte über Slocum steht. Feuerländer wollten ihn überfallen, aber Slocum hatte, dem dringenden Rat eines Freundes folgend, Reißnägel auf dem Deck seiner *Spray* verteilt. Alle schön mit der Spitze nach oben. Noch nie hatte jemand so fluchtartig sein Schiff verlassen, wie die nächtlichen Schurken. Wäre Slocum nicht schon wach gewesen, ihr Schreien und Heulen hätte ihn sicher geweckt. Die Magellanstraße ließ Slocum aber noch nicht los. Mehrere Williwaws, die den gefährlichen Charakter einer Fallbö haben und oft plötzlich und unerwartet auftreten, ließen ihn nicht los und brachten ihn mehrfach in ernstliche Gefahr. Bei Punta Arenas erreichte Slocum wieder die Magellanstraße. Mit einem gnädigen Nordostwind begann er, den zweiten Abschnitt der Straße noch einmal zu durchsegeln. Nach einigen kleinen Abenteuern mit den Fuego-Indianern ankerte Slocum vor Porto Augost. Der anfangs so gute Wind wollte nicht mehr, und Stürme verhinderten mehrfach die Abreise. Endlich, am 13. August 1886, gelang es ihm, Feuerland zu verlassen. Er nahm Kurs auf Cabo Pilar, und Ende April war Juan Fernandez voraus. Der Aufenthalt auf der »Robinson-Insel« war angenehm und erfreulich, besonders war es der letzte Tag, als Kinder mit ihm frisches Obst sammelten. Am 5. Mai verließ Slocum die gastliche Insel. Beflügelt durch den Passat segelte er an den Marquesas vorbei zu seinem nächsten Ziel, Samoa. Unterwegs gab es eine Beinahe-Kollision mit einem Wal, der offensichtlich erschreckt, Slocum mit seiner Schwanzflosse eine tüchtige unfreiwillige Dusche verpasste. Das war das einzig Aufregende an diesem Reiseabschnitt. Am 16. Juli fiel vor Apia auf Samoa der Anker. Auch dort wurde Slocum überaus freundlich empfangen. Sein Ruf als erster Erdumsegler war ihm schon vorausgeeilt. Slocum blieb auf Samoa länger als von ihm ursprünglich geplant. »Tofah, Tofah«, damit verabschiedete er sich am 20. August, und viele gute Wünsche begleiteten ihn. Bei steifen Winden verlief die Fahrt nördlich der Fidschi-Inseln, südlich an Neu-Kaledonien vorbei nach Neusüdwales und endete nach 42 Tagen in Sturm und rauer See in Newcastle. Die letzte Etappe war so stürmisch, dass Slocum froh war, dort einen sicheren und ruhigen Liegeplatz zu bekommen. Nach ein paar Tagen Erholung war die *Spray* in Sydney, wo Slocum Freunde hatte. Mit einer Spende, einem neuen Großsegel und guten Wünschen ging die Reise weiter. Das Ziel war Melbourne. Unterwegs wurde ihm geraten, vor einem starken Nordsturm in der »Waterloo-Bucht« Schutz zu

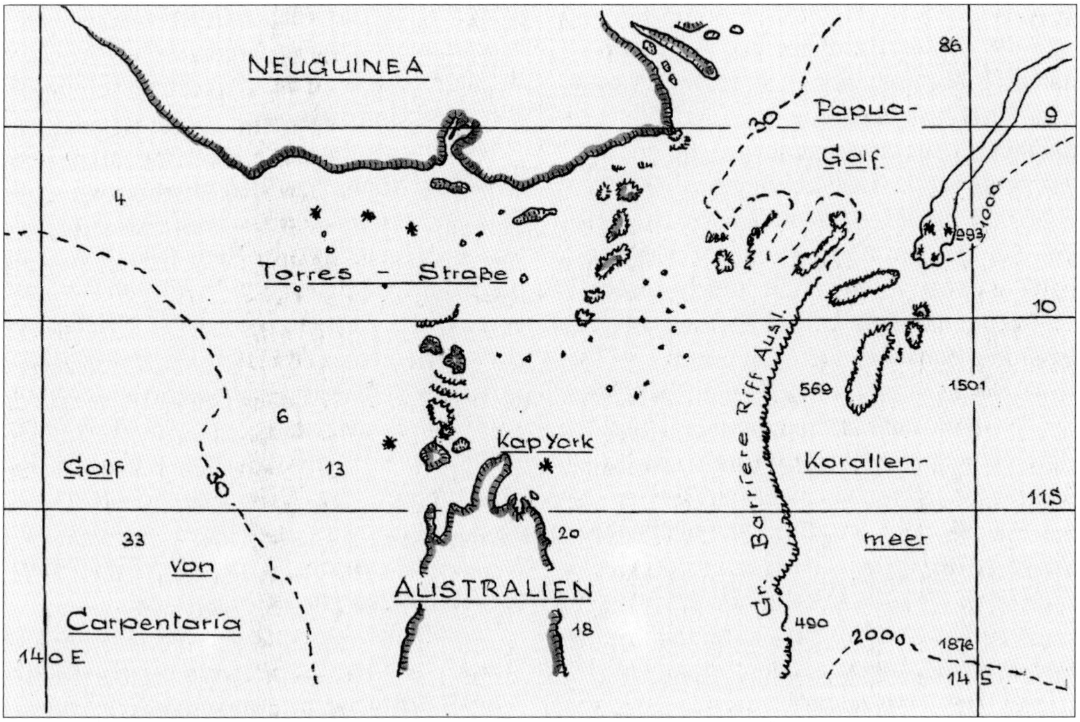

Die berüchtigte, mit Riffen gespickte Torresstraße.

suchen. Drei Tage dauerte der Aufenthalt, bis sich das Wetter wieder beruhigt hatte. Die Schönwettersaison ließ noch auf sich warten, was Slocum veranlasste, nach Tasmanien auszuweichen. In Devonport, an der Nordküste, wurde die *Spray* überholt, was sicher nötig war. Nachdem Slocum Tasmanien umrundet hatte, hielt er wieder auf Australien zu und segelte entlang der Küste zum Barrier-Riff. In Port Denison, zwischen dem Riff und der Küste gelegen, ging Slocum vor Anker. In dem nahegelegenen Städtchen Bowen hielt er einen Vortrag über seine bisherige Reise. Das war nicht der erste und auch nicht der letzte Vortrag, den er vor interessiertem Publikum hielt, um seine Bordkasse aufzufüllen. Dass er umsonst Liegeplätze und dazu auch noch Spenden bekam, rundete die Kasse zusätzlich auf.

Weiter ging es durch das gefährliche Barrier-Riff nach Cooktown. Der Ort ist nach James Cook benannt, der dort seine, im Jahr 1770 im Riff beschädigte *Endeavour* ausbesserte. Slocum amüsierte sich über die Geschichtskenntnisse einer jungen Dame, die behauptete, Cook sei hier ermordet worden. Ein Junge widersprach der Dame heftig. Es stimme nicht, Cook sei in Afrika von einem Löwen gefressen worden. (Slocum betrachtete die Geschichtskenntnisse der beiden nicht für repräsentativ für die gesamte australische Bevölkerung, die sicherlich über das dort stehende Denkmal und seinen Ursprung besser Bescheid wusste.)

Durch die Torresstraße, wo er sich auf Thursday Island einige abwechslungsreiche Tage gönnte, setzte er die Reise fort. Mit dem Passat und mit vollen Segeln breschte die *Spray* durch die Arafurasee. Anfang Juli war Timor in Sicht, und vor den australischen Cocos-Inseln fiel am 17. Juli 1897 der Anker. 23 Tage hatte die Reise von Thursday Island gedauert. Die Distanz war

2700 Seemeilen, ein Durchschnittsetmal von rund 117 Meilen. Nicht nur, dass dies der angenehmste Abschnitt seiner Reise war, Slocum konnte auch stolz sein auf seine präzise Navigation und auf die Kursstabilität seiner *Spray*. Während der 23 Tage bei meist achterlichem oder raumem Wind hatte er nicht länger als drei Stunden am Ruder verbracht. Die Inseln hatte er genau voraus, als sie in Sicht kamen.

Slocum hätte die Cocos-Inseln in bester Erinnerung behalten, wäre da nicht ein Zwischenfall gewesen. Als er mit einem Eingeborenen in einem mehr als fragwürdigen Boot den Hafen überquerte zerfetzte eine Bö das Segel, und die beiden trieben hilflos auf die See hinaus. Kein Paddel war an Bord. Nur mit der Kraft der Verzweiflung gelang es den beiden, wieder Land unter die Füße zu bekommen.

Nach fast fünf Wochen Aufenthalt, setzte Slocum am 22. August auf der sorgsam und kostenlos überholten *Spray* wieder Segel und verließ die Inseln. Den Kurs setzte er auf die Insel Rodriguez ab, um dort Wasser und Verpflegung zu ergänzen. Mauritius, Réunion und Port Natal(Durban) an der Ostküste von Afrika waren die nächsten Stationen. So angenehm und abwechslungsreich ihm der Aufenthalt auch gemacht wurde, Slocum wollte weiter. Die nicht so angenehme Umrundung des »Kaps der guten Hoffnung«, das man früher nicht ohne Grund das »Kap der Stürme« nannte, stand bevor. Weihnachten 1897 war der südlichste Punkt Afrikas querab. Ständige Stürme begleiteten Slocum, aber sie waren meist nützlich zum schnelleren Vorankommen. Einen Tag verbrachte Slocum noch in Kapstadt, dann kam die *Spray* ins Trockendock, während ihr Schiffer drei Monate lang das Land bereiste und dabei den legendären »Ohm Krüger« traf. Nicht wenig erstaunt war Slocum, als dieser im Gespräch mit ihm ernstlich behauptete, er habe nicht die Erde umsegelt, sondern sei um sie herumgesegelt, weil die Erde eine Scheibe und keine Kugel sei. Ohm Krüger stand übrigens, wie Slocum erfahren musste, mit seiner »Weisheit« nicht allein. Unabhängig davon aber sei es das schönste Kap gewesen, das er je gesehen hat, bekannte Slocum freimütig.

Aber auch das schönste Kap muss einmal hinter der Kimm dem Blick entschwinden. Am 26. März setzte Slocum die Segel. Wie gewohnt, war auch bald das erste Reff fällig, daran änderte auch die große Anfangsstabilität der *Spray* nichts. Bald lag die Insel St. Helena, auf der Napoleon die Zeit seines Exils verbracht hatte, voraus. Außer dem ständigen Kampf mit einem gefräßigen Ziegenbock, vor dem selbst Seekarten nicht sicher waren, ereignete sich nichts Wesentliches. Die Reise ging ihrem Ende zu. Ascension war die nächste Station, und am 8. Mai 1898 kreuzte die *Spray* den Kurs der Abreise. Damit war die Erde umrundet.

Auf ihrem weiteren Kurs über Grenada und St. Johns auf Antigua lief die *Spray* gegen Ende Juni vor Fire Island in einen Tornado, der auf seinem Weg eine Schneise der Verwüstung hinterlassen hatte. Selbst große Schiffe in sicher geglaubten Häfen hatten sich losgerissen und kamen ins Treiben. Es war der schlimmste »Sturm«, den Slocum auf seiner Reise erlebt hatte. Dass die *Spray* und ihr Schiffer dieses Inferno überstanden, grenzt an ein Wunder oder besser gesagt, war ein Wunder. Nach dieser außergewöhnlichen Begrüßung in heimischen Gewässern, fiel der Anker am 27. Juni 1898 um 1.00 Uhr nachts im Hafen von Newport. 46.000 Seemeilen waren zurückgelegt, und drei Jahre, zwei Monate und zwei Tage hatte die Reise gedauert. Slocum wollte noch dorthin zurück, wo die *Spray* vom Stapel gelaufen war, und so segelte er nach Fairhaven, wo er die gute *Spray* im sicheren Hafen vertäute.

Es ist nicht nötig, die menschliche, physische und seemännische Leistung Slocums zu betonen. Seine Reise spricht für sich selbst. Der befriedigende und gute Ausgang eines Wagnisses, wie es Slocum unternommen hat ist, daran ändert auch die beste Seemannschaft nichts, auch abhängig von Glück. Das gilt besonders für Einhandsegler und zusätzlich noch für Slocum, dessen Erdumsegelung vor rund 100 Jahren stattfand.

Besonders beeindruckend ist Slocums Navigation. Heute ist es kaum vorstellbar, dass ein Hochseesegler die Leinen loswirft und nicht mehr zur Verfügung hat, als Seekarten, einen Kompass, einen Sextanten sowie einen Wecker zum Aufziehen, dem aber der Minutenzeiger fehlt. Das nämlich hatte Slocum an Bord, und er hat keinen Hafen verfehlt, auch wenn er noch so lange unterwegs war. Sein Schlepplog hatte schon nach kurzer Zeit den Dienst verweigert, weil die Flügel verbogen waren. Eine Erkenntnis aber ist ein wichtiges Ergebnis von Slocums Reise: Auch mit einem kleinen Boot lässt sich eine Reise über die Ozeane durchführen. Die Voraussetzungen dafür sind vielen Stellen seines Reiseberichtes zu entnehmen: Immer wieder genaue Beobachtung aller Naturerscheinungen, Wind, Seegang, Dünung, Strömung, Wolken und deren Entwicklung und Veränderung. Aus all dem sind die richtigen Schlüsse zu ziehen und diese wiederum in die entsprechenden Maßnahmen umzusetzen. Das gewährleistet eine nüchterne und sachliche Einschätzung der jeweiligen Situation, und vermeidet unnötige Nervosität und gefährliche Hektik. Genau das ist es, was wir aus den Reisen Slocums lernen können.

So gesehen ist es zweitrangig, dass Slocum, wie alle Alleinsegler nach ihm, ein Risiko eingegangen ist, das heute im Hinblick auf die Sicherheit auf See nicht zu Unrecht umstritten ist und auch bleiben wird. Zu Slocums Zeit war das aber noch kein Thema.

Was seine letzte Reise betrifft, so kann man nur Vermutungen anstellen. Er soll krank, andere sagen kerngesund gewesen sein. Ersteres ist wahrscheinlicher. Sein Ziel war der Orinoco in Südamerika. Am 4. November 1909 warf er in Martha's Vineyard die Leinen los und blieb seitdem verschollen. Da auch die *Spray* oder Teile von ihr nie gefunden wurden, vermutete sein Sohn, dass er nachts von einem Dampfer überrannt wurde, da er die viel befahrene Route der Überseedampfer überqueren musste.

Joseph Conrad – Seemann mit Leib und Feder

Das Bild, das sich die Allgemeinheit von einem »typischen« Kapitän macht, ist zweifelsfrei je nach Kontakt oder Beziehung zur Seefahrt verschieden. Im allgemeinen war es früher ein strenger Alleinherrscher und ist heute ein jovialer älterer Herr mit einem in Ehren ergrauten Vollbart. Sieht man näher hin, dann werden die Vollbärte rarer und die Kapitäne jünger. Ganz aus dem Rahmen fällt aber ein Kapitän, der außerdem auch noch ein begnadeter Schriftsteller ist oder besser gesagt wurde. Die Rede ist von Josef Teodor Conrad Nalec Korzeniowski, bekannt unter dem Namen Joseph Conrad. Er ist der einzige unter der großen Zahl von Kapitänen, der Seefahrt und eine herausragende Eignung zum Schriftsteller miteinander zu verbinden imstande war. Seine Liebe und seine innere Einstellung zur See ziehen sich wie ein roter Faden durch seine Werke. Das kommt jedoch erst in seinen reiferen Jahren voll zum Ausdruck. Man kann ihn als einen der besten englischen Romanciers bezeichnen. Sein Weg dorthin war schwierig, weil er sich, so kann man vielleicht sagen, oft selbst im Wege stand.

Joseph Conrad kam am 3. Dezember 1857 als Sohn von Apollo und Ewa Korzeniowski zur Welt. Sein Vater war ein angesehener polnischer Landedelmann, aber, wie schon sehr früh sein Sohn, innerlich gespalten und von Depressionen und Selbstzweifeln verfolgt. Er war einerseits ein glühender Patriot und unbesonnener Draufgänger und hatte sich aktiv an dem erfolglosen Aufstand gegen das großrussische Reich 1863/64 beteiligt, andererseits war er ein sensibler, anerkannter Schriftsteller vorwiegend von Dramen, ein Literat von unzweifelhafter Begabung. Wegen seiner Teilnahme an dem Aufstand wurde er in die Verbannung geschickt, wohin ihm seine Frau Ewa folgte. Zu all den schicksal- und charakterprägenden Umständen kam für Conrads Vater die schmerzliche Erkenntnis, dass Polen, zum dritten Mal geteilt und zerrissen, aufgehört hatte, ein selbstständiger Staat zu sein. Polen bestand aus seinen Landsleuten, sprachlich und kulturell verbunden, war aber im geographischen Sinn kein Staat mehr. Für einen Patrioten wie Korzeniowski ein schmachvoller Zustand, dem er im Exil machtlos und innerlich nicht zur Ruhe kommend gegenüber stand. In diese zerrissene Welt wurde Joseph Conrad hineingeboren. Dazu kam, dass er im Alter von 12 Jahren, gerade in der schwierigsten Zeit der menschlichen Entwicklung, Vollwaise wurde. Seine Mutter starb mit 32 Jahren im Jahr 1865, sein Vater gramgebeugt und dahinsiechend im Alter von 49 Jahren. Das schwere Schicksal seiner Eltern in der Verbannung, die Hoffnungslosigkeit und die Depressionen blieben nicht ohne Einfluss auf

Joseph Conrad erlangte als Schriftsteller Weltruhm. Weniger bekannt ist, dass er auch ein exzellenter Kapitän war.

den jungen Conrad, seine Entwicklung und sein späteres Leben. Zunächst oblag die Sorge für den jungen Vollwaisen seinem Onkel Tadeus Bobrowski, der für einen geeigneten Vormund sorgte. Conrad besuchte das Gymnasium in Krakau. Schon zu dieser Zeit kränkelte er häufig und musste die Schule unterbrechen. Auf ärztliches Anraten wurde er zusammen mit seinem Erzieher in die Schweiz geschickt. Dabei kam er auch nach München und Wien. Wann Joseph den Entschluss fasste, Seemann zu werden, und warum und auf Grund welcher Anregung, ist unbekannt. Das Reiseziel Schweiz war jedenfalls nicht dazu angetan und möglicherweise bewusst gewählt, um ihn von seiner Absicht abzubringen.

Sein Erzieher sollte ihn in diesem Sinne beeinflussen. Ein polnischer Landedelmann und ein Seemann, das passte nicht zusammen. Am Ende der Reise, die Joseph sehr gut gefiel und die volle vier Monate dauerte, gab sein Erzieher sein Bemühen, den Zögling umzustimmen, auf. Seine letzten Worte waren: »Du bist ein hoffnungsloser, unbelehrbarer Don Quijote und nichts anderes.«

Als Joseph 17 Jahre alt war, ließ ihn sein Onkel schweren Herzens ziehen. Er hatte einen Bekannten bei der französischen Handelsmarine, und der hatte versprochen, sich um den eigensinnigen Jungen zu kümmern. Es waren sicher verschiedene Gründe, die Joseph Conrad veranlassten, seine Heimat zu verlassen. Vielleicht sah er als Vollwaise in Polen nicht mehr sein Heimatland, vielleicht wollte er der unerfreulichen Vergangenheit entfliehen oder dem verhassten russischen Militärdienst entkommen. Man weiß es nicht. In der Schule hatte er, obwohl überdurchschnittlich begabt, keinen Erfolg, was möglicherweise auch zu seinem Entschluss beigetragen hat. Selbst ob das Ziel, Seemann zu werden, so klar war, ist nicht bewiesen. Seine Vorliebe für Geographie und nicht minder die Grenzenlosigkeit der Ozeane könnten ihn ebenso gelockt haben.

In Marseille begann mit der gewonnenen Freiheit eine Sturm- und Drangzeit, die er weidlich ausnützte und dabei nicht selten an den Rand des Gesetzlichen geriet. Trotzdem waren die vier Jahre, die er in Frankreich zubrachte, für ihn von großer Bedeutung. Es war in gewisser Weise ein Reifeprozess, der geprägt war von Selbstzweifeln, Abenteuern und vor allem von permanenten Geldsorgen. Seine »Seebeine« erwarb sich Joseph bei den dortigen Lotsen, die bei Tag und Nacht und oft auch bei schlechtem Wetter auf ankommende Schiffe wartend, vor der Küste auf und ab kreuzten. Anschließend fuhr Conrad fünf Monate als Passagier auf der Bark *Mont-Blanc* und schließlich sechs Monate auf dem gleichen Schiff als Kadett. Zum vorläufigen Abschluss heuerte er noch acht Monate auf der Bark *Saint-Antoine* als Steward an, wobei »Steward« der offizielle Eintrag in die Musterrolle war und vermutlich nichts mit der eigentlichen Aufgabe Conrads zu tun hatte. An Land, wo er sich oft aufhielt, machte Conrad die Bekanntschaft von Royalisten, die sich hoffnungslos gegen die damals politisch Herrschenden wandten. In deren Diensten stand auch die *Saint Antoine* und damit auch der zweite Offizier, der Korse Dominik Cervon, ein ausgezeichneter Seemann, unter dessen Einfluss der unerfahrene Conrad geriet. Die *Saint-Antoine* war ein Handelsschiff besonderer Art, sie betrieb Waffenschmuggel. Im Februar 1877 lief das Schiff nach einer sehr stürmischen Reise wieder in Marseille ein.

Dort fand Conrad einen Brief seines Onkels vor, der ihm zum wiederholten Mal vorwurfsvoll und akribisch aufgelistet die Ausgaben vorwarf, die er für ihn getätigt hatte. Conrad hatte in seiner Marseiller Zeit offensichtlich ein gestörtes Verhältnis zum Geld, was wohl mit seiner leichtsinnigen Lebensweise und dem häufigen Aufenthalt in den Hafenkneipen zusammenhing. Charakterlich war Conrad noch unreif mit unklaren Zielen. Der Brief und seine nicht unerheblichen Schulden führten zu einem

Selbstmordversuch. Dieser erfolgte zu seinem Glück dilettantisch und ohne ausreichende anatomische Kenntnisse, so dass er sich bald wieder erholte.

Noch einmal versuchte er, mit einem Unternehmen seine Schulden begleichen zu können. Er beteiligte sich an einer Schmuggelfahrt mit Dominik Cervon als Skipper. Die Schmuggelfahrt wurde aber verraten und missglückte. Dem seemännischen Können Dominiks verdankte er seine Freiheit, aber das war außer Schulden das einzige, was Conrad noch besaß. Vielleicht war diese missglückte Schmuggelfahrt der Anlass zu einer Wende in seinem Leben. Dazu beigetragen hat sicher aber auch ein weiterer Brief seines Onkels. Mit eindringlichen Worten las er ihm »die Leviten« und drohte, unmissverständlich jegliche Unterstützung einzustellen, sollte sein »Sorgenneffe« seinen Lebensstil nicht ab sofort und gründlich ändern.

Conrad hatte bereits angefangen, sich literarisch zu betätigen, aber von einem berühmten Kapitän war noch kein Ansatz zu erkennen. Er scheint sich zu der Erkenntnis durchgerungen zu haben, dass er seine Lebensweise ändern musste und nur eine solide nautische Ausbildung die Voraussetzung bot für eine erfolgreiche Laufbahn, aber bei der Umsetzung dieser Erkenntnis hatte er offensichtlich noch Schwierigkeiten.

Mit Hilfe eines Freundes konnte er auf der *Mavis*, einem englischen Dampfer, anheuern. Damit war er endlich, wie angestrebt, englischer Seemann. Sprachlich hatte er zwar noch deutliche Rückstände, aber die holte er schnell nach. Die *Mavis* hatte Order ins Asowsche Meer. Die Reise war für Conrad sicher mit harter Arbeit verbunden. Er musste sich mit den Verhältnissen an Bord arrangieren, und das erforderte einen erheblichen Anpassungsprozeß. Zurück in Lowestoft im Juni 1878 musterte Conrad ab. Er hatte einen Streit mit dem Kapitän gehabt, und das war nicht die letzte Meinungsverschiedenheit, die Conrad mit Vorgesetzen oder Untergebenen hatte. Sein nächstes Schiff war die *Skimmer of the Sea*, ein Kohlenfrachter. Das war kein aufregender Job, weshalb Conrad auch reichlich Gelegenheit hatte, auf der Fahrt von Newcastle nach Lowestoft seine nautischen Lehrbücher zu studieren. Die Nordsee, so schrieb er, sei »die Schule seines Handwerks« gewesen und die »Flachwasser-Akademie« der Seemannskunst. Conrad schien seinen Weg gefunden zu haben. Er antwortete auf eine Anzeige und wurde als Matrose auf der *Duke of Sutherland* angeheuert. Dieses Schiff, ein schneller Segler, verkehrte im Wollgeschäft von Sydney nach London. Ende Januar 1879 lief das Schiff in den Hafen von Sydney ein. Dank seiner unbestrittenen Intelligenz hatte Conrad so viel Wissen erworben, dass er, nach London zurückgekehrt, daran dachte, sein Patent als 2. Offizier zu machen. Im Dezember 1879, im Alter von 22 Jahren fuhr er das letzte Mal als Leichtmatrose. Das nächste Schiff, auf dem Conrad anheuerte war der Dampfer *Europa*. Die Heuer dauerte sieben Monate und war für ihn keine rechte Freude. Daran aber war er mit seinem geringen Respekt vor Autoritätspersonen und durch seine Schwierigkeiten, ihm unverständliche Befehle widerspruchslos hinzunehmen, möglicherweise selbst schuld. Am ersten Juni 1880 bestand Conrad die Prüfung zum zweiten Offizier der englischen Handelsmarine. Sein Prüfer, ein hagerer alter weißhaariger Mann hatte ihn drei volle Stunden »ausgequetscht«, aber das schrieb Conrad, sicher zu Recht, seiner polnischen Herkunft zu.

In London waren die Plätze für Offiziere sehr rar, und so musste sich Conrad mit dem Posten eines dritten Offiziers auf der *Loch Etive* begnügen. Er betrachtete die Zeit auf diesem Wollklipper als seine eigentliche Reifeprüfung als Seemann, die in ihm unwiderruflich die Liebe zu Großseglern festigte. Sein Kapitän, ein für seine schnellen Reisen bekannter Schiffsführer, nötigte dem jungen Joseph Conrad uneingeschränkten Respekt ab. Besondere Bedeutung

G.T.S

erlangte die Reise auf der *Loch Etive* für Conrad, als der 2. Offizier erkrankte und Conrad unbeaufsichtigt vom Kapitän eine Wache übernehmen durfte. Ein hohes Maß von Vertrauen, das man in ihn setzte und das sein Verantwortungsbewusstsein (dieses Wort erscheint im Zusammenhang mit Conrad zum ersten Mal) erheblich stärkte. Ohne besondere Vorkommnisse traf das Schiff Ende Oktober 1880 in Sydney ein. Auf der Rückreise hatte Conrad das wohl einschneidendste Erlebnis seiner Laufbahn. Es war die Rettung der Besatzung einer dänischen Brigg, man kann sagen in letzter Minute. Conrad schildert dieses Ereignis in seinem Buch »Der Spiegel der See« unter der Überschrift »Weihe« in einer sprachlich und menschlich einmalig vollkommenen Weise. Im Mittelpunkt seiner Eindrücke steht die gerettete Besatzung der Brigg, deren Eindruck auf ihn und die wenigen Worte des Kapitäns der Brigg beim Untergang seines Schiffes. Damals »lebten« die Schiffe noch, und für die Besatzung war es ihr Schiff und das Schiff war ein Stück von ihnen. Der Kampf des Schiffes ums Überleben war auch ihr Kampf, und das Überleben schweißte beide, Schiff und Mannschaft, noch enger zusammen. Wie Conrad durch dieses Erlebnis geformt wurde, wie er zu seinem Schiff stand, insbesondere, wie er geistig und seelisch sich mit der Seefahrt und der See auseinander setzte, das ist der herausragende Unterschied zu seinen Kapitänskollegen. Der Joseph Conrad, der mit der *Loch Etive* in London die Reise angetreten hatte, war ein anderer als der, der im April 1881 in London das Schiff verließ.

Rudergänger hatten auf Großseglern einen zwar oft einsamen, immer aber verantwortungsvollen und Kräfte zehrenden Job zu erfüllen. Nicht selten konnte das Schiff sogar nur von zwei Seeleuten unter voller Kraftanstrengung gerade noch auf Kurs gehalten werden.

Ein verkürzter Auszug aus der Schilderung der Rettung der dänischen Seeleute soll hier wiedergegeben werden.

»An diesem ausgesucht herrlichen Tage sanft atmenden Friedens und leicht verschleierten Sonnenlichts erlosch meine romantische Liebe zu dem, was in der menschlichen Vorstellung zum erhabensten Teil der Natur gehört. Die schamlose Gleichgültigkeit der See gegen menschliches Leid und menschliche Tapferkeit offenbarte sich in dieser lächerlichen panikerfüllten Szene, zu der sie neun tüchtige und ehrenwerte Seeleute in grauenhafter, äußerster Not getrieben hatte, und das empörte mich. Ich erkannte, dass die See selbst in ihrer zärtlichsten Stimmung nicht ohne Falsch ist. Die war nun einmal so, weil sie sich nicht ändern konnte, aber meine scheue Ehrfurcht von einst war dahin. Ich war jetzt so weit, dass ich über ihre bezaubernde Anmut bitter lächeln und mit einem starren Blick boshaft ihren Rasereien zusehen konnte. In diesem Augenblick bevor wir ablegten, überblickte ich leidenschaftslos das Leben meiner Wahl. Seine Illusionen waren verschwunden, aber sein Reiz blieb. Ich war endlich Seemann geworden.«

Zu dieser Zeit berichteten die Zeitungen über mehrere Schiffsunglücke. Nach seiner Rückkehr nach London bereitete sich Conrad auf seine Prüfung zum 1. Offizier vor. Ihm fehlte aber noch eine Zeit auf See, so wie heute eine bestimmte Meilenzahl vorgeschrieben ist, bevor man eine Prüfung ablegen kann. Conrad heuerte auf der Bark *Palestine* als 2. Offizier an. Das Schiff, uralt, sollte in New Castle Kohle bunkern und nach Bangkok bringen. Nach vielen Schwierigkeiten verließ die *Palestine* erst im September 1882 Falmouth. Das Ziel Bangkok wurde nicht erreicht, denn unterwegs geriet die Ladung in Brand, und das Schiff musste aufgegeben werden. Es verging eine längere Zeit an Land, bis Conrad in Madras wieder ein Schiff fand. Es war die *Narzissus*, die Order nach Dünkirchen hatte. Unterwegs hatte Conrad interessante Begegnungen mit Seeleuten, die ihn zu einigen seiner Bücher anregten. In Dünkirchen angekommen musterte Conrad mit einem ausgezeichneten Zeugnis und wärmster Empfehlung als 1. Offizier ab. Diese Prüfung zum 1.Offizier bestand Conrad bald danach, obwohl der Prüfer ihm alle nur erdenklichen Hindernisse in den Weg legte. War er immer noch kein Engländer? Mit einem guten Zeugnis in der Hand ging Conrad auf die Suche nach einem Schiff, wobei er sich ausschließlich auf Segler konzentrierte. Gegenüber Dampfern hatte er eine unüberwindliche Abneigung. Conrad musste sich mit einer Stelle als 2. Offizier auf der *Tilkhurst* begnügen. Wieder mit einer Kohlenladung segelte das Schiff nach Singapur und Kalkutta und von dort aus wieder in die Heimat. Der erste Versuch, das Kapitänspatent zu erwerben, schlug fehl. Das war am 28. Juli 1886. Vier Monate paukte Conrad ernsthaft, stellte sich am 10. November erneut der Prüfung und bestand. Er hatte sich gut vorbereitet, und im Gegensatz zu den vergangenen Prüfern war es diesmal ein jovialer, redseliger älterer Herr, der ihm zwischendurch auch gerne seine eigenen Erfahrungen als Kapitän mitteilte. Zum Schluss gab er Conrad den dringenden Rat, er solle sich auf Dampf umstellen. »Da irrte er«, schreibt Conrad in seinem Buch *Über mich selbst.* »Wenn ich lange genug am Leben bleibe, bin ich einmal ein Relikt aus unerleuchteter Vorzeit. Der einzige Seemann, der sich nicht auf Dampf umgestellt hat.« Für den Prüfer war Conrad ein absolutes Faktotum. Ein Pole, der zur See fuhr und auch noch Kapitän wurde, zudem noch britischer, das hatte es für ihn noch nicht gegeben. Diese Äußerungen des Prüfers machen die Schwierigkeiten Conrads bei seinen vorhergehenden Prüfungen verständlich.

Das Kapitänspatent garantierte aber genauso wenig wie vorher das Patent zum 1. Offizier eine entsprechende Anstellung. Am 16. Februar 1887 musterte Conrad als 1. Offizier auf der *Highland Forest* an. Das Schiff lag in Amsterdam und sollte nach Java segeln. Unterwegs wurde Conrad durch eine herabfallenden Spiere verletzt. Er musterte in Samarang ab und begab sich in ein Hospital. Nach Wiederherstellung seiner Gesundheit ging er notgedrungen auf einen Dampfer, die *Vidar*, die in den Gewässern von Südostasien verschiedene Häfen bediente. Seine Erlebnisse schildert Conrad ausführlich in einigen seiner Bücher (»Ahlmayers Wahn«, »Lord Jim«, »Freya von den sieben Inseln« u. a.).

Im Herbst 1889 war Conrad wieder in London. Mehr und mehr trat seine schriftstellerische Tätigkeit in den Vordergrund. Trotzdem bewarb er sich bei der Congo-Compagnie um einen Posten, den er auch bekam. Die Erlebnisse dort waren vielfältig, zumal er auch Menschen traf, die ihn beschäftigten und interessierten. Seine Erfahrungen flossen ebenfalls, ausführlich und tiefgreifend geschildert, in seine Bücher ein. Die klimatischen Verhältnisse im Kongo setzten aber seiner Gesundheit erheblich zu. Conrad bekam Fieberattacken, musste seinen Vertrag lösen und war Ende Januar 1891 zurück in England. Nachdem er 20 Jahre zur See gefahren war, war seine Laufbahn als Kapitän beendet. Sie war geprägt von Zweifeln, von Erfolgen und Misserfolgen, aber er hatte sich stets als umsichtiger und verantwortungsbewusster Schiffsführer erwiesen. Zu Berühmtheit hätte das nie gelangt. Prominent wurde Conrad erst durch seine Romane und Erzählungen, die sowohl von der Zeit geprägt sind, in der er lebte, als auch von seinen Erlebnissen, als er die Weltmeere bereiste. In all seinen Werken ahnt man aber einen Schimmer durchleuchten zu sehen von seiner zerrissenen und tristen Jugend, die eine Tendenz zu einer zerstörerischen, sich selbst in Frage stellenden Lebensauffassung mit sich brachte.

Elmsfeuer waren jahrhundertelang der Schrecken abergläubischer Seeleute.

JOSEPH CONRAD

Für Joseph Conrad war die Seefahrt in erster Linie die Erfüllung seiner Wünsche und Träume, und erst in zweiter Linie sah er darin seinen Beruf. Sein Mitempfinden und sein Verständnis für Mannschaft und Schiffe waren sicher deutlicher ausgeprägt als das vieler seiner Kapitänskollegen, was auch in seinen Werken zum Ausdruck kommt. Schiffe sind bei ihm nicht »Mittel zum Zweck«. Er hat seine persönliche Beziehung zu seinem Schiff, und er lebt und empfindet mit ihnen. Etwas, was in der heutigen Berufsschifffahrt völlig verloren gegangen ist. Auch mit den Beziehungen zwischen dem einfachen Matrosen und seinem Schiff setzt sich Conrad eingehend und intensiv auseinander. Weder ein Kapitän, noch ein Schriftsteller hat sich je so in das Empfinden und die Seele der damaligen Seeleute »vor dem Mast« hineingelebt wie Conrad. Was er in seinen 20 Jahren Seefahrt sah und erlebte, hat er zu Papier gebracht. Das, was er sah und das, wie er die Menschen um sich herum empfand, das teilte er seinen Lesern in so gekonnter Weise und mit außergewöhnlichem Stil mit, dass er die damalige Welt der Seefahrt anschaulich und deutlich miterleben lässt und die Leser in seinen Bann zieht.

Conrad war weder Pragmatiker noch Technokrat. Die See war ein Teil seiner selbst und er ein Teil der See. Er nahm das, was die See an immer wieder neuen und verschiedenen Eindrücken zu bieten hat, in sich auf. Flauten waren für ihn keine unliebsame Unterbrechung wie für manchen seiner Kollegen, die nervös und schlecht gelaunt auf dem Schiff auf und ab gingen. Flauten boten die Gelegenheit, die Stille des Meeres, das leise Atmen des Ozeans auf sich wirken zu lassen, in sich aufzunehmen, innerlich zu verarbeiten und später wiederzugeben, so dass der Leser das Gefühl hat, die Stimmung hautnah selbst zu erleben. Flauten waren damals, besonders wenn sie lange andauerten, wegen Wasser- und Lebensmittelmangel oft grausames Schicksal, aber immer ein Teil der Natur, mit dem man rechnen musste. Dabei darf man aber nicht vergessen, dass zu Conrads aktiven Zeiten die Kapitäne der Segler bei weitem nicht unter dem unbarmherzigen Zeitdruck standen wie etwa 20 Jahre später, wo die Dampfschifffahrt eine immer stärker werdende Konkurrenz darstellte und nur äußerste Anstrengungen, Rationalisierung und ein Maximum an Seemannschaft einigen Segelschiffsreedereien noch eine Existenz bot.

Conrad hatte in seiner Jugend sicher, wie fast alle Jungen dieser und auch unserer Zeit, eine idealisierte, romantische Vorstellung von der Seefahrt gehabt. Sein Erlebnis mit der sinkenden dänischen Brigg aber hat aus dem Schwärmer einen anderen, einen gereiften Seemann gemacht. Einen Seemann, der ohne seine Liebe zur Seefahrt zu verlieren, auch die andere Seite, die harte und unbarmherzige, nüchtern und sachlich sah. Er hatte erlebt, wie die See aus gestandenen Seeleuten menschlich Wracks machen konnte, ausgemergelt und nur noch ein Schatten ihrer selbst. Wie der zähe Wille, das Schiff schwimmend zu halten, langsam und unbarmherzig zermürbt wurde, bis die letzte Kraft und die letzte Hoffnung aus ihnen entwichen waren. Er selbst sah den verzweifelten, letzten Kampf und konnte das Häuflein der See und dem Tod entreißen, als die träge Dünung das leergefegte Deck bereits erreicht hatte. Dieses Erlebnis konnte nicht ohne Wirkung auf ihn bleiben. Und doch, die See entließ ihn nicht aus ihrem Bann, es blieb ein seltsamer, nur mit der Seele erfassbarer Zauber, dem immer wieder Menschen verfallen werden.

Wenn auch nicht direkt angesprochen, so ist doch in Conrads Buch »Der Spiegel der See« immer wieder das Bestreben herauszulesen, sein Wirken zu vervollkommnen. Das gilt für seine Zeit auf See genauso wie für seine Zeit als Schriftsteller, in der er das Erlebte verarbeitete. Er legte großen Wert auf korrekte seemännische Ausdrucksweise und rügte die Journalisten, die von »Anker werfen«, oder von »in See stechen« sprachen. Das erscheint kleinkarierte Wortklauberei zu sein, ist es aber nicht, denn nur die in Jahrhunderten gewachsene Seemannssprache trifft den Kern der Sache, ist klar und unverwechselbar und wird von allen an Bord eines Schiffes verstanden. Der Anker, oft einige Tonnen schwer, wird nicht geworfen, der Anker fällt, und das Schiff legt ab, wirft die Leinen los, aber es sticht nicht in See!

Den Beginn seiner schriftstellerischen Laufbahn beschreibt Conrad in seinem Buch »Über mich selbst« als »höchst merkwürdig«. Wie allen Seeleuten, die nach ihrer Fahrenszeit an Land gehen, stellte sich auch Conrad die Frage, was nun? Aber er hatte im Kopf eine Menge Erlebnisse aus seiner aktiven Zeit in Borneo und Umgebung, und die beschäftigten ihn lebhaft. Er griff nach eigenen Angaben in seinem Londoner Quartier nur widerwillig zur Feder, die er auch noch mühsam suchen musste. Er wollte nur »seine Gedanken zu Papier bringen«, und ein Gedanke an ein Buch soll ihm völlig fern gelegen haben. Bereits nach der ersten Seite, so bekennt er, seien aber die Würfel gefallen. Wörtlich in seiner bildhaften gekonnten Sprache: »Niemals ist der Rubikon so blindlings, so ohne Anrufung der Götter, so ohne Furcht vor den Menschen überschritten worden.« Am Schluss waren es 14 Bücher in seinem etwas schwierigen, aber gekonnten Still. Zeugen sei-

Die Bark *Joseph Conrad*, ex *Georg Stage*.

ner hervorragenden Beobachtungsgabe, anschaulich in wohl gewählte Worte gefasst.

Conrads Zeit als Romancier und »nautischer Schriftsteller« in England begann sehr mühsam und war auch von Rückschlägen nicht verschont. Zum einen legte er sich selbst Hindernisse in den Weg, zum anderen war er trotz seiner englischen Staatsbürgerschaft noch lange Zeit Pole in England. Letztlich bedarf es auch Zeit, um mit seinen Werken bekannt zu werden. Vielen Lesern waren Conrads Themen und die Art, wie er sich ausdrückte, zu schwer lesbar. Es war keine oberflächliche Unterhaltungslektüre, sondern stellte Ansprüche an den Leser, ihm zu folgen. Conrad heiratete am 24. März 1896 die 16 Jahre jüngere Jessie George, die einer einfachen Familie entstammte. Sie war eine große Hilfe für ihn, weil sie ihn entlastete und er sich daher intensiver mit seinen Büchern beschäftigen konnte. Die beiden hatten zwei Söhne, die jedoch nicht in die »Fußstapfen« ihres Vaters traten. Durch die Ehe bekam Conrad neuen, höchst nötigen Auftrieb. So wurde er im Herbst seines Lebens doch noch anerkannter Schriftsteller und spät, aber nicht zu spät, auch noch wohlhabend. Er konnte sich eine Sekretärin und mehrere Dienstboten leisten. Viel Freude war ihm aber nicht vergönnt, denn sein Gesundheitszustand verschlechterte sich zusehends. Die Gichtattacken nahmen zu, begleitet von Herzschwäche und starker Nervosität. Viel davon hatte seinen Ursprung in ihm selbst. Als Anerkennung für sein erfolgreiches Schaffen wurde ihm der Adelstitel angeboten, den er zwar sehr höflich, aber ebenso bestimmt ablehnte. Auch die Universität Cambridge hatte ihm einen Ehrentitel angeboten, aber auch hier waren Conrads »Grundsätze« im Weg. Im November 1923 musste er seinen Arzt rufen lassen. Sein Herz flimmerte, außerdem klagte er über Atemnot. Conrad gab noch nicht auf. Noch im darauffolgenden Juli besuchte er seine Frau in einer Londoner Klinik, die sich dort zum wiederholten Male einer Knieoperation unterziehen musste. Wieder zu Hause in seinem Landhaus in Canterbury verbrachte er die Nacht zum 3. August ruhelos und meist wach. Am Morgen stellte die Krankenschwester noch einen normalen Puls fest. Eine Stunde später starb Conrad. Es war das Jahr 1924. Conrad war 67 Jahre alt geworden.

Ein Menschenalter ist seit dem Tode Conrads vergangen. Eine Zeit, in der sich die Seefahrt wesentlich und einschneidend verändert hat. Zunehmender Wettbewerb zwang zu immer schärferer Rationalisierung, und die Zeit spielte eine immer größere Rolle. Das Wort »Hektik« kam auf. Größer und schneller mussten die Schiffe werden, ausschließlich nach kommerziellen Gesichtspunkten ausgerichtet und konstruiert. Dass sich damit auch das Verhältnis zwischen dem Seemann und seinem Schiff grundlegend wandelte, war eine zwangsläufige Folge. Das Schiff wurde zum Arbeitsplatz auf dem Wasser. Zwar haben die heutigen Kapitäne der Berufsschifffahrt keine geringere Verantwortung als früher, aber ihre Tätigkeit und die ihrer Besatzung hat sich durch die Umstellung von Segel auf Dampf und schließlich auf die heutigen Sensor überwachten Dieselmotoren von Grund auf geändert. Spielte früher das Gefühl für Segel, Schiff und Wind sowie die Navigation mit den damals bescheidenen Mitteln die wesentliche Rolle, so ist es heute, pauschal gesagt, nur noch der Wind, der die Ankunftszeit des Schiffes beschleunigt oder verzögert. Das Handelsschiff von heute ist, wie bereits gesagt »der Arbeitsplatz«. Die früher so enge Verbindung zwischen dem Seemann und seinem Schiff ging verloren und leider auch der Kontakt mit der Tradition der Seefahrt.

Stephan Jantzen – Kapitän und Vormann

Jede Veröffentlichung, die sich mit dem Leben und den Leistungen von Kapitänen befasst, kann aus der großen, unübersehbaren Zahl nur einige wenige herausgreifen. Eine besondere Gruppe aber sollte nicht vergessen werden. Es sind die Schiffsführer, die auslaufen, wenn andere, auch Kapitäne größerer Schiffe, es vorziehen, den schützenden Hafen anzulaufen. Die Rede ist von den Kapitänen der Seenotkreuzer, die sich bescheiden »Vormann« nennen. Gemeint sind aber nicht nur die Männer der »Deutschen Gesellschaft zur Rettung Schiffbrüchiger«, sondern auch die Männer der Seenotrettungs-Organisationen anderer Länder und Nationen.

Jedem Eingeweihten und allen, die mit den Eigenarten der See vertraut sind, ist bekannt, dass bei einem Sturm nicht die freie See die gefährlichste Zone ist, sondern die Nähe der Küste, und das in erster Linie bei auflandigem Wind. Vorwiegend im vergangenen Jahrhundert war das für die Segler eine tödliche Bedrohung. Genau in dieser besonders gefährlichen Zone, in Küstennähe, wo die zerstörerische Gewalt und Wucht der Grundseen auch für die seetüchtigsten und modernsten Schiffe gefährlich wird, findet ein Großteil der Operationen der Seenotretter statt. Wie aktuell diese Bedrohung auch heute noch ist, beweist der Unfall des Seenotkreuzers *Alfried Krupp* in der Nacht vom 1. auf 2. Januar 1995. Die Männer waren bereits auf dem Rückweg von einem Einsatz vor der holländischen Küste. Von schweren Grundseen mit außergewöhnlich großen Wassermassen erfasst, kenterte der Kreuzer durch. Zwei Mann der vierköpfigen Besatzung, der Vormann und der Maschinist, kamen dabei ums Leben. Sie gaben es, um anderen das Leben zu retten. Die Entscheidung, einen von diesen Männern stellvertretend als Beispiel heraus zu heben, fällt nicht leicht.

Kapitän Stephan Jantzen ist einer von vielen, doch durch seine unermüdliche Einsatzbereitschaft, seinen unerschütterlichen Mut und seine Entschlossenheit ist er der richtige Mann, der richtige Repräsentant der »Deutschen Gesellschaft zur Rettung Schiffbrüchiger«, weil er über die vielen guten Vormänner vor und nach ihm hinsichtlich seiner Leistung hinauswuchs, und das bis ins hohe Alter, was besonders zu würdigen ist.

Stephan Jakob Heinrich Jantzen wurde am 20. Juli 1827 in Warnemünde geboren. Schon sein Vater war Lotse, und so war für den jungen Stephan die Berufslaufbahn so gut wie vorgegeben. Wie viele seiner Schulkameraden, ging auch er unmittelbar nach seiner Konfirmation zur See. Stephan war 14 Jahre alt, als er anmusterte. Es war die Rostocker *Argo*, ein Eineinhalbmaster von 88 Lasten. Eine Last entspricht einem Rauminhalt von etwa 3,25 m^3 oder annähernd 1,15 Registertonnen. Eine Registertonne = 2,83 m^3. Die Registertonne ist also kein Gewichts- sondern ein Raummaß, das mit der Ladefähigkeit keinen direkten Zusammenhang hat. Der nutzbare Frachtraum der *Argo* betrug

Wurde für seine Leistungen als Seenotretter hoch dekoriert: Stephan Jantzen.

demnach 286 m^3, oder ca. 250 Registertonnen. Nach damaligen Begriffen war die *Argo* ein Schiff mittlerer Größe. Ihr Kapitän war Nicolaus Fretwurst. Das Operationsgebiet der *Argo* war die Ostsee. Der junge Stephan war sicher ein fixer Junge, denn er lernte rasch. Bereits nach sechs Jahren, war er vom Schiffsjungen zum Leichtmatrosen und schließlich zum Vollmatrosen aufgestiegen. Jantzen legte die Prüfung zum »Steuermann auf großer Fahrt« mit Erfolg ab. Damals hieß die Bezeichnung »Steuermann«, heute ist es der »Schiffsoffizier«. Auf Rostocker Schiffen folgten sieben Jahre als erster Steuermann. In diese Zeit fiel eine authentische Begebenheit, bei der Jantzen Mut, bewundernswerte Aufopferungsfähigkeit und Verantwortungsbewusstsein bewies. Auf einer Reise nach New York musste der Zweite Steuermann in Bordeaux in ein Hospital gebracht werden, weil seine Behandlung einen Arzt erforderte. Bei der Weiterfahrt erkrankte zu allem Übel auch noch der Kapitän an den ansteckenden schwarzen Pocken. Jantzen pflegte den Kapitän ungeachtet der Gefahr, dass auch er sich anstecken und das Schiff führerlos sein könnte. Die Mannschaft fürchtete dies nicht ganz zu Unrecht und wollte Jantzen daran hindern, den Kapitän zu versorgen und zu pflegen. Sie leistete erheblichen Widerstand, der fast an Meuterei grenzte, aber Jantzen setzte sich durch, blieb gesund und brachte den Kapitän mit Mannschaft, Schiff und Ladung ohne Zwischenfall nach New York.

Bei einem Aufenthalt zu Hause in Warnemünde nahm Jantzen, er war inzwischen 27 Jahre alt, die fünf Jahre jüngere Marie Susemihl (vermutlich Tochter eines Lotsen) zur Frau. Zwei Jahre später erwarb er das Patent zum »Schiffer auf großer Fahrt«. Die Bezeichnung »Schiffer« ist gleichbedeutend mit Kapitän, wird aber bei Schiffsführern auf kleineren Schiffen verwendet. Diese Praxis hat sich bis heute erhalten. Jantzen war nun 15 Jahre zur See gefahren und hatte somit »eine« Voraussetzung erfüllt, um Lotse zu werden. Daran dachte er aber noch lange nicht. Die »zweite« Voraussetzung war ein Mindestalter von 40 Jahren, und das hatte Jantzen noch nicht erreicht. Jantzen wollte größere Reisen machen und benötigte ein entsprechendes Schiff. Es sollte eine Bark sein, und die gab er bei Heinrich Rickmann in Rostock in Auftrag. Die Finanzierung ging über eine Partenreederei (Mitreederei). Wie viele Anteile Stephan Jantzen besaß, ist unbekannt. Die Bark war im November 1856 fertig. Sie war 38 m lang und 8,32 m breit. Der Rauminhalt betrug 258 Lasten, also etwa 840 m^3. Das Schiff wurde auf den Namen *Johannes Kepler* getauft, und Jantzen übernahm das Kommando.

Versehen mit einem sogenannten »Seebrief« der Stadt Rostock (im Stadtarchiv von Rostock) umsegelte Jantzen mit der, für heutige

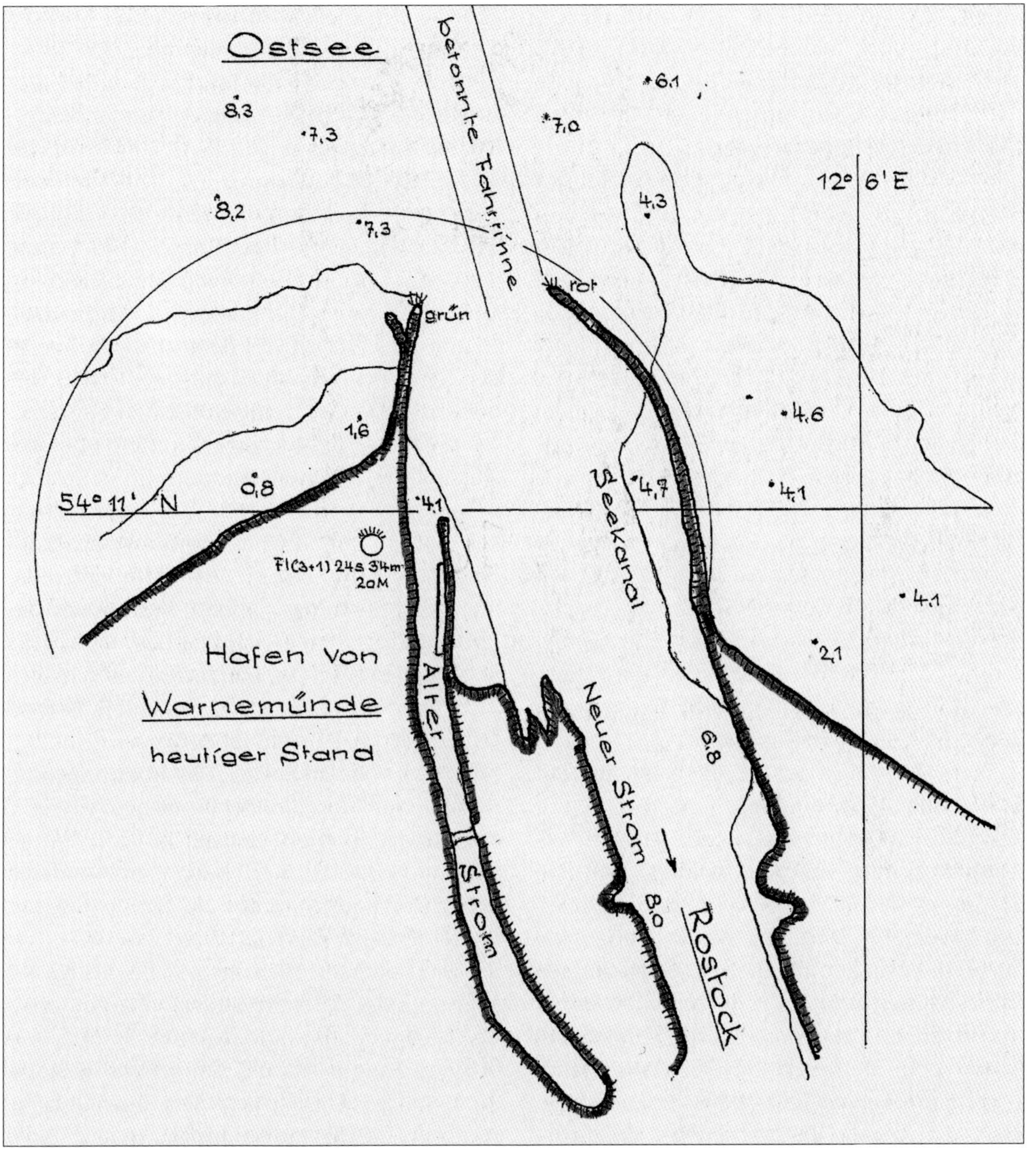

Im Jahre 1866 wurde Jantzen nach 26-jährigem Dienst auf See zum Lotsenkommandeur von Warnemünde berufen.

Begriffe, kleinen Bark in den 10 Jahren zwischen 1856 und 1866 zweimal die Erde. Mit auf seinen Reisen waren, wenn auch nicht immer, seine Frau Marie und gelegentlich sein älterer Sohn Magnus. Magnus Jantzen fuhr später als Kapitän auf den Fährschiffen zwischen Warnemünde und Gedser.

Die erste Reise der *Johannes Kepler* ging mit einer Landung Weizen von Warnemünde nach Grangemouth im Firth of Forth in Schottland.

Gleich auf der ersten Reise hatte Jantzen Pech. Das Schiff hatte im Sund zwischen Dänemark und Schweden Grundberührung und musste zur Reparatur nach Kopenhagen. Ende Juli 1857 wurde die Reise fortgesetzt. Sie ging über Leith (Südgeorgien) und weiter nach Adelaide (Südküste Australiens). Im Juni 1863 war Kapitän Jantzen mit seiner Bark *Johannes Kepler* in der Nähe von Sable Island, eine kleine Insel östlich von Neu-Schottland (Kanada). Jantzen sichtete in der Nähe ein allem Anschein nach schwer havariertes Schiff. Er nahm Kurs darauf zu, und da die Bark offensichtlich zu sinken drohte, ließ er ungeachtet der recht rauen See ein Boot klar machen. Trotz erheblicher Schwierigkeiten gelang es Jantzen und seinen Männern, die Besatzung des Havaristen vollzählig abzubergen und auf seinem Schiff in Sicherheit zu bringen. Das havarierte Schiff war die portugiesische Bark *Conceica*, die mit einem unbekannten Schiff kollidiert war. Das portugiesische Königshaus bedankte sich bei Stephan Jantzen mit einem hohen Orden.

Noch drei Jahre danach blieb Jantzen auf See. Im Jahr 1866, nunmehr fast 26 Jahre auf den Ozeanen unterwegs, wurde er zum Lotsenkommandeur von Warnemünde berufen, obwohl er das 40. Lebensjahr noch nicht erreicht hatte. Ein Beweis für das Vertrauen, das man ihm entgegen brachte. Stephan Jantzen nahm die Berufung an. Die *Johannes Kepler* wurde verkauft, aber Jantzen behielt noch 1/16 Part an dem Schiff, das ihm über lange Jahre zur zweiten Heimat geworden war. Für ihn begann ein neuer Lebensabschnitt. Wer aber glaubte, er würde nun vom sicheren Hafen aus seine Lotsen einteilen, der irrte. Unter seiner umsichtigen und sachkundigen Führung entstand in Warnemünde im Jahr 1866 die erste Station der »Deutschen Gesellschaft zur Rettung Schiffbrüchiger« (DGzRS) an der Küste von Mecklenburg. Dort wurde das 8-Meter-Ruderrettungsboot *Vorwärts* stationiert. Es war ein hochmodernes Boot vom sogenannten «Francis-Typ.« Von dieser Zeit an war Stephan Jantzen nicht nur Lotsenkommandeur, sondern auch Vormann der DGzRS. Unmittelbarer Anlass der Aktivitäten war der tragische Verlust der Rostocker Brigg *Louise*. Das Schiff war im Herbst 1863 nahe der Warnow-Mündung gestrandet. Niemand überlebte das Unglück, denn obwohl viele Leute am Strand waren, konnte keiner helfen. Noch ein Umstand mahnte zu Taten. Die Hansestadt Rostock hatte um die Mitte des 19. Jahrhunderts, also in der Zeit Jantzens, hinsichtlich ihrer Bedeutung und ihres Warenumschlags bei den Ostseehäfen die Führung übernommen. Weit über 200 Segelschiffe waren im Durchschnitt in Rostock beheimatet. Entsprechend lebhaft war der Verkehr. Als im Jahr 1868 östlich von Warnemünde der russische Schoner *Maria* strandete, war man gerüstet. Jantzen konnte als Vormann des Rettungsbootes die neunköpfige Besatzung abbergen und retten. Jantzen ließ es sich auch nicht nehmen, bei Probefahrten mit R.-Booten mit an Bord zu sein. Im Jahr 1869 hätte ihn das fast das Leben gekostet. Das Boot kenterte, und Jantzen wurde außenbords geschleudert. Die Strömung trieb ihn ab. Stunden später, man hatte ihn fast aufgegeben, fand man ihn bewusstlos am Strand, den er offensichtlich mit letzter Kraft erreicht hatte.

Im Dezember 1873, es war bereits Nacht, strandete der dänische Segler *Anne Catharina* bei Heiligendamm. Als nächste Station war Warnemünde zuständig. Der Weg zur Strandungsstelle war weit und ging über unbefestigte Wege. Das auf einem Fuhrwerk verladene Boot mit Raketenapparat zur Unfallstelle zu bringen, war nur unter Aufbietung aller Kräfte der Menschen und der Pferde möglich, aber man schaffte es. Umso war größer die Enttäuschung, als alle Versuche, mit dem Raketenapparat eine Leinenverbindung herzustellen, fehlschlugen. Es wurde Tag, und der Sturm hatte noch zugenommen. Die zwei Männer auf dem gestrandeten Schiff sah man angebunden

Der nach Kapitän Jantzen benannte Seenotkreuzer der DGzRS.

an den Mast, völlig erschöpft und ausgekühlt auf Rettung wartend. Man versuchte es mit dem Rettungsboot, aber die Brandung war immer wieder stärker. Schließlich gelang ein letzter verzweifelter Versuch, den Jantzen aber mit einer bösen Kopfverletzung bezahlen musste. Fast hätte die wütende See noch kurz vor dem Strand die Rettungsaktion vereitelt, indem sie noch drei Mann aus dem Boot schleuderte, als es hart auf Grund stieß. Aber dann ging doch noch alles glimpflich ab. Die Männer waren aber am Ende ihrer Kräfte, und Vormann Jantzen musste aus dem Boot gehoben werden.

Nur ein Jahr später wurden die Männer der DGzRS wieder zu einem harten Einsatz gerufen. Ein unerwartet plötzlicher Nordweststurm, der sich zum vollen Orkan entwickelte, brachte die Rostocker Bark *Emma* in Seenot. Auf der Reede vor Warnemünde brach die Ankerkette, und die Bark trieb bei Dunkelheit hilflos der tosenden, alles vernichtenden Brandung zu. Der Kapitän hatte noch die Geistesgegenwart, die Fock setzen zu lassen. Damit erreichte er, dass das Schiff bei der Strandung nicht quer liegend den Grundseen ausgesetzt wurde. Vormann Jantzen leitete die Rettungsaktion, die sofort eingeleitet wurde, als man die Notsignale sah. Zunächst versuchte man, mit dem Rettungsboot an den Havaristen zu kommen, aber trotz aller Anstrengungen, konnten die Männer die Brandung nicht überwinden. Immer wieder wurde das Boot vollgeschlagen und zurück an den Strand geworfen. Aufgeben aber war nicht Jantzens Sache. Der Raketenapparat musste her. Die erste Rakete verfehlte ihr Ziel, aber die zweite traf. Wenn es die Männer nicht schafften, dann, so meinte Jantzen, könnte es mit Hilfe des Jolltaues gehen. Das Boot wurde zwar mehrmals vollgeschlagen, und man lenzte mit der See um die Wette, aber man kam so nahe an das Wrack heran, dass die Schiffbrüchigen sich in das Boot abseilen konnten. Um Mitternacht war die Operation glücklich beendet. Eine Meisterleistung Jantzens und seiner Männer, die auch von der lokalen Presse ausführlich gewürdigt wurde. Noch einmal, am 16. Dezember 1894, Vormann Jantzen war inzwischen 67 Jahre alt, kenterte sein Rettungsboot bei dem Versuch, die Besatzung des deutschen Ewers *Johannes* abzubergen. Jantzen wurde unter das Wrack gespült, konnte sich aber befreien und gelangte unter Aufbietung aller seiner Kräfte auf das Wrack, wo die beiden Schiffbrüchigen auf ihre Rettung warteten. Volle vier Stunden musste Jantzen mit seinen sechs Männern und den Schiffbrüchigen in eisiger Kälte völlig durchnässt ausharren, bis man an Land die Situation erkannte und ein anderes Boot die unterkühlten und steif gefrorenen Männer abbarg. An 13 Einsätzen war Vormann Jantzen beteiligt, wobei insgesamt 83 Personen gerettet wurden. Dazu kommen die Geretteten der Emdener Galiote *Johanna*, deren Zahl nicht bekannt wurde.

Ein besonders denkwürdiger Tag für Vormann Jantzen und seine Männer war sicher der 24. Oktober 1899. An diesem Tag strandeten gleich zwei Schiffe, deren Besatzungen vollzählig abgeborgen werden konnten. Es war der russische Schoner *Toivo* mit acht Mann und der dänische Schoner *Christiane* mit drei Mann Besatzung.

Seinen 70. Geburtstag beging Jantzen hoch dekoriert mit vier Orden, die ihm vom schwedischen König, von Kaiser Wilhelm I., von Kaiser Wilhelm II. und vom mecklenburgischen Fürstenhaus verliehen wurden. Außerdem besaß er die Mecklenburg-Schweriner Rettungsmedaille, die Russische Rettungsmedaille und die Große Goldene Rettungsmedaille der DGzRS. Der Hafen von Warnemünde und alle Schiffe im Hafen hatten zu Ehren des Jubilars über die Toppen geflaggt.

Im Jahr 1890 wurde Stephan Jantzen in Anerkennung seiner nautischen Kenntnisse, seiner Erfahrung und nicht zuletzt seiner Integrität zum Beisitzer in das Reichsoberseeamt in Berlin berufen.

Immer noch ging der Vormann Jantzen bei Strandungen und Schiffbrüchen mit ins Boot. Erst im hohen Alter von 76 Jahren musste er sich vom aktiven Rettungsdienst bei der DGzRS, bei der er sich große Verdienste erworben hatte, verabschieden. Eine Fußverletzung, die er sich bei einem Einsatz zugezogen hatte, zwang ihn dazu. Aber auch ohne diese Verletzung nötigt uns sein Durchhaltevermögen und sein ungebrochener Wille, unter schwerstem körperlichem Einsatz bis ins hohe Alter zu helfen, unsere uneingeschränkte Bewunderung und Anerkennung ab.

Stephan Jantzen starb nach kurzer Krankheit am 19. Juli 1913, einen Tag vor seinem 86. Geburtstag. Schiffe und auch eine Straße in Warnemünde, seiner Heimatstadt, tragen seinen Namen. Auch die DGzRS ehrte ihn durch einen Nachruf, und der Seenotkreuzer für Warnemünde, der am 27.November 1990 in Dienst gestellt wurde trägt den Namen *Vormann Jantzen*.

Durch seinen stets vorbildlichen und mutiger; Einsatz hat sich Stephan Jantzen einen festen Ehrenplatz in der Geschichte der deutschen Seenotrettung erworben.

Felix Graf Luckner – auf Kaperfahrt im Dienst des Kaisers

Im vergangenen Jahrhundert als »Moses«, Schiffsjunge, auf einen Windjammer zu gehen und dazu noch auf einen mit einem russischen Kapitän, dazu gehörte eine Menge Begeisterung, Mut und Idealismus. Letzterer schwindet meist nach kaum einer Woche. Was dann gefordert wird, ist ein hohes Maß an Durchhaltevermögen.

Ein Junge namens Phylax (Filax?) Lüdicke heuerte 1894 im Alter von 13 Jahren auf einem russischen Segler an. »Heuerte an«, ist aber nur die halbe Wahrheit, denn eine Heuer gab es nicht für den Jungen Phylax, der eigentlich Felix Graf Luckner hieß und später bekannt als viel geachteter Kommandant des letzten deutschen Hilfskreuzers unter Segel wurde. Dies allein verdient Hochachtung, wenngleich außer ihm die meisten bekannten Kapitäne ihre Berufslaufbahn als Moses unter ähnlich harten Bedingungen begonnen haben. Für alle waren die ersten Monate eine überaus harte Probe, und nicht alle haben durchgehalten. Es gibt immer wieder Jungen, die in der Schule wenig Interesse an lateinischen Vokabeln zeigen und denen Mathematik und Differentialgleichungen für das spätere Leben nicht von existenzieller Bedeutung sind. Ihr Streben folgt einer nicht immer realistischen, aber doch deutlich umrissenen Vorstellung von der späteren Gestaltung ihres Lebens. Nicht selten sind es »Landratten«, die es mit magischer Gewalt an die See zieht. Der junge Felix gehörte zu ihnen.

Er hätte eine, vielleicht wäre es auch die zweite gewesen, »Ehrenrunde« machen müssen, und das war keine angenehme Vorstellung. Er beschloss, die Schule zu verlassen. Während seine Eltern das »Büblein« bei seinem Vetter in den Ferien wähnten, fuhr Felix mit ein paar »Kröten« in der Tasche nach Hamburg.

Die Reederei Laeisz, wo er anheuern wollte, wies ihn ab. Man verlangte einen Erlaubnisschein des Vaters, und den hatte Felix nicht. Bei den anderen Reedereien, bei denen er vorsprach, ging es ihm auch nicht besser. Ein alter Fährmann, der Gefallen an dem Jungen gefunden hatte, vermittelte ihn schließlich an einen russischen Segler, der einen Schiffsjungen suchte. Bedingung war, dass »Phylax« keine Heuer bekäme. »Na, dann können wir dich gleich zum Oberinspektor machen«, das war die erste Reaktion des Steuermanns, als er sich an Deck meldete. Gemeint war: Oberinspektor des Schweinestalls. Und dann wurde er auch gleich »Direktor der Steuerbord- und Backbordapotheke«. Das waren die Mannschaftstoiletten, sofern man diese Orte auf einem Segler der damaligen Zeit als »Toiletten« bezeichnen konnte. Die Reise der *Niobe* ging nach Australien. Dass für Phylax diese Reise alles andere als ein Vergnügen war, braucht nicht erwähnt zu werden. »Viel Keile gab's und wenig Brot«, so schreibt er selbst. Fast wäre seine erste Reise auch seine letzte gewesen. Unterwegs, um vor dem Kapitän seinen Mut zu beweisen, vergaß er die uralte Regel eines Seemanns: »Een Hand för't Schip und een Hand för di sülwen.« Er stürzte, aber wegen der Krängung des Schiffes nicht an Deck, sondern in die See. Der Kapitän glaubte nicht, dass man den Jungen in der aufgewühlten See finden würde, aber der anfangs erwähnte Steuermann ließ ein Boot zu Wasser. Die Albatrosse sollen ihm das Leben gerettet haben. Sie hatten ihn mit ihren scharfen Augen in der See entdeckt und flogen immer wieder zu ihm hin, weil sie ihn als willkommenes Fressen betrachteten. So fanden die Matrosen auch Phylax und brachten ihn wieder an Bord.

Nach 90 Tagen lief das Schiff in Freemantle ein. Phylax traf dort Deutsche, und mit ihrer Hilfe gelang es ihm, von Bord zu kommen. Eine Odyssee begann. Nach kurzer Zeit als Tellerwäscher kam er zur Heilsarmee, aber die Aussicht. als frommer Leutnant sein Leben zu verbringen war nicht nach seinem Geschmack. Er wurde Leuchtturmwärterassistent auf Cape Lewien. Das war anfangs zufriedenstellend, aber nachdem er mit der Tochter des Wärters auf amouröse Entdeckungsfahrten gegangen war, fand er sich unversehens wieder auf der Straße.

Sein Ziel, wieder zur See zu fahren, verlor er nicht aus den Augen. Aber erst musste ein Schiff gefunden werden. Bis dahin schlug er sich so gut es ging als Jäger und später als Boxer durch. Das Schiff, das er schließlich fand, war der englische Viermaster *Pinmore*. Auf diesem Schiff machte er von San Francisco nach Liverpool die längste Reise seines Lebens. Sie dauerte 285 Tage und war geprägt von widrigen Stürmen, Flauten und Skorbut. Wieder in Hamburg musterte er auf der *Cäsarea*, einem deutschen Schiff an. Die Reise ging nach Melbourne. Luckner, in der Zwischenzeit Vollmatrose, ereilte ein Unglück. In einem Orkan rauschte eine Brechsee über Deck. Zwei Mann wurden über Bord gespült. Luckner konnte sich noch festhalten, aber ein Bein wurde von einem Reservemast eingeklemmt und brach. Der Kapitän rückte das Bein, so gut es eben ging, wieder zurecht, und der Zimmermann konnte noch eine Schiene fertigen. So schaffte es Luckner, mit der Mannschaft in eines der Boote zu gehen. Das Schiff musste aufgegeben werden. Fast verdurstet wurden sie nach fünf Tagen von dem italienischen Dampfer *Maracaibo* gerettet. Luckner kam in New York ins deutsche Hospital. Sein Bein war in einem mehr als bedenklichen Zustand, konnte aber gerettet werden.

Acht Wochen später war Luckner wieder auf See. Mit der *Flying Fish* segelte er als Vollmatrose nach Westindien. Vor der Ankunft in Jamaika brach er sich zum zweiten Mal das Bein. Luckner kam in das dortige Lazarett. Nach 14 Tagen – die *Flying Fish* war mit all seinen Sachen und auch seinem Guthaben wieder unterwegs – wurde er kurzer Hand auf die Straße gesetzt, weil er völlig mittellos war. Krank und ohne Geld in einem fremden Land, das ist ein fast hoffnungsloser Zustand. Nahe daran, sich selbst aufzugeben, sah er das deutsche Kriegsschiff *Panther* einlaufen. Als er versuchte, an Bord zu gehen, um sein Missgeschick vorzubringen, wurde er barsch weggeschickt. »Wache! Schmeißen sie das Gesindel von Bord!« Luckners Hoffnungen waren auf dem Nullpunkt angelangt. Ein Mann der Besatzung hatte Mitleid mit ihm und verschaffte ihm etwas Geld und neue Kleidung. Er konnte sich rasieren und waschen und schöpfte wieder neuen Mut. Als »Festmacher« bekam er eine Beschäftigung. Luckner begann wieder aufzuleben, aber er wollte wieder auf See. Er fand auch ein Schiff, die *Nova Scotia*. Die kreuzte zunächst in der Karibik, aber schließlich brachte ihn ein norwegisches Schiff wieder nach Hamburg.

Luckner erfuhr, dass er selbst als einfacher »Janmaat« die Möglichkeit hatte, Steuermann zu werden. In Lübeck ging Luckner auf die Navigationsschule. Da er quasi von Null anfangen musste, war eiserner Fleiß die Voraussetzung für den Erfolg. Das musste sich Luckner zu Herzen genommen haben, denn er bestand die Prüfung und ging als Wachoffizier zur »Hamburg Süd«. Er kam an Bord der *Petropolis*. Das

»Seeteufel« Felix Graf Luckner.

war die »Wendemarke« in seinem Leben. Der Kapitän des Schiffes nahm ihn unter seine Fittiche, und Luckner war ein gelehriger Schüler. Nach neun Monaten meldete sich Luckner bei der Kriegsmarine als Einjähriger. Es dauerte nicht lange, da wurde Luckner – den Phylax Lü-

dicke gab es nicht mehr – zum Admiral gerufen. Es war Graf Baudissin. Dieser gab sich als sein Onkel zu erkennen. Dienstlich gäbe es keine Nachsicht, aber privat wolle er ihm helfen. Wo es fehlte, merkte der Admiral auch. Es mangelte an Rechtschreibung, Schriftsprache und an Allgemeinbildung, und Luckner musste sich nach dem Dienst gewaltig »auf den Hosenboden« setzen. Bei der Flotte hatte Luckner noch einmal einen schweren Unfall, aber dann ging es wieder bergauf. Nach seiner Genesung wurde er zum Unteroffizier befördert und nach einer abschließenden Übung als Leutnant zur See der Reserve entlassen. Nach einer langen, harten Durststrecke hatte Luckner erreicht, was er wollte und konnte endlich nach Hause zu seinen Eltern, denen er schon seit geraumer Zeit als »vermisst« gemeldet war.

Wieder in Hamburg fuhr er zwei Jahre bei der Hamburg-Amerika-Linie und bereitete sich auf das Kapitänsexamen vor. Sofern er dazu Zeit hatte, ging er auf der Unterelbe segeln. Einmal rettete er einen anderen Segler vor dem Ertrinken, wurde aber selbst vor Überanstrengung bewusstlos. In Hamburg holt er an Weihnachten bei eisiger Kälte einen betrunkenen englischen Matrosen aus dem Wasser. Das war angeblich seine fünfte Lebensrettung und Anlass für die Tagespresse, ihn lobend zu erwähnen. Das Schicksal wollte es, dass auch Prinz Heinrich; Großadmiral und Generalinspekteur der Marine und Bruder Kaiser Wilhelms II., dadurch auf ihn aufmerksam wurde, was zur Folge hatte, dass Luckner am 3. Februar 1910 ein Telegramm erhielt: »Graf Luckner kommandiert zur Marine zwecks späterer Aktivierung.«

Wieder ging das Lernen los, und mit viel Willen, Glück und hie und da einem zugedrückten Auge seiner Vorgesetzten brachte er auch das hinter sich. Er wurde Wachoffizier auf der *Preussen* und – trotz misstrauischer Neider, die ihm »am Zeug zu flicken versuchten« – zum Oberleutnant zur See befördert. Ein Teil seines Herzens hing aber immer noch an den alten »Salzbuckeln« vergangener Zeit. So besuchte er oft das Altenheim der Seefahrer, brachte den Männern Tabak und klönte mit ihnen.

Im Jahr 1913 kam Luckner auf die Schiffe *Braunschweig* und *Kaiser*, anschließend auf die ihm bereits bekannte *Panther*. Letztere gehörte zur westafrikanischen Station. In Kamerun erlebte er daher schöne Tage bei Ausflügen ins Innere des Landes, bis das Schiff auf die Danziger Werft zur Überholung befohlen wurde. Kurz darauf brach der Erste Weltkrieg aus. Auf dem neuen Schlachtschiff *Kronprinz* nahm Luckner an der Skagerrak-Schlacht teil.

Bald danach kam eine für Luckner entscheidende Wende. Er wurde zum Admiralsstab nach Berlin befohlen. Nach der Besprechung war der Graf Kommandant eines deutschen Hilfskreuzers. Er wurde beauftragt, das Segelschiff *Pass of Balmaha* als Hilfskreuzer auszurüsten, die Blockade zu durchbrechen und Kaperkrieg zu führen. Seine langjährige Erfahrung auf Großseglern war bei seiner Wahl vermutlich ausschlaggebend. Eine schönere Aufgabe konnte man Graf Luckner nicht stellen. Es folgte eine lange Zeit des Umbaues, der Auswahl der Mannschaft und der sorgfältigen Vorbereitung. Schließlich war das Schiff auslaufbereit.

Als Navigationsoffizier hatte er Leutnant zur See der Reserve Karl Kircheiß, einen hervorragenden Nautiker, angeworben. Die Mannschaft bestand aus Segelschiff-erfahrenen Männern, ein Teil von ihnen beherrschte die norwegische Sprache. Diese hatten auch norwegische »Verwandte« und hatten Briefe aus Norwegen. An alles war gedacht, und das sollte sich bald als dringend notwendig erweisen. Aus Luckners Schiff war ein neutraler norwegischer Segler geworden, der Holz geladen hatte.

Auch in harten Wintern ruhte im Hamburger Hafen die Schifffahrt nicht. Kaum eine Reederei konnte es sich leisten, ihre Fahrten auszusetzen.

Am 21. Dezember 1916 wurden die Leinen losgeworfen. Zwei Tage später musste das Schiff einen schweren, orkanartigen Sturm abwettern. Dieser Sturm aber bot auch die Möglichkeit und die große Chance, die engmaschige Blockade zu durchbrechen. Der Sturm heulte, es war rabenschwarze Nacht, der Regen peitschte. Es wurde Mitternacht, und kein Schiff wurde gesehen. Alle starrten in die Dunkelheit, es wurde 1.00 Uhr, 2.00, langsam, viel zu langsam für die angespannten Nerven wanderte der Zeiger auf 3.00 Uhr. Die tief gestaffelte Blockade zwischen den Shetlands und Norwegen musste hinter ihnen liegen. Der Sturm trieb das völlig vereiste Schiff in Richtung Island. Schon glaubten sie, alles überstanden zu haben, da wurde am Weihnachtstag ein Schiff gesichtet. Wie sich bald herausstellen sollte, ein englischer Hilfskreuzer. Die *Irma*, wie Graf Luckners Schiff getauft war, wurde »klar zur Durchsuchung« gemacht. Ein Untersuchungskommando kam an Bord. Der Kapitän hatte plötzlich eine Frau, die »stark erkältet« war, Zahnschmerzen und eine dicke Backe hatte. Ein »Schachzug«, der die Untersuchung etwas abkürzen sollte. Eine lange, peinlich genaue Untersuchung, voll nervlicher Anspannung folgte. Zu Gute kam ihnen jetzt aber der Sturm, der Bulleyes eingeschlagen und Wasser in Messe und Kapitänskajüte hatte eindringen lassen. Die Folge waren durchnässte und schlecht lesbare Schiffspapiere. Schließlich ging doch alles klar, und erleichtert konnten Offiziere und Mannschaften Weihnachten feiern. Anschließend ging es auf Kaperfahrt in den Süden.

Auf der Höhe von Gibraltar ging ihnen das erste Schiff, ein britischer Dampfer, »ins Netz«. Die Besatzung wurde übernommen, der Dampfer versenkt. Weitere Schiffe, Dampfer und Segelschiffe folgten. Schließlich hatte die *Seeadler*, so hieß das Schiff jetzt, nicht weniger als 263 Männer und Frauen, Offiziere und Mannschaften aller Schattierungen an Bord. Luckner entschloss sich, das nächste Schiff dazu zu benutzen, um die Gefangenen in die Freiheit zu schicken. Dieses nächste Schiff war die französische Bark *Cambronne*. Der obere Teil ihrer Masten wurde gekappt, damit das Schiff nicht zu schnell vorankommen konnte und der Standort der *Seeadler* möglichst lange unbekannt bliebe. Luckner nahm Kurs nach Süden und segelte um das gefürchtete Kap Hoorn herum in den Pazifik. Dort entwischte er einem Hilfskreuzer und kam ohne »Feindberührung« bis Honolulu. Im Juni kaperte er noch drei kleinere Segler, die seine nun sehr knapp gewordenen Lebensmittel nicht bereichern konnten. Der Pazifik war wie ausgestorben. An Bord trat Beriberi auf, eine Vitamin-B1-Mangel-Krankheit. Luckner musste Abhilfe schaffen und entschloss sich Mopelia, eine einsame in französischem Besitz befindliche Insel, anzulaufen. Sie wurde nur von wenigen Eingeborenen bewohnt und daher nur selten angelaufen. Am 29. Juli fiel der Anker. Frischfleisch, Kokosnüsse und frisches Trinkwasser sorgten für eine rasche Erholung. Die Freude war kurz. Vier Tage nach ihrer Ankunft sah der Ausguck am Horizont eine unerklärliche Wellenbewegung. Eine Flutwelle, vermutlich von einem Seebeben. Sie wurde rasch höher. Man wollte den Motor starten, er machte ein paar Umdrehungen und blieb wieder stehen. Das wiederholte sich. Zu spät. Die Flutwelle erfasste die *Seeadler* und warf sie auf die Korallenbank. Die Planken geben nach, und die Masten kamen von oben. Die stolze *Seeadler* war ein Wrack. Jahre nach dem Tode Graf Luckners wurde die Darstellung angezweifelt, weil es in der fraglichen Zeit kein Seebeben gegeben habe. Geklärt werden konnte die Angelegenheit aber bis heute nicht.

Auf der Insel richtete man sich zunächst ein, baute ein kleines Dorf, aber für Luckner war das keine Lösung. Man beschloss, ein unbeschädigtes Boot umzubauen und auszurüsten, um da-

Schwere See: Der »blanke Hans« steigt an Deck.

mit den Versuch zu unternehmen, ein Schiff zu kapern. Unter der Leitung von Leutnant Kircheiß ging man an die Arbeit, und gegen Ende August war das Boot einsatzbereit. Ein offenes Boot, gerade sechs Meter lang mit 28 Zentimeter Freibord und besegelt. Auch einen Namen bekam die »Nussschale«: *Kronprinzessin Cäcilie*. Die Mannschaft bestand aus Luckner, Kircheiß und vier ausgesuchten Freiwilligen. Was folgte, war eine seemännische, und nicht minder hervorragende navigatorische Meisterleistung. Unter Einsatz auch der letzten körperlichen Reserven, unter ständigem Lenzen und unter glühender Hitze wurden 2300 sm (ca. 4270 km) zurückgelegt. Diese Fahrt, vergleichbar mit der allerdings noch längeren Fahrt von Kapitän Bligh von der *Bounty*, ist in den meisten Abhandlungen unterbewertet worden. Sie ist vom körperlichen, wie auch vom navigatorischem Standpunkt aus deutlich höher zu bewerten als die vorherigen Unternehmungen Graf Luckners. Dabei wird diesen die Anerkennung nicht verweigert. Angesichts der in dieser »Nussschale« gegebenen Umstände ist die navigatorische Leistung von Leutnant Kircheiß besonders hervorzuheben. Skorbut, geschwollene Glieder, ständige Nässe und unerträglicher Durst zwangen zum Anlaufen einer abgelegenen Insel, die glücklicherweise nur von Eingeborenen bewohnt war. Obst, Fleisch und Wasser sorgten für leidliche Besserung. Sowohl auf der britischen Insel Atiu, bei der sie anlegten, als auch auf Aitutaki gelang es ihnen, als Amerikaner bzw. Holländer unerkannt zu bleiben, aber ein gewisses Misstrauen war nicht auszuräumen. Ihre Hoffnung, von einem Schiff entdeckt und für Schiffbrüchige gehalten zu werden, ging nicht in Erfüllung. In Wakaya waren sie nahe daran, von einem Zweimastschoner mitgenommen zu werden, den sie dann auf See in ihre Gewalt hätten bringen können, aber ein Unbekannter auf Wakaya hatte die Engländer gewarnt. Ihre Odyssee endete mit der Gefangennahme.

Nach Aufenthalten in mehreren unwürdigen Gefängnissen kamen Luckner und seine Leute schließlich nach Motuihi, wo auch mehrere Deutsche aus Samoa interniert waren. Dem dortigen Lagerkommandanten stand ein Motorboot zur Verfügung. Da die Gefangenen und Internierten sich frei auf der Insel bewegen konnten, sah auch Luckner das Motorboot. Die Hoffnung keimte in ihm auf, dass es gelingen könnte, damit zu fliehen. Sorgfältig und unauffällig bereitete er die Flucht vor. Die größte Schwierigkeit bestand darin, Ausrüstung und Verpflegung ins Boot zu bringen und dort zu verstauen, ohne dass auch nur der geringste Verdacht aufkeimte. Am 13. Dezember wollte man während der Mittagsstunden die Flucht wagen.

Alles klappte, und das Motorboot legte mit 11 Mann Besatzung am helllichten Tage ab. In einer abgelegenen Bucht versteckten sie sich, bis die hektische Suche nach ihnen abgeklungen war. Jetzt musste mit Hilfe des Motorbootes ein Schiff gekapert werden, denn das nur neun Meter lange Motorboot war mit dem vorhandenen Sprit nur kurzzeitig brauchbar. Auf See konnten sie zwei Schoner entdecken. Den langsameren konnten sie kapern, der schnellere aber entwischte. Das war ihr Pech, denn sie wussten, dass damit den Engländern ihre ungefähre Position mitgeteilt wurde. Nach Abreiten eines fast 11/2 Tage dauernden Sturmes erreichten sie am 21. Dezember Curtis Island und glaubten sich für einige Stunden sicher. Leutnant Kircheiß vermutete dort ein Proviantlager für Schiffbrüchige. Das stellte sich als richtig heraus. Die Proviantübernahme erwies sich als erheblich zeitraubender, als vermutet. Sie war noch nicht ganz beendet, als eine Rauchsäule am Horizont entdeckt wurde. In aller Eile wurde abgelegt, aber der Dampfer war schneller. Das Spiel war zu Ende.

Nach einem kurzen Aufenthalt in River Island kamen Luckner und Kircheiß wieder nach Motuihi. Dort erlebten beide das Kriegsende.

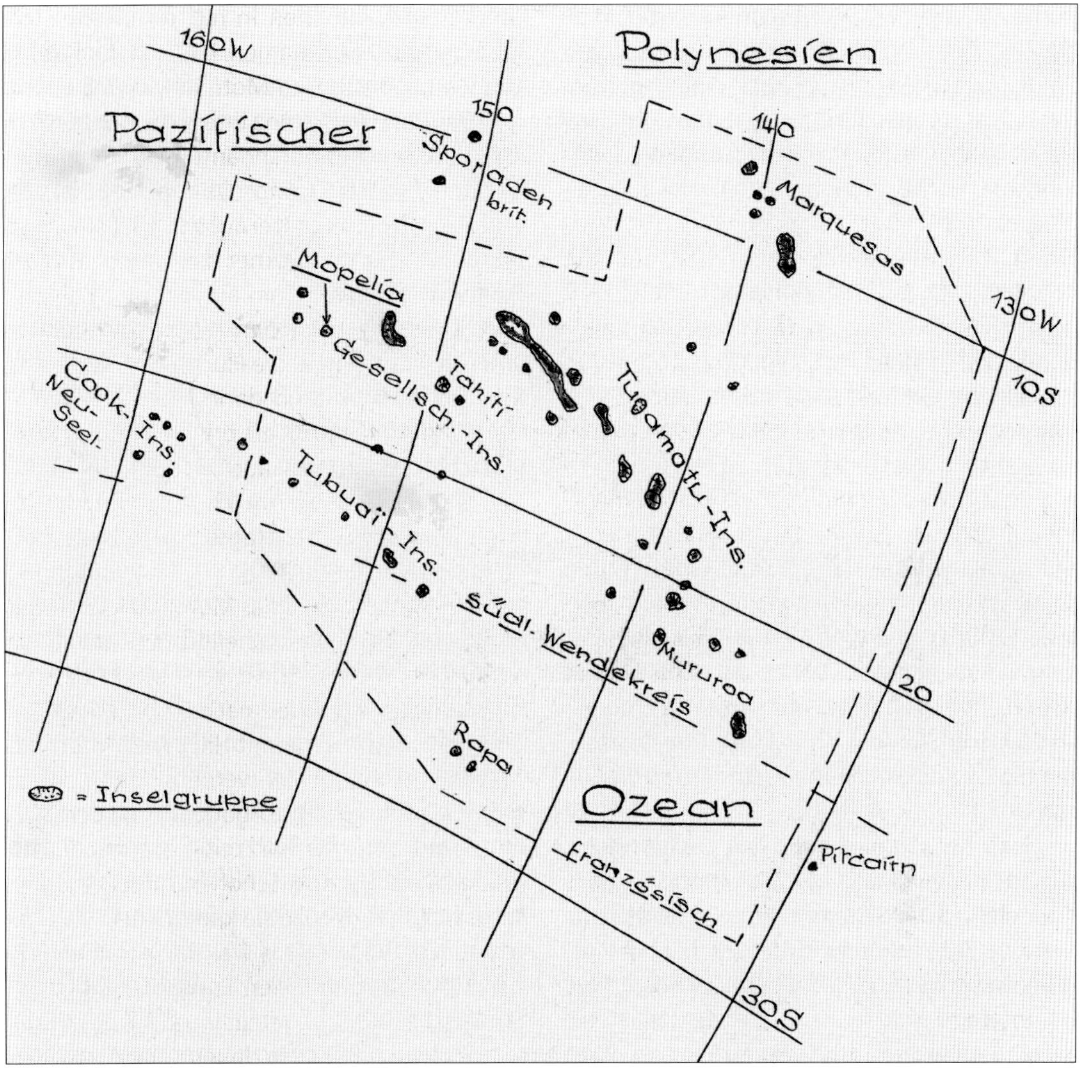

Die Insel Mopelia: Hier wirft am 2. August 1917 eine Flutwelle die *Seeadler* auf eine Korallenbank.

Im Juli 1919 betrat Graf Luckner wieder deutschen Boden.

Er wäre nicht Graf Luckner, hätte er sich jetzt von der Seefahrt zurückgezogen. Er meldete sich bei der Marinebehörde, bekam Urlaub und besuchte seine Eltern, die nach Halle an der Saale gezogen waren. Im gleichen Jahr noch begann er mit Vorträgen über seine Kaperfahrt und seine Erlebnisse bei und nach dem Schiffbruch sowie über seine Gefangenschaft. Er sprach nicht von Friedensdiktaten, nicht vom Versailler Vertrag und nicht von Hass oder Vergeltung. Er hatte zu viele Menschen in fremden Ländern kennen- und schätzen gelernt, auch unter seinen früheren Kriegsgegnern. Luckner sprach von Völkerverständigung, Humanität und besonders eindringlich von Toleranz. In erster Linie wollte er die Jugend ansprechen. Er wollte ihr in dieser schwierigen Nachkriegszeit ein Ziel, Richtung und Zuversicht geben, den Willen zu einem friedlichen Wiederaufbau Deutschlands. Sehr bald fasste er den Plan, seine Vorträge in Übersee fortzusetzen, aber zunächst wurde er Kommandant des Segelschulschiffes *Niobe* und schrieb sein erstes Buch »Seeteufel«, das der schwedische Offizier Nils Rosen ins Schwedische übersetzt. Im Jahr 1922 hielt sich Graf Luckner in Malmö auf. Dort lernte er seine spätere Frau Ingeborg Engeström kennen, die ihn über 40 Jahre auf seinen Vortragsreisen begleitete. Im gleichen Jahr nahm er, jetzt als Korvettenkapitän, seinen Abschied von der Marine. Er wollte sich ganz seinen Vorträgen widmen. Die Einnahmen steckte er in den Bau seines Schiffes. Im Jahr 1926 erfolgte der Stapellauf. Graf Luckner taufte den Viermast-Gaffelschoner von 2500 BRT auf den Namen *Vaterland* und rüstet ihn aus. Sein eigenes Geld reichte dazu nicht, aber er hatte Freunde und Gönner, die sein Vorhaben unterstützten. Am 13. Juli warf er im Hamburger Hafen die Leinen los.

Nach Besuchen in der Ost- und Nordsee, machte die *Vaterland* am 22. Oktober in New York fest. Eine ausgedehnte Vortragsreise durch die USA folgte, und Luckner gewann viele Freunde. Erst im März des darauffolgenden Jahres setzte er seine Reise fort. Es ging durch den Panamakanal nach San Francisco. Auch dort fand er Anerkennung für sein ritterliches Verhalten im vergangenen Krieg und Verständnis für sein Werben um Verständigung unter den Völkern und um Toleranz. Die Presse schrieb von einer »Friedensfahrt«. Seine Mission des guten Willens wurde anerkannt. Luckner wurde Ehrenbürger von San Francisco. Im dortigen Hafen traf er auch seinen früheren Navigationsoffizier Kircheiß wieder, der inzwischen als Kapitän auf seinem Kutter *Hamburg* die gleichen Ziele verfolgte.

Die *Vaterland* segelte im Juli weiter nach Los Angeles. Auch hier fand Luckner begeisterte Zuhörer, aber der Erlös deckte nicht die Kosten für Schiff und Besatzung. Auch die Einkünfte aus seinen Büchern, die in der Zwischenzeit auch in Amerika erschienen waren, vermochte daran nichts zu ändern. Aus dieser Klemme halfen ihm Freunde und amerikanische Firmen großzügig heraus. Luckner segelte zurück nach Deutschland und machte am 11. April 1928 in Bremerhaven fest.

Mit Vorträgen in Deutschland war er weiter unterwegs und schrieb sein zweites Buch mit dem Titel »Seeteufel erobert Amerika«. Es war eine friedliche Eroberung. Im Jahr 1933 erfolgte die Machtübernahme durch Hitler. Von dem »Aufbruch« und der nationalen »Wiedergeburt« waren Graf Luckner, wie auch sein Freund Kircheiß, zunächst positiv beeindruckt und bereit, die Ziele zu unterstützen. Er wandte sich aber ab, als er den Eindruck gewann, für politische Zwecke als »Aushängeschild« missbraucht zu werden. Es kam zu Differenzen mit dem damaligen Propagandaministerium. Ein schwerer Schlag traf ihn im Jahr 1935. Während er sich auf Vortragsreise befand, brach auf seinem Schiff aus unerklärlichen Gründen ein Brand aus. Was er bei seiner Rückkehr vorfand, war ein verkohltes Wrack. Es wurde eng mit seinen Finanzen, und er sparte, wo er nur konnte, denn er plante, wieder auf See zu gehen.

Luckner kaufte einen kleinen, aber seetüchtigen Kutter und ging zusammen mit seiner Frau wieder auf große Fahrt. Er segelte zu den Orten, die sich besonders in sein Gedächtnis eingegraben hatten: Neuseeland, Auckland, Mopelia. Mit seiner kleinen *Seeteufel* besuchte er die große *Seeadler*, deren ausgewaschene, von der Sonne gebleichte Planken nach 20 Jahren noch auf dem Riff lagen. Auf dieser Reise, deren Erfolg mit dem in Amerika nicht zu vergleichen war, warf der Zweite Weltkrieg bereits seine düsteren Schatten voraus. Bald darauf, am 31. August 1939 brach er aus. Europa stand in Flammen, und das Inferno begann.

Ende März 1945, der Krieg war bereits entschieden und neigte sich seinem Ende zu, besuchte Luckner seine Mutter in dem noch unzerstörten Halle. Eine Gruppe einflussreicher und einsichtiger Männer, darunter der Bürgermeister, war sich der Lage bewusst und wollte Halle vor der bevorstehenden Zerstörung retten. Luckner machte mit und erklärte sich bereit zu helfen, da er auf Grund seiner guten Sprachkenntnisse gute Chancen hatte. Es gelang mit Hilfe eines mit Luckner befreundeten amerikanischen Journalisten, mit dem kommandierenden General zu verhandeln und einen Angriff auf Halle, der die Zerstörung der Stadt zur Folge gehabt hätte, zu verhindern. Halle wurde übergeben und völlig nutzloses Blutvergießen vermieden.

Nach dem Krieg kehrte Luckner nach Hamburg zurück und nahm seine, nun erheblich schwierigeren Bemühungen um Kontakte wieder auf. Er ließ nicht locker, und der Erfolg seines Werbens in Frankreich, Spanien und Portugal gab ihm Recht. Ein Volkswagen und vier Personen mit Gepäck; es war ein mühsames und anstrengendes Reisen, das auch seine Frau auf sich nahm. Unermüdlich versuchte er, die erheblichen Bedenken dem neuen Deutschland gegenüber abzubauen. Luckner wurde älter und der VW endgültig zu klein. Er kaufte einen Campingwagen. Noch einmal bereiste er Amerika und gewann Zug um Zug alte Freunde für sich und das neue Deutschland zurück. Zwischendurch, wenn Graf Luckner in Hamburg war, suchte er alte Bekannte auf. Er traf sie in der Bierkneipe und unterstützte sie und auch die im Seemannsheim, so gut er konnte. Sein Wirken war so erfolgreich, dass sogar in Frankreich eine Sendung über ihn in französischer Sprache ausgestrahlt wurde. Auch für die Verleihung des Bundesverdienstkreuzes wurde Luckner für würdig empfunden.

Inzwischen war er über 80. Zwar voller Ideen, aber seine Kräfte ließen nach, und die Zeit, in der er dicke Telephonbücher zerreißen konnte, war endgültig vorbei. Im schwedischen Malmö wollte er im Jahr 1965 Weihnachten feiern, aber die Feier wurde jäh unterbrochen. Er musste ins Krankenhaus. Noch einmal schien er sich zu erholen, aber am Abend des 13. April 1966 war seine Lebensuhr abgelaufen. Er trat seine letzte Reise an.

Am 28. April wurde Felix Graf Luckner unter großer Anteilnahme seiner vielen Freunde und der Bevölkerung auf dem Olsdorfer Friedhof in Hamburg beigesetzt. In ganz Hamburg läuteten die Glocken. Aber nicht nur da, auch in der französischen Stadt Reims, wo sich die Kap Horniers zu Ehren ihres »Albatros« zu einer Trauerfeier versammelt hatten.

Ein aufrechter Mann, ein ritterlicher Gegner und ein berühmter Kapitän hatte nicht nur Deutschland, er hat die Welt verlassen.

Viele Bücher sind über ihn geschrieben worden, viele hat er selbst verfasst, in denen seine Laufbahn und seine Kaperfahrt mit dem Dreimastvollschiff *Seeadler* geschildert werden.

Graf Luckner war ein fairer, unerschrockener Kommandant, guter Seemann, aber auch mit einem bewundernswerten rednerischen Talent ausgestattet. Er verband das berühmte »Seemannsgarn« mit den Tatsachen. Der Dramaturgie seiner Vorträge zuliebe, schien zuweilen der Hang zur »Ausschmückung« seiner Erlebnisse mit ihm durchzugehen. Auch wusste er stets, seine Person ins rechte Licht zu setzen, aber nicht jeder, der Ähnliches geleistet hat, kann der Versuchung widerstehen, dies zu tun. Luckner war zwar eine schillernde Persönlichkeit, aber im Grunde ein gradliniger Haudegen, dessen Taten Anerkennung und Achtung verdienen. Das galt lange Zeit.

In jüngerer Zeit aber wurde Luckners Schilderung vom Schiffbruch der *Seeadler* bestritten. Es habe in der fraglichen Zeit kein Seebeben gegeben. Die Schilderung sei ein Märchen und sollte nur »unseemännisches Verhalten« vertuschen.

Leider geben aber die Kritiker keine plausible Erklärung dafür, warum die *Seeadler* nun wirklich auf das Riff gesetzt wurde. Kein Wort darüber, wie Luckner und die Besatzung es hätten besser und »richtig« machen können! Ein Anker schliert nun mal nicht von selbst! Ein Sturm herrschte auch nicht. Worin lag also die Ursache?

Ein amerikanischer Gefangener gab einer Drehung des Windes die Schuld, worauf das Schiff auf Legerwall geraten sein soll. Die Kap Horniers vermuten, jedoch ohne Schuldzuweisung, ebenfalls eine Winddrehung, verbunden mit einer Bö. Die Vermutung birgt viel Wahrscheinlichkeit, ist aber nicht bewiesen.

Dazu berichtet ein Mann, der als Junge gleichzeitig mit den Gefangenen Luckner und Kircheiß dort interniert war und nach dem Kriege 18 Jahre dort lebte: In Mopelia und den umgebenden Inseln bedürfe es keineswegs eines Seebebens, um eine gefährliche Brandung hervorzurufen. Ein entfernter längerer Sturm genüge nach seiner Erfahrung. Man sähe die Gefahr sehr spät, da der Meeresgrund vor den Inseln sehr rasch ansteige und die Dünung erst in unmittelbarer Landnähe bräche. Das träfe besonders bei auflandigen Winden zu. Wenn also zu der fraglichen Zeit nirgends ein Seebeben aufgetreten sei, so sei das noch kein Beweis gegen die Lucknersche Darstellung.

Wo also sollte Luckner ankern, ohne die Gefahr, auf Legerwall zu kommen, in Kauf nehmen zu müssen? Man sollte die genauen Umstände vor Ort kennen, bevor man Kritik übt! Es bewahrheitet sich leider immer wieder: Die besten Kapitäne stehen bekanntlich immer an Land. Graf Luckners Kriegsgegner achteten und schätzten seine Fairness und gaben das auch zu verstehen. Auch bei den Kap Horniers, die alle das gefürchtete Kap Hoorn mindestens einmal umrundet haben, war der Graf ein geachtetes Mitglied. Sollten seine Kapitänskameraden, Deutsche, Engländer, Franzosen und all die anderen Mitglieder sich in seiner Person so getäuscht haben, als sie in Reims in einer Trauerfeier seines Todes gedachten?

Schlusswort

So unterschiedlich wie Menschen sind, sowohl in ihrer Einstellung zur Natur, zu ihrer Umwelt, als auch zu religiösen Fragen, zu Sein und Nichtsein, zu Leben und Tod, so unterschiedlich reagieren sie auf Schicksalsschläge und Katastrophen, auch wenn sie nicht betroffen sind. Diese unterschiedliche Beschaffenheit der Charaktere überträgt sich auch auf die Beziehungen zu profanen Dingen.

Geht man von Beobachtungen in unserer modernen Zeit aus, hat man den Eindruck, dass der Beruf, auch der des Seemanns in den letzten Jahrzehnten zunehmend unter dem begrenzten Blickwinkel: Broterwerb, Wohlstand, Geld und Freiheit gesehen wird. Beruf und Arbeit also ein nicht selten ungeliebtes Mittel all dies zu bekommen. Viele Seeleute beziehen heute ihr Schiff, mit dem sie ihr Geld verdienen, in diese nüchterne Einstellung mit ein. Ihnen fehlt die innere Beziehung zu ihrem Schiff. Das ist nicht wie früher ihr Schiff, es ist ihr Arbeitsplatz. Auch die See, mit der er sich heute kaum noch auseinandersetzen muss, sieht der moderne und nüchterne Seemann mit anderen Augen, weil der direkte Kontakt zu ihr auf den gigantischen Tankern oder Containerschiffen nicht mehr vorhanden ist.

Joseph Conrad, ein nachdenklicher, genau beobachtender Kapitän und hervorragender Erzähler, stellt die berechtigte Frage, ob nicht mit dem Ende der großen stolzen Segler etwas verloren ging, geopfert dem hektischen Zeitgeist, der Hast und der Eile, verloren ging bezüglich unserer Einstellung zum Schiff und zur See in ihrer unendlichen Weite, Schönheit, aber auch in ihrer vernichtenden Wildheit.

Die Frage ist, das sollte man akzeptieren, nicht ohne Grund und auch nicht ohne Sorge gestellt. Sie nach kritischer Überlegung und Prüfung mit »Ja« zu beantworten, ist verständlich und nachvollziehbar. Es kommt vielleicht der Einwand der Nostalgie, des Haftens am Überholten, am ewig Gestrigen. Dem ist entgegenzuhalten, dass Fortschritt und Tradition sich nicht ausschließen, sofern man die Dinge sachlich und emotionslos betrachtet. Beides sollte einen sicheren Platz in der Seefahrt haben. Um einen Vergleich zu bringen: Wie der Fortschritt, so bedürfen auch die frischen Triebe eines Baumes der Wurzeln, um überleben und sich entwickeln zu können.

Mancher Leser wird sich bei der Lektüre des vorliegenden Buches die Frage stellen, warum gerade diese Kapitäne ausgewählt wurden. Andere vermissen Kapitäne, die in ihren Augen unbedingt hätten erwähnt werden müssen. Nun, die große gemeinsame Klammer, die alle verbindet, ist ihr Beruf: Seemann. Sie waren aber nicht nur Seeleute des Broterwerbs willen, sie gaben darüber hinaus ihrer Tätigkeit den unverwechselbaren Stempel ihrer meist deutlich ausgeprägten Persönlichkeit. Sie alle hatten mit einer Ausnahme das Kapitänspatent oder waren Seefahrer, als man den Begriff »Kapitän« noch nicht kannte.

Zum einen war mit der Auswahl beabsichtigt, einen möglichst großen Zeitraum zu überdecken, der vom Jahr 1000 etwa bis zum Anfang des 20. Jahrhunderts reicht. Zum anderen sollte die große Spannweite der Aufgaben beleuchtet werden, innerhalb der die Seefahrt ausgeübt wurde. Vom Freibeuter zum Entdecker, vom seglerischen Perfektionisten zum Kapitän und Schriftsteller, bis schließlich zum Kapitän und Seenotretter. Innerhalb dieses Rahmens wurden Personen ausgewählt, die auf ihre Art den betreffenden Kapitänstyp so deutlich wie möglich personifizieren. So gehören zum Beispiel die Klipperkapitäne ebenso wie die Kapitäne der Reederei Laeisz zu den Perfektionisten, wenngleich sie sich, geprägt von ihrer Zeit, erheblich voneinander unterschieden. Vor allem in ihrem Verhalten der Mannschaft gegenüber. Die Kapitäne der Nordwest- und Nordostpassage gehören zweifellos zu den Entdeckern. Das, um nur zwei Beispiele zu nennen.

Über allem steht die undankbare Aufgabe des Verfassers, aus den vielen Persönlichkeiten, bedingt durch den gesetzten Rahmen, einige wenige auszuwählen, damit ein lesbares, kritisches und hoffentlich interessantes Buch herauskommt, und nicht ein dicker, sich endlos hinziehender »Wälzer«, der mit vielen Worten im Grunde immer wieder das Gleiche sagt.

Anhang

Die häufigsten Takelungsarten

In diesem Buch ist wiederholt von bestimmten Schiffstypen und Takelungsarten die Rede. Da nicht vorausgesetzt werden kann, dass jedem Leser die einzelnen Typen und ihre Charakterisierung geläufig sind, werden sie nachfolgend kurz vorgestellt.

Die Bark

Sie findet vor allem in der Nordsee häufige Verwendung. Eine Bark hat grundsätzlich drei Masten. Der hintere Mast, Besanmast genannt, trägt ein Schratsegel (Gaffelsegel).

Die Vier- oder Fünfmastbark

Ist ein Schiff auf die gleiche Art getakelt wie eine Bark, aber mit vier oder fünf Masten bestückt, so bezeichnet man es entsprechend als Vier- oder Fünfmastbark. Sie war weltweit anzutreffen.

Das Vollschiff

Es kann drei bis fünf Masten haben. Der hintere Mast fährt Rahsegel. Vollschiffe wurden bevorzugt für weite Überseereisen eingesetzt.

Die Brigg

Auch sie war ein sehr beliebter Schiffstyp, der große Verbreitung fand. Meist kleiner als eine Bark hat eine Brigg zwei vollgetakelte (also mit Rahsegeln) Masten.

Die Brigantine (auch Schonerbrigg)

Brigantinen sind Zweimaster mit einem vollgetakelten Fockmast und einem gaffelgetakelten Großmast (Schratsegel). Sie wurden meist als kleine Küstenfrachter eingesetzt.

Die Barkentine

Barkentinen sind zwar genauso getakelt wie Brigantinen, dafür aber mit drei Masten ausgerüstet. Man sah sie häufig auf Nord- und Ostsee.

Glossar

A

Abflauen	Nachlassen des Windes
abreiten	einen Sturm auf See durch geeignete Maßnahmen überstehen
abwettern	gleichbedeutend wie: abreiten
achterlicher Wind	Wind, der von hinten, also von achtern kommt
Anfangsstabilität	Widerstand, den ein Segelschiff einem beginnenden Winddruck entgegensetzt, Gegenteil: Endstabilität
Anker katten	einen Anker vor dem Hauptanker an der gleichen Ankerkette ausbringen, auch verkatten
Astrolabium	ältestes, einfaches Gerät zum Messen von Höhenwinkeln eines Gestirns
aufkommen	1.) nach einer Kursänderung des Schiffes das Ruder wieder in die alte Lage (mittschiffs) legen 2.) von achtern kommend zum Überholen ansetzen
aufkreuzen	durch Zickzack-Kurse gegen die Windrichtung segelnd Höhe gewinnen

B

backschlagen	ein Segel schlägt back, wenn der Wind von der falschen Seite auftrifft
Barkentine	Dreimast-Großsegler, der nur am Fockmast (vorderster Mast) Rahsegel führt
Barre	Sandbank, meist vor der Küste, einer Flussmündung oder einem Hafen
Beriberi	Vitamin-B1-Mangelkrankheit
Besan	Segel am hinteren Mast (Besanmast) eines Schiffes
Bug	der vorderste Teil eines Schiffes
Bugspriet	fest mit dem Schiff verbundene Spiere am Bug des Schiffes, trägt ggf. den Klüverbaum
Bulleye	Bullauge, fest verschließbares, stabiles Fenster am Kajütaufbau oder an der Bordwand

D

Dorie	auch Dory, kleines stabiles Fangboot der Neufundlandfischer, meist besegelt

F

Fallbö	Fallwind; gefährliche, nach abwärts gerichtete Luftströmung in Lee eines Steilufers

Flaute	Windstille, oder Wind bis max. 1 Meter/sec.
Fockmast	der vorderste Mast eines Schiffes
Freibord	Abstand von der Wasseroberfläche zum niedrigsten Punkt der Bordwand
Fuß	englisches Längenmaß: 1 Fuß = 30,5 cm

G

gegisster Standort	Standort eines Schiffes nach Koppelung
GPS	Global Positioning System (Satelliten-Navigations-System)
Großbaum	Spiere, an der der untere Teil (Unterliek) des Großsegels befestigt wird

H

Hulk	früher: Handels- oder Kriegsschiff, heute: alter Schiffsrumpf ohne Takelung

J

Jolltau	Wie in der Abbildung ersichtlich, wird das Jolltau benötigt, um die Schiffbrüchigen an Land zu ziehen. Im vorliegenden Fall benutzte es Vormann Jantzen, um das Rettungsboot durch die Brandung zum Havaristen zu ziehen, was mit Rudern allein nicht zu schaffen war. (Abbildung Jolltau)

K

Kalmen	großräumige Gebiete mit meist völliger Windstille
Kappen	Trennen einer Verbindung, wenn es eilt
Kimm	1.) Übergang vom Schiffsboden in die Bordwand 2.) die sichtbare Linie, wo sich die See mit dem Himmel trifft
klönen	norddeutsch: sich unterhalten
Klüverbaum	meist abnehmbare Spiere, an der die Vorsegel befestigt sind, schräg nach oben über den Bug hinausragend
Koppelung	bzw. Koppelnavigation; eine Standortbestimmung mit Hilfe von Kom-

pass, Logge und Zeit, also Richtung, Fahrt durchs Wasser und Zeit. Strom, Abtrift (seitliche Versetzung) und Windeinwirkung müssen geschätzt werden. Der gefundene Standort (Koppelort) ist daher unsicher. Koppelnavigation ist heute die letzte Möglichkeit der Orientierung, wenn die fast auf allen Seeschiffen vorhandene Elektronik (meist GPS) ausfällt.

Krängung	seitliche Neigung eines Schiffes durch Seegang oder Wind
Kurs absetzen	die Richtung festlegen, die das Schiff steuern soll, ggf. in Seekarte eintragen

L

leck	undicht
Legerwall	auf Legerwall ist ein Schiff, das sich bei auflandigem Wind in Küstennähe befindet
lenzen	eingedrungenes Wasser aus dem Schiff pumpen oder mit einem Ösfass (Handschaufel) schöpfen
Lenzen vor Top und Takel	mit der kleinsten Besegelung vor dem Sturm ablaufen

M

Mallungen	Kalmengürtel, die Gegend um den Äquator
Marlspieker	spitzes Handwerkszeug, wird meist zum Spleißen von Tauwerk verwendet
Maststenge	oberer Teil des geteilten Mastes, an dem das Topsegel befestigt wird
Meile	= Seemeile = 1,852 km
Missweisung	durch Magnetismus bedingte Ablenkung der Kompassnadel von der Nordrichtung
Mittagsbesteck	durch Sonnenbeobachtung am Mittag erhaltener Standort in Breite oder Höhe

N

Navigationsakte	steht mit dem heutigen Begriff »Navigation«, also Orts- und Kursbestimmung, nicht in Zusammenhang. Die »Navigationsakte« ist ein Gesetz, das England im Oktober 1651 erließ. Danach durfte die Einfuhr von Waren, die für englische Häfen bestimmt waren, nur durch englische Schiffe erfolgen. Europäischen Lieferländern war es aber im Gegensatz zu außereuropäischen gestattet, mit ihren eigenen Schiffen Waren in englischen Häfen zu löschen. Die Küstenschifffahrt blieb ausschließlich englischen Schiffen vorbehalten. Diese Maßnahme zielte besonders gegen die Niederlande, traf aber auch alle anderen Länder, die mit England Handel trieben. Heftige Proteste waren nach dem Bekanntwerden der Navigationsakte die Folge. Erst mit dem Durchbruch des allgemeinen freien Handels wurde sie im Jahr 1849, also fast 200 Jahre nach ihrer Einführung, wieder aufgehoben.

P

Patenthalse	gefährliches, unbeabsichtigtes Übergehen des Großbaumes auf die andere Bootsseite beim Segeln vor dem Wind
Probeschlag	Probesegeln
purren	die Freiwache meist unsanft aus der Ruhe oder aus dem Schlaf holen

Q

querab	90 Grad zur Fahrtrichtung

R

Rasmus	überkämmende See, fälschlich oft auch die Bezeichnung für Wind
Rahsegel	ein quer zur Schiffsrichtung an Rahen gefahrenes Segel
raume Schoten	die Segel werden optimal zum schräg von hinten kommenden Wind eingestellt und gefahren
Rigg	gesamte Takelage, stehendes und laufendes Gut eines Schiffes
rott	verrottet, unbrauchbar

S

Schlagseite	meist längere Schräglage eines Schiffes, z.B. durch Übergehen der Ladung
Schlepplog	früher weit verbreitetes Gerät zum Messen der Geschwindigkeit und der Wegstrecke durch das Wasser, nicht über Grund (Strom)
Schiffschronometer	bis zur Einführung von Quarzuhren, sehr genau gehende Uhr, unempfindlich gegenüber der Schiffsbewegung
Schlieren	Ein Anker schliert bei Sturm oder starkem Strom durch den Grund
Sextant	Winkelmessgerät zur astronomischen Schiffsortbestimmung
Skorbut	Krankheit auf Grund von Vitaminmangel
Slup	einmastiges Segelboot mit nur einem Vorsegel
Spiere	vielseitig verwendbares Rundholz
Spleißen	verschiedene Arbeitsvorgänge mit Tauwerk

T

Trysegel	kleines Sturmsegel an Stelle des Großsegels

U

Übergehen	1.) Verrutschen der Ladung nach Lee eines Schiffes, erzeugt gefährliche Schlagseite 2.) auch Übergehen eines Baumes auf die neue Leeseite

V

verholen	den Liegeplatz eines Schiffes verändern
vermuren	ein Schiff vor zwei Anker mit getrennter Kette legen
Vollschiff	ein Schiff mit mindestens drei nur Rah getakelten Masten

W

Williwaw — auch: Willy-Willy, tropischer Wirbelsturm

Y

Yawl — zweimastiges Segelboot, bei dem der hintere Mast hinter dem Ruder steht

Z

Zoll — englisches Längenmaß: 1 Zoll= 25,4 mm

Literaturverzeichnis

v. Alten, v. Albers: Handbuch für Heer und Flotte. Bong u. Co. 1913.
Boyer, Regis : Die Piraten des Nordens. 1992.
Brennecke, Detlev : Roald Amundsen. 1995.
Brennecke, Jochen: Geschichte der Schifffahrt. Künzelsau.
Brennecke, Jochen: Windjammer. Hamburg 1968.
Benson, E.F.: Sir Francis Drake.
Behounek: Meuterei auf der Bounty.
Bligh, William: A. Narrative of the Muting on Bord his Majesty's Ship »Bounty«. London.
Bufe, Peter: Die erste Weltumsegelung. Berlin 1987.
Conrad, Joseph: Der Spiegel der See. 1906.
Conrad, Joseph: Über mich selbst. 1982.
Diwald, Hellmut: Der Kampf um die Weltmeere. München/Zürich 1980.
Freiesleben, H.Chr.: Geschichte der Navigation. 1978.
Fryer, John: The Voyage of the Bounty's Launch. 1934.
Fuson, R.: Das Logbuch des Christoph Columbus. 1987.
Gerstenberger, Heide: Das Handwerk der Seefahrt. Bremen 1995.
Hough, Richard: The Great Admiral.
Insel Nr. 476: Christoph Columbus' Bordbuch.
Klingbeil, P.: Die Flying P-Liner. 1998.
Karl, Fred.R.: Joseph Conrad. 1983.
Kay, B.: Ans Ende der Welt und darüber hinaus. 1936.
Kuhl, Heinrich: Seerechtliche Gesetze und Verordnungen. 1976.
Kennedy, Cavin: Bligh.
Luckner, Felix Graf: Seeteufel. 1984.
Luckner, Felix Graf: Seeteufels Weltfahrt. 1996.
Milger, Peter: Nordwestpassage. Köln 1994.
Merrien, Jean: Sie segelten allein. 1965.
Mackaness, George: The Life of Vice-Admiral William Bligh.
Newby, Eric: Das letzte Weizenrennen. 1968.
Nordenskiöld Ad. Erik: Nordostwärts. 1980.
Prager, Hans Georg: F. Laeisz. 1974.
Prager, Hans Georg: Zwischen Poel und Ueker-münde
Prager, Hans Georg: Stephan Jantzen. DGzRS.
Pensel H.: Lexikon zur Seekriegsgeschichte.
Perspektive, P.M.: Abenteuer Seefahrt.
Plüschow, Günther: Silberkondor über Feuerland. Hamburg 1989.
Ross, John: Zum Magnetpol in der Arktis. 1983.
Salentini, F.: Lexikon der Seefahrer und Entdecker. Köln 1995.
Schmidt, Fred: Kapitäne berichten. 1936.
Slocum, Joshua: Allein um die Welt. 1993.
Sobel Dava: Längengrad. 1998.
Time Life: Die Klipper. Amsterdam 1981.
Venzke A.: Gasparan, oder die letzte Fahrt des Francis Drake. Zürich/Düsseldorf 1996.
Villiers, Alan: Über blauen Tiefen. Oxford 1954.
Warnke, Heinr. Christ.: Das war Graf Luckner. 1967.
Wilson, Jan.: John Cabot and the »Matthew«.
Williams, Neville: Francis Drake.

Des Weiteren wurden als Quellen verwendet:

»Der Albatros«: Zeitschrift der Kap Horniers, versch. Hefte

Jahrbücher der »Deutschen Gesellschaft zur Rettung Schiffbrüchiger«, DGzRS. verschiedene Jahrgänge.

Ferner bedanke ich mich für ihre Mithilfe bei den Herren:

Dr. Jürgen Meyer, Deutsche Sektion der Kap Horniers

Norbert Suxdorf, Hamburg

Andreas Lubkowitz, Deutsche Gesellschaft zur Rettung Schiffbrüchiger, Bremen

DGzRS –
die Seenotretter

Jahr für Jahr fahren die Rettungsmänner der Deutschen Gesellschaft zur Rettung Schiffbrüchiger (DGzRS) über 2000 Einsätze. Seit Gründung der Gesellschaft am 29. Mai 1865 wurden mehr als 66.000 Menschen aller Nationen aus Seenot gerettet oder aus lebensbedrohender Gefahr befreit. Diese Leistungen und Erfolge waren immer nur möglich durch die tatkräftige finanzielle und ideelle Unterstützung von seiten der Bevölkerung – im Binnenland und an der Küste. Jeder Hilferuf auf See ist eine Herausforderung an uns alle.

Helfen kann jeder

Zum Beispiel durch:

- eine regelmäßige Fördermitgliedschaft mit einem Beitrag nach eigenen Ermessen
- einmalige oder wiederholte Spenden
- ehrenamtliche Mitarbeit
- Aufstellen von Sammelschiffchen
- Gestaltung einer Ausstellung über das Seenotrettungswesen
- Aktionen, Tombolas, Basare, Sammlungen
- Berücksichtigung im Testament
- projektbezogene Zuwendungen aus Stiftungsvermögen
- Verzicht auf Aufmerksamkeiten im Rahmen von Jubiläen, familiären Anlässen oder im Trauerfall zugunsten einer Spende für das Rettungswerk
- Präsentation der Arbeit der DGzRS im publizistischen und pädagogischen Bereich (hier steht entsprechendes Informationsmaterial einschließlich Film/Video zur Verfügung)

Bitte helfen auch Sie der DGzRS bei der Erfüllung ihrer vielfältigen humanitären Aufgaben. *Wir brauchen Ihre Hilfe.* Sie allein ist die Grundlage für die Fortsetzung unserer Arbeit auf See.
Bei allen freiwilligen Zuwendungen stellen wir Spendenbescheinigungen für das Finanzamt aus.

DGzRS, Werderstraße 2, 28199 Bremen, Tel.: 04 21/53 70 70, Fax: 04 21/5 37 07 14, Bankverbindung: Postbank NL. Hamburg, BLZ 200 100 20, Konto-Nr.: 7046-200.

Maritimes Wissen

Bernard Robin, **Navy Survival Handbuch**
Diese Spezialausgabe schildert Havarien, wertet Berichte Überlebender aus und leitet daraus Regeln für ein Überleben auf See ab.
224 Seiten, 81 Bilder, 54 Zeichnungen, 27 Karten
Bestell-Nr. 50942 **DM 19,80**

Mario M. Weidner, **Versunkenen Schätzen auf der Spur**
Versunkene Schiffe und Schätze auf dem Meeresboden – auch mit geringem Budget kann man sich auf die Suche machen.
240 Seiten, 103 Bilder **Bestell-Nr. 50312** **DM 39,80**

Alfred Dudszus/Alfred Köpcke
Das große Buch der Schiffstypen
Ein faszinierender Einblick in Geschichte und Entwicklung der Seefahrt. Von A bis Z stellt dieses Buch mehr als 2300 Schiffstypen und Einzelschiffe vor. Vom Einbaum der Steinzeitjäger über Schiffe unter Riemen und Segel bis zu den mit Turbinen- und Dieselmotoren betriebenen Schiffs-Giganten der Gegenwart.
608 Seiten, 1300 Bilder, davon 100 in Farbe
Bestell-Nr. 50313 **DM 39,95**

Jimmy Cornell
Segelrouten der Weltmeere
Das Standardwerk jetzt überarbeitet und erweitert. Mit neuen Routen im Nord- und Südatlantik, neuen Törns im traumhaften pazifischen Segelrevier Mikronesien. Rund 500 ausführlich beschriebene Routen mit Seekarten und Handbüchern, dazu 4000 Wegpunkte für Skipper, die mit einem GPS-Gerät unterwegs sind.
656 Seiten, 80 Bilder, 80 Zeichnungen
Bestell-Nr. 50328 **DM 68,–**

Dave Cox
Alles über Segeln
Naturkräfte, Funktionsweise von Segelbooten, Segelmanöver, Leinen, Knoten und Anker. Segel-Bestimmungen und Navigation werden ebenso behandelt wie die Kommunikation an Bord und die Planung von Langfahrten. Dazu Hinweise zum Thema Gesundheit und zu Notmaßnahmen bei Unfällen auf See.
160 Seiten, 300 Bilder
Bestell-Nr. 50355 **DM 49,80**

pietsch

IHR VERLAG FÜR MARITIM-BÜCHER

Postfach 10 37 43 · 70032 Stuttgart
Telefon (07 11) 2 10 80 65 · Fax (07 11) 2 10 80 70

Stand November 2000 –
Änderungen in Preis und Lieferfähigkeit vorbehalten